中国博士后科学基金项目面上资助（2017M621834）
扬州大学乡村振兴专项基金项目
扬州大学江苏城乡融合发展研究中心项目
扬州大学出版基金项目（131020285）
扬州市科技计划项目（YZ2017209）
扬州大学高层次人才科研启动项目（137011090）
扬州大学科技创新培育基金项目（2017CXJ112）
安徽省城镇化发展研究中心2016年度开放课题

转型期我国县域城镇化演变机理与模式路径研究

张荣天 著

中国社会科学出版社

图书在版编目（CIP）数据

转型期我国县域城镇化演变机理与模式路径研究/张荣天著.—北京：中国社会科学出版社，2018.7
ISBN 978-7-5203-2667-4

Ⅰ.①转… Ⅱ.①张… Ⅲ.①城市化—研究—中国 Ⅳ.①F299.21

中国版本图书馆 CIP 数据核字（2018）第 124932 号

出 版 人	赵剑英
责任编辑	刘晓红
责任校对	周晓东
责任印制	戴　宽
出　　版	中国社会科学出版社
社　　址	北京鼓楼西大街甲 158 号
邮　　编	100720
网　　址	http://www.csspw.cn
发 行 部	010-84083685
门 市 部	010-84029450
经　　销	新华书店及其他书店
印　　刷	北京明恒达印务有限公司
装　　订	廊坊市广阳区广增装订厂
版　　次	2018 年 7 月第 1 版
印　　次	2018 年 7 月第 1 次印刷
开　　本	710×1000　1/16
印　　张	17
插　　页	2
字　　数	245 千字
定　　价	76.00 元

凡购买中国社会科学出版社图书，如有质量问题请与本社营销中心联系调换
电话：010-84083683
版权所有　侵权必究

序

史有古训"郡县治，天下安"。在我国的现行区划体系中，县级行政单元也是承上启下的关键环节。改革开放以来，在我国城镇化水平快速提升的同时，其空间格局也不断发生变化，从中心城市不断向周边县域传导，县域城镇化逐渐成为转型期我国城镇化研究的热点之一。县域作为城镇与乡村聚落的复合地域，既是未来城市群人口增长的重要来源地，也是乡村人口就地城镇化的主要容纳地。深入开展县域城镇化研究，对于丰富我国城乡地域空间结构理论，指导我国城乡融合发展具有重要的现实意义。

2013年9月，张荣天考入安徽师范大学地理与旅游学院攻读人文地理学专业博士学位，与我结下师生缘，组成了一个学习共同体、研究共同体，互相启发，共同进步。张荣天博士勤奋好学，笔耕不辍，持续关注县域发展研究。经过我们反复的讨论和协商，最终决定以《转型期县域城镇化时空演变与影响机理研究》为博士论文选题。经过两年多的悉心研究，博士论文顺利脱稿，并通过了答辩。在博士论文的基础上，经过进一步的充实和完善形成了一本学术著作。在该书付梓之际，张荣天博士邀我为之作序，欣然应允。

本书在综述国内外城镇化相关理论研究进展的基础上，遵循城市地理学研究范式，以我国新型城镇化试点省份安徽为典型案例地，对其县域城镇化开展系统的研究。首先，基于县域城镇化本质内涵，构建县域城镇化测度理论模型，利用1978—2014年县域数据，测算出转型期县域城镇化发展水平；综合运用HP滤波法、GM（1，1）模型、发展差异指数、ESDA模型、重心模型等定量方法，分析转型期以来县域城镇化时空格局分异与演变基本特征，提出了时间效应、地域效应、空间集聚、空间方向综合分析框架。其次，从宏观（制度变迁）、中观（产业演进）、微观（农民迁移）等多视角分析转型期县域城镇化发展影响机理，系统揭示了转型期县域城镇化演变的驱动机制。最后，在此基础上提出转型期县域城镇化发展的重构模式与路径指引。本书紧紧围绕"内涵界定—体系构建—综合评价—时空分异—影响机理—调控策略"研究思路，以县域城镇化演变机理及模式路径为两大研究核心，展开转型期我国县域城镇化理论及实证探讨。

作者在研究视角、研究内容和研究方法等方面都进行了有益的尝试和探索，作为导师，我为张荣天博士的学术成就感到高兴，我相信该书的出版，对县域城镇化的研究会起到添砖加瓦的作用。作为一位年轻的学者，该书一定还存在不足和疏漏，敬请各位学界前辈和同人斧正。

焦华富

安徽师范大学地理与旅游学院教授、博士生导师

2018年6月26日

前　言

　　县域城镇化是当前我国城市地理学研究的热点问题之一，县域城镇化是城镇化体系中基础组成部分，伴随我国新型城镇化战略持续推进，县域城镇化日益成为新型城镇化的关键底座与重要载体；因此，研究转型期以来我国县域城镇化发展规律具有一定的理论价值与实践意义。本书基于县域城镇化本质内涵之上，构建县域城镇化测度理论模型，以我国新型城镇化试点省份安徽为典型案例地，利用1978—2014年县域数据，测算出转型期县域城镇化发展水平；综合运用HP滤波法、GM（1，1）模型、发展差异指数、ESDA模型、重心模型等定量方法，分析转型期以来县域城镇化时空格局分异与演变基本特征；从宏观、中观及微观等多视角分析转型期县域城镇化发展影响机理；在此基础上提出转型期县域城镇化发展的模式与路径。本书紧紧围绕"内涵界定—体系构建—综合评价—时空分异—影响机理—调控策略"研究思路，以县域城镇化演变机理及模式路径为两大研究核心，展开转型期我国县域城镇化理论及实证探讨。

　　第一章，问题提出及研究思路确定。首先介绍转型期县域城镇化研究的背景；从理论和实践两个层面上深入揭示转型期我国县域城镇化研究的意义；在系统总结县域城镇化研究的理论框架基础之上，以"格局—过程—机理—模式—路径"为研究主线展开实证研究，构建出转型期县域城镇化研究的整体框架；整合多种研究方法，建构本书研究方法体系；最后，明晰本书的具体研究技术路线。

　　第二章，概念界定及研究综述。通过城镇化（城市化）、新型城镇化、县域城镇化等概念梳理，明确县域城镇化的内涵及特征；在梳理及回顾国内外关于城镇化研究成果的基础之上，重点对城镇化概念内涵、格局过程、动力机制、发展模式及优化调控等方面，并从研究内容、研究尺度及研究方法上进行述评，进而提出现有研究的不足，以及深化转型期我国县域城镇化研究内容。

第三章，转型期县域城镇化理论基础及体系建构。首先，系统归纳总结国内外城市地理学、乡村地理学、城市经济学、城市社会学及城市生态学等相关不同学科中关于城乡发展理论、集聚与扩散理论、城镇化时空理论、人口迁移理论、产业结构演进理论及可持续发展理论等主要观点及借鉴；其次，在此基础之上，构建出转型期我国县域城镇化研究的理论体系核心框架。

第四章，转型期我国县域城镇化特征与模式启示。重点分析了县域城镇化发展对县域农业发展、工业发展及剩余劳动力转移等方面的重要意义，揭示1978年改革开放以来我国县域城镇化发展的基本历程；并指出在城镇化快速发展的同时，我国县域城镇化也存在发展差异显著、发展质量不高、发展动力不足等诸多的问题矛盾；最后，总结了当前我国现代农业发展（寿光模式）、工业主导发展（晋江模式）、旅游小镇发展（黄山模式）、产城一体发展（新郑模式）四种典型模式基本内涵及经验启示。

第五章，转型期县域城镇化演变过程实证研究。基于县域城镇化的基本内涵，构建出县域城镇化测度的理论模型；并从发展阶段划分、长期趋势与短期波动、不同类型县域城镇化发展，以及发展趋势预测等方面，实证分析了转型期县域城镇化时间维度上演变特征；从县域城镇化空间差异、关联格局、重心格局等视角上实证揭示转型期县域城镇化空间维度上演变特征；最后，总结出转型期县域城镇化演变的时间效应、地域效应、空间集聚、空间方向四个层面规律性。

第六章，转型期县域城镇化发展影响机理分析。县域城镇化是在特定地理环境与一定经济社会发展阶段中，人类活动与自然因素相互作用的综合结果，县域城镇化发展受到制度变迁、经济发展、产业演进及农民迁移等多重因素综合影响；从理论和实证两个方面，重点剖析制度变迁、经济发展、产业演进及农民迁移对转型期县域城镇化发展的影响机理；在此基础上，并总结出转型期县域城镇化发展及演变的综合驱动机制。

第七章，转型期县域城镇化发展模式路径。确定了我国县域城镇化发展需要坚持的"以人为本，城乡一体""市场主导，政府引导""因地制宜，循序渐进""统筹协调，绿色发展"四大原则导向；重构了现代农业主导型、新型工业主导型、特殊资源主导型、都市边缘主导型、绿色生态主导型五种典型的县域城镇化发展模式，并分析每种模式的基本内涵、案例指引及发展策略；最后从科学规划县域城镇体系、推进农业人口有序转移、推动产业结构转型升级、创新县域城镇化发展制度四大维度上提出转型期我国县域城镇化转型发展的路径指引。

第八章，结论与讨论。重点从转型期县域城镇化理论体系构建、演变过程特征、发展影响机理及模式路径重构等方面总结主要研究结论；并从研究视角的特色、研究内容的特色及研究方法的特色三方面阐述本书研究可能存在的创新之处；最后，指出本书研究存在的不足之处，以及对未来我国县域城镇化的核心问题与发展方向进行讨论。

目　录

第一章　问题提出及研究思路确定 ····················· 1

第一节　研究背景及问题提出 ························· 1
一　转型期中国城镇化保持快速的发展态势 ············· 1
二　县域城镇化是新型城镇化的基础和载体 ············· 1
三　县域城镇化迫切需要在理论层面进行指导 ··········· 4

第二节　研究意义 ································· 4
一　理论意义 ····································· 4
二　实践意义 ····································· 5

第三节　研究框架及主要内容 ······················· 6
一　转型期县域城镇化理论框架构建与实践启示 ········· 7
二　研究转型期县域城镇化演变过程特征 ··············· 7
三　揭示转型期县域城镇化发展影响机理 ··············· 8
四　提出转型期县域城镇化发展模式路径 ··············· 8

第四节　研究方法 ································· 9
一　文献分析与实地调研相结合 ······················· 9
二　静态分析与动态分析相结合 ······················ 10
三　比较研究和综合分析相结合 ······················ 10
四　多种学科的研究思维相融合 ······················ 10

第五节　研究区域与数据来源 ······················ 11
一　实证研究区域 ································· 11
二　数据来源 ····································· 13

第六节　技术路线 ································ 13

第二章 概念界定及研究综述 ……………………………………… 15

第一节 概念界定 …………………………………………………… 15
一 城镇化的概念 …………………………………………… 15
二 新型城镇化 ……………………………………………… 16
三 县域城镇化 ……………………………………………… 18

第二节 国内外城镇化研究进展 …………………………………… 20
一 城镇化概念内涵研究进展 ……………………………… 20
二 城镇化格局过程研究进展 ……………………………… 21
三 城镇化动力机制研究进展 ……………………………… 25
四 城镇化发展模式研究进展 ……………………………… 28
五 城镇化优化调控研究进展 ……………………………… 32

第三节 国内外城镇化研究述评 …………………………………… 35
一 国外城镇化研究评价 …………………………………… 36
二 国内城镇化研究评价 …………………………………… 36

第三章 转型期县域城镇化理论基础及体系建构 ……………… 39

第一节 城乡关系发展理论 ………………………………………… 39
一 马克思主义视角下城乡发展观 ………………………… 40
二 地理学理论视角下城乡发展观 ………………………… 40
三 经济学理论视角下城乡发展观 ………………………… 42
四 社会学理论视角下城乡发展观 ………………………… 44
五 理论评述 ………………………………………………… 45

第二节 集聚与扩展理论 …………………………………………… 46
一 佩鲁增长极理论 ………………………………………… 46
二 扩散效应空间理论 ……………………………………… 46
三 理论评述 ………………………………………………… 47

第三节 城镇化时空理论 …………………………………………… 48
一 诺瑟姆"S"形曲线 ……………………………………… 48
二 中心地理论 ……………………………………………… 48

		三 洛斯乌姆区域城市结构	50
		四 理论评述	50
	第四节	人口迁移理论	51
		一 "推—拉"理论	51
		二 费景汉—拉尼斯模型	51
		三 新迁移经济理论	52
		四 理论评述	52
	第五节	产业演变理论	53
		一 配第—克拉克定律	53
		二 胡佛—费希尔经济增长阶段理论	53
		三 理论评述	54
	第六节	可持续发展理论	54
		一 城市可持续发展理论	54
		二 精明增长理论	55
		三 理论评述	55
	第七节	我国县域城镇化理论体系建构	55

第四章 转型期我国县域城镇化特征与模式启示 …………… 57

	第一节	我国县域城镇化发展历程特征	57
	第二节	我国县域城镇化发展问题及矛盾	59
		一 县域城镇化东西地域差异显著	59
		二 县域城镇化水平低、滞后于工业化	60
		三 县域城镇化规划混乱现象十分普遍	60
		四 县域城镇化与生态环境保护矛盾突出	60
	第三节	我国县域城镇化典型模式与经验启示	61
		一 寿光模式——农业现代发展典型	61
		二 晋江模式——工业主导发展典型	63
		三 黄山模式——旅游小镇发展典型	64
		四 新郑模式——产城一体发展典型	65
	第四节	本章小结	67

第五章 转型期县域城镇化演变过程实证研究 ······ 69

第一节 县域城镇化测度理论模型 ······ 69
一 城镇化测度方法模型梳理总结 ······ 69
二 县域城镇化测度理论模型构建 ······ 70

第二节 县域城镇化时序演变分析 ······ 70
一 县域城镇化总体特征 ······ 71
二 长期趋势与短期波动 ······ 73
三 县域城镇化发展阶段划分 ······ 77
四 类型维度上县域城镇化特征 ······ 81
五 县域城镇化趋势模拟预测 ······ 88
六 小结 ······ 97

第三节 县域城镇化空间差异演变 ······ 98
一 县域城镇化格局空间总体特征 ······ 99
二 县域城镇化空间差异程度指标 ······ 101
三 县域城镇化空间差异格局演变 ······ 103

第四节 县域城镇化关联格局演变 ······ 115
一 ESDA 理论模型基本原理 ······ 115
二 县域城镇化全局关联格局 ······ 118
三 县域城镇化集聚格局演化 ······ 119
四 县域城镇化异质格局演化 ······ 127

第五节 县域城镇化重心格局演变 ······ 131
一 县域城镇化重心测算理论模型 ······ 132
二 县域城镇化重心区位及移动趋势 ······ 134
三 县域城镇化重心移动方向和距离 ······ 137
四 县域城镇化标准差椭圆分析 ······ 138

第六节 转型期县域城镇化演变框架构建 ······ 141

第六章 转型期县域城镇化发展影响机理分析 ······ 143

第一节 制度变迁对县域城镇化发展影响 ······ 144

  一 制度变迁对县域城镇化发展影响理论分析 ………… 145
  二 制度变迁对县域城镇化影响定量分析 …………… 145
  三 不同制度对县域城镇化发展影响解析 …………… 147
 第二节 经济增长对县域城镇化发展影响 …………………… 154
  一 经济增长影响县域城镇化发展的理论机制 ……… 155
  二 经济增长对县域城镇化影响定量分析 …………… 155
 第三节 产业演进对县域城镇化发展影响 …………………… 163
  一 产业演进对县域城镇化发展影响理论分析 ……… 163
  二 产业演进对县域城镇化发展影响机制实证 ……… 168
 第四节 农民迁移对县域城镇化发展影响 …………………… 173
  一 农民迁移进城理论模型及其研究假设 …………… 174
  二 农民迁移对县域城镇化影响机制实证研究 ……… 176
 第五节 转型期县域城镇化发展综合驱动机制 ……………… 186
  一 制度变迁是转型期县域城镇化发展核心动力 …… 187
  二 经济增长是转型期县域城镇化发展基础动力 …… 187
  三 产业演进是转型期县域城镇化发展根本动力 …… 187
  四 农民迁移是转型期县域城镇化发展主体动力 …… 188
  五 转型期县域城镇化动力因素内在综合关系 ……… 188
 第六节 本章小结 ……………………………………………… 189

第七章 转型期县域城镇化发展模式路径 192

 第一节 县域城镇化发展原则导向 …………………………… 193
  一 以人为本，城乡一体 ……………………………… 193
  二 市场主导，政府引导 ……………………………… 194
  三 因地制宜，循序渐进 ……………………………… 194
  四 统筹协调，绿色发展 ……………………………… 195
 第二节 县域城镇化发展模式重构 …………………………… 195
  一 模式Ⅰ——现代农业主导型 ……………………… 198
  二 模式Ⅱ——新型工业主导型 ……………………… 199
  三 模式Ⅲ——特殊资源主导型 ……………………… 200

四 模式Ⅳ——都市边缘主导型 …………………………… 200
         五 模式Ⅴ——绿色生态主导型 …………………………… 201
    第三节 县域城镇化发展路径指引 ……………………………… 202
         一 科学规划——形成完善的县域城镇体系 …………… 203
         二 人口转移——稳步农业人口有序转移 ……………… 205
         三 产业转型——推动县域产业结构升级 ……………… 211
         四 制度创新——深化城镇发展制度改革 ……………… 214
    第四节 本章小结 ……………………………………………… 221

第八章 结论与讨论 ……………………………………………… 223
    第一节 主要研究结论 ………………………………………… 223
    第二节 可能特色之处 ………………………………………… 226
    第三节 不足与展望 …………………………………………… 227

附录 ………………………………………………………………… 229

参考文献 …………………………………………………………… 231

后记 ………………………………………………………………… 255

第一章 问题提出及研究思路确定

第一节 研究背景及问题提出

一 转型期中国城镇化保持快速的发展态势

改革开放以来,中国城镇化水平快速提高。1978—2013 年中国城镇常住人口从 1.7 亿人增加到 7.3 亿人,城镇化率从 17.9% 提升到 53.7%,年均提高 1.02 个百分点(见图 1-1);中国城市数量从 193 个增加到 658 个,建制镇数量从 2173 个增加到 20113 个[①]。伴随着中国城镇化发展进程加快,我国城乡劳动力结构不断转型升级,导致了转型期我国城乡社会结构正在发生着深刻变革与重构。同时,通过联合国人口预测模型预计到 2030 年左右中国将达到城镇化发展的拐点 65%—75%。可见,未来几十年中国城镇化仍将会保持持续快速发展态势。另外,随着我国城镇化从中心城市积极向周边区县(市)传导趋势不断显现,促使了中国县(市)也开始进入快速城镇化发展阶段,县域城镇化逐渐将成为转型期我国城镇化发展的重点(李雨蔚,2013)。因此,从国家战略发展层面来看,关注我国县域城镇化发展,寻求县域城镇化发展过程的科学问题及机制,是全面推进转型期中国快速城镇化发展的重要内容。

二 县域城镇化是新型城镇化的基础和载体

诺贝尔奖获得者斯蒂格利茨指出,"中国城镇化"与"美国高科

---

① 《国家新型城镇化规划(2014—2020)》。

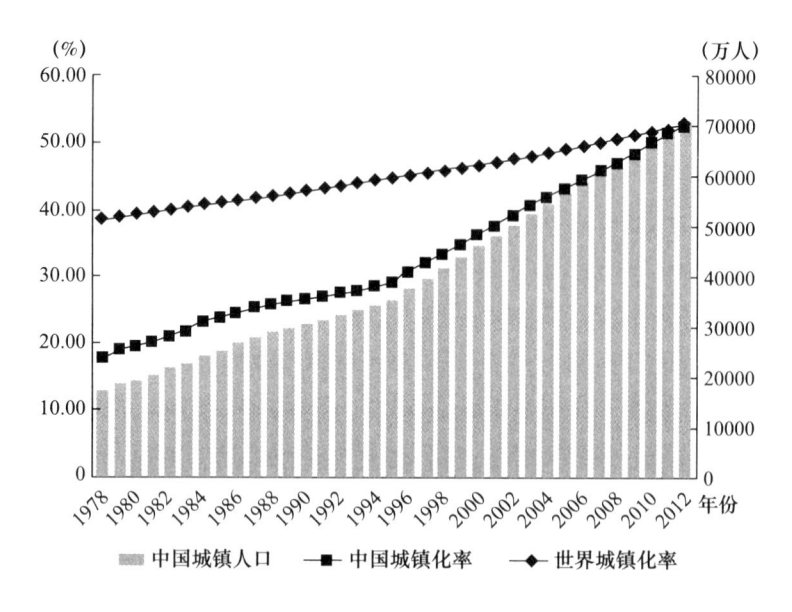

图1-1 中国城镇化水平演变过程（1978—2012年）

技发展"是21世纪影响世界的最大两件事。1978—2014年间，我国城镇化率从17.9%增长到54.77%，但在快速发展的城镇化过程中，也面临着大量农业转移人口难以融入城市，农民市民化进程滞后；"土地城镇化"快于"人口城镇化"；城镇空间分布和规模结构不合理，特别是中小城市人口、产业集聚不强，小城镇数量多但其服务功能弱；城乡建设缺乏特色，体制机制不健全等诸多问题矛盾。因此，党的十八大报告中提出了"新型城镇化"发展战略，新型城镇化的核心是实现"人"的城镇化，其中新型城镇化重点强调要科学布局城镇体系，坚持大中城市与小城镇统筹协调发展。

相对于大中城市而言，"县域"是以城带乡、统筹城乡发展的重要平台，是城乡一体化的基础、关键环节；相对于农村而言，"县域"则是城乡一体化的龙头，是实现新型城镇化的重要载体（冯奎，2015）；将县城、中心镇作为新型城镇化的生长点，发挥县城在城与乡之间的产业、要素、资源配置等方面的纽带作用；统筹县域城镇产业结构、基础设施及其公共服务等规划建设；围绕产业功能分类将农村人口分类聚集在县城或中心镇，促使县城、中心镇产业、服务等功能不断延伸。党的十九大报告中提出了乡村振兴战略①,"县域"作为推进我国乡村振兴战略的重要阵地,在乡村振兴战略实施过程中大有可为。因此,在"新型城镇化战略"和"乡村振兴战略"双重战略需求背景之下,深入开展研究我国"县域城镇化"发展具有十分重要的现实战略意义(如表1-1所示)。

表1-1　　　　　　　　新型城镇化的层次体系

层次划分	标准界定
城市群	在特定区域范围内相当数量的不同性质、类型和等级规模的城市,以1个或2个特大城市为中心,依托一定自然环境、交通,城市间联系不断地加强,构成一个相对完整的城市"集合体"
特大城市	城区常住人口500万人以上1000万人以下的城市为特大城市
大城市	经济较为发达,人口较为集中的政治、经济、文化中心,市区常住人口100万—500万人
中等城市	市区常住人口50万—100万人
小城市	市区常住人口50万人以下
小城镇	从属于县的县城镇、县城以外的建制镇和尚未设镇建制但相对发达的农村集镇,即小城镇=县城+建制镇+集镇。①总人口在20000人以下的乡,乡政府驻地非农业人口超过2000人,或人口在20000人以上的乡,乡政府驻地非农业人口占全乡人口10%以上,可设建制镇。②少数民族地区、人口稀少的边远地区、山区和小型工矿区、小港口、风景旅游、边境口岸等地,非农业人口不足2000人的,确有必要,也可设置镇的建制

资料来源:《关于调整城市规模划分标准的通知(2014)》。

---

① 习近平:《决胜全面建成小康社会　夺取新时代中国特色社会主义伟大胜利——在中国共产党第十九次全国代表大会上的报告》。

三 县域城镇化迫切需要在理论层面进行指导

《中国县域经济发展研究报告（2014）》指出县（市）以95%的国土面积、3/4的人口贡献了全国60%的GDP、1/4的财政收入，县（市）发展在整个国民经济中占据着基础性地位，成为当前我国国民经济又好又快发展的中坚力量，其作用日益凸显。当前，县域城镇化日益成为解决我国"三农"发展问题，实现城乡一体化发展的战略举措；逐渐成为搭建我国城乡产业发展平台，推动县域经济社会发展的重要载体。因此，从理论层面上总结转型期以来我国县域城镇化发展的特征、矛盾及机制等方面的基本规律，对于科学指导转型期中国县域城镇化科学实践具有十分重要的现实意义。

当前，县域作为中国最基本的经济单元其经济、文化和社会变迁的体现，亟须更深入的理论研究及总结。改革开放40年来，中国城镇化取得了巨大成就，其中县域经济竞合发展、城镇化建设起到了不可忽视的积极推动作用，但目前现有的城镇化研究多集中于地级市甚至省域或全国层面，即城镇化研究更关注区域特征的剖析，未能将乡村向城镇转化的微观机制考虑其中，因此无法全面准确地认识转型期以来中国的城镇化真实、全面及客观的发展全进程。总体来看，"县域城镇化"是近十年才有所开拓的城镇化理论研究一个新领域，国内外针对县域城镇化理论研究还相对较为薄弱，尤其国外没有针对县域城镇化发展这一方面的系统研究，而县域城镇化作为县域经济自发集聚和人口从农村向城镇迁徙的表现形式，如何更好地指导未来我国县域城镇化健康地、可持续发展，迫切需要正确理论指导当前我国县域城镇化发展实践。因此，转型期中国县域城镇化理论建设有待进一步加强与总结。

第二节 研究意义

一 理论意义

迄今为止，我国基于"县域"尺度的城镇化研究总体而言相对薄弱，特别是将县域置于未来我国城镇化过程中"1亿农业转移人口"的主要来源地和"1亿人在中西部地区就近城镇化"[①]的重要容纳地的视角下而加以研究的相对较少。伴随着我国"新型城镇化"战略不断推进，县域作为乡村人口转移的最为重要的阵地，县域城镇化已成为我国新型城镇化的重要基石与主要载体。因此，需要不断完善转型期我国县域城镇化的理论研究及体系建设，奠定国内发展小城镇战略的理论基础，并借此推动我国城市地理学在新阶段的不断发展。

国内学者关于县域城镇化研究主要呈现"理论阐述型"和"实证检验型"两种基本类型，"理论阐述型"具有一定的理论指导，但缺乏实证分析作为支撑；而"实证检验型"关注的侧重点在"城镇化"，而不是"县域"尺度，并且存在"只顾面不顾点"（只泛泛研究区域情况，忽视个体差异）、"只见树木不见森林"（仅进行个案研究而不在更大区域展开）的不足之处。鉴于此，本书坚持"点—面结合"的基本分析思路，既有"个案"县域层面的微观研究，也有"区域"层面的县域城镇化宏观解析，并深入地对转型期以来研究区域范围内不同阶段、不同类型的县域城镇化发展特征进行总结与对比揭示。

目前，关于县域城镇化研究是近十年才有所开拓的区域发展理论研究的一个较新的领域，国内外并没有专门针对县域城镇化的经典文献。"县域"是城—乡复合地域，县域中的乡村将是城市群人口增长的重要来源地，而县域中的城镇也是乡村人口就地城镇化的主要容纳地。因此，转型期县域城镇化发展有其独特性，需要从人口、空间、产业、社会及制度等多个维度视角上进行合理的分析与综合评价，试图通过对转型期中国县域城镇化发展的相关理论剖析与探讨，借此推动转型期中国县域城镇化研究的理论体系构建及完善。

二 实践意义

1978年改革开放以来，县域城镇化作为全国城镇化的一个重要基础层级，其发展进程呈现出不断加快之势，并且县域城镇化发展在我国城镇化体系中发挥着日益重要作用。目前，我国县域城镇化发展正

---

① 《2016年政府工作报告》。

在进入新的阶段，县域城镇人口、产业、教育等空间分布格局面临着新的重构与重组；但同时，其县域城镇化进程中仍存在诸多问题：县域城镇化与县域农业现代化良性互动不足、县域城镇化水平滞后县域工业化、县域城镇体系不完善、县域城镇规划相对滞后及县域发展制度环境不佳等，在一定程度上形成转型期县域城镇化可持续发展的阻力因素，并且制约着我国县域城镇化的快速发展步伐。另外，未来我国仍将有一大半农村人口进行非农化转移，但不可能完全为大、中城市全部吸纳，还需要积极地向小城镇空间转移、疏导；通过这种模式，一方面，能减轻大、中城市人口等过快集聚产生的各种压力；另一方面，能有效地推动区域城乡一体化发展进程，根治城镇化过程中的"乡村病"（刘彦随，2013）。县域城镇化是减轻大城市人口压力、治理城市病的一剂良药；同时，县域城镇化发展是实施乡村振兴战略、实现农业农村现代化的推进器和加速器；特别是进入高级城镇化阶段，担当主战场的使命历史落到了县域城镇上（游祖勇，2018）。

在新型城镇化背景之下，本书以我国新型城镇化试点省份的安徽省作为研究案例地，通过初步地揭示1978—2014年间县域城镇化格局与演变过程，剖析县域城镇化发展的主导因素及驱动机理，并重构县域城镇化发展的典型模式与调控路径，从而为转型期我国县域城镇化研究提供科学实践指导。

第三节　研究框架及主要内容

本书在系统总结县域城镇化研究的理论框架基础之上，以我国新型城镇化试点地区省份的安徽省作为典型研究案例地，开展转型期以来县域城镇化发展理论总结与实证研究。以"格局—过程—机理—模式—路径"为研究主线，结合"县城—集镇—乡村"不同空间尺度上的实证调研，从理论到实践、从微观到宏观，系统揭示转型期县域城镇化格局特征与演进过程，影响机理及其路径模式，提出转型期县域城镇化发展的调控策略与政策建议。具体研究内容如下：

一 转型期县域城镇化理论框架构建与实践启示

系统梳理、归纳总结国内外城市地理学、城市社会学、城市经济学、乡村地理学、乡村经济学、乡村社会学及城乡规划学等学科中关于县域城镇化、时空演化、影响机理、模式重构及调控策略等研究方面的相关理论研究成果。试图通过开展中外理论对比综合研究，理清关于县域城镇化时空演化与影响机理的主要思想及观点，构建出转型期我国县域城镇化理论体系，探讨我国县域城镇化研究的思路与方向。重点包括：城乡统筹发展理论、集聚与扩展理论、城镇化时空理论、人口迁移理论、产业结构演变理论及可持续发展理论等，通过对以上理论、模型的合理分析与综合评价，提出转型期我国县域城镇化研究的理论核心体系。另外，分析我国县域城镇化与解决"三农"问题、乡村振兴战略、新型城镇化战略以及推进城乡统筹发展等之间的内在逻辑关系，以及总结乡村振兴战略和新型城镇化战略双重背景下我国县域城镇化发展的重要现实意义；梳理与归纳我国农业现代发展主导、产城一体发展主导、旅游小镇发展主导及新型工业发展主导等典型发展模式，揭示转型期中国典型县域城镇化的发展特征与经验启示；理性思考当前我国县域城镇化发展过程中在规划、产业、人口、生态及体制机制等方面的诸多矛盾，构建出转型期我国县域城镇化发展研究的理论基本框架。

二 研究转型期县域城镇化演变过程特征

基于本书关于县域城镇化基本内涵界定之上，构建出我国县域城镇化测度理论模型，以我国新型城镇化试点省份之一的安徽省典型县（市）作为研究案例地，并通过理论公式测算出1978—2014年县域城镇化发展综合水平。其次，通过HP滤波法、发展差异指数等方法模型分析1978年改革开放以来县域城镇化发展的时间序列特征，揭示出转型期以来县域城镇化发展总体特征及阶段性，并试图从不同区域、不同类型的研究视角上深入探讨县域城镇化发展基本规律；并基于GM（1，1）灰色理论模型模拟预测未来县域城镇化发展、演变态势。最后，通过传统数理统计、城镇化关联格局、城镇化重心格局等视角上剖析了1978—2014年县域城镇化空间格局分异特征。通过时间—空间两大维度上解析1978年转型期以来县域城镇化格局演变及其分异特征。

三 揭示转型期县域城镇化发展影响机理

转型期以来安徽县域城镇化发展受到自然、环境、经济、人口、社会及制度等多种因素综合互动作用影响,其中,制度变迁、经济增长、产业演进及主体迁移对转型期安徽县域城镇化发展起到十分重要的影响作用。本书首先分别从制度变迁、经济增长、产业演进及主体迁移四大方面,基于理论归纳与实证分析基本思路,探讨了这四大主导因素与转型期以来县域城镇化发展之间的内在逻辑关系,以及它们如何具体影响县域城镇化发展、演变过程的内在作用机理。其次,基于各主导影响因素理论与实证分析,试图构建出宏观、中观及微观的多视角县域城镇化发展的驱动机制框架,从而来解释1978年转型期以来县域城镇化发展及演进的综合影响驱动机理。

四 提出转型期县域城镇化发展模式路径

"县域城镇化"作为我国城镇化发展体系中最基础层级组成部分,日益成为我国新型城镇化发展的重要载体。因此,如何科学优化调控我国县域城镇化可持续发展成为其重要的研究内容。首先,本书梳理出未来县域城镇化发展目标导向,明确未来转型期我国县域城镇化可持续发展应遵循的基本原则;其次,结合我国新型城镇化发展趋势和县域城镇化发展实际差异特征,重构转型期符合县域城镇化发展的典型模式;最后,从"科学规划、合理转移、产业转型、制度创新"四大维度上提出未来转型期我国县域城镇化可持续发展的具体路径指引及其对策建议。

具体的研究基本框架如图1-2所示。

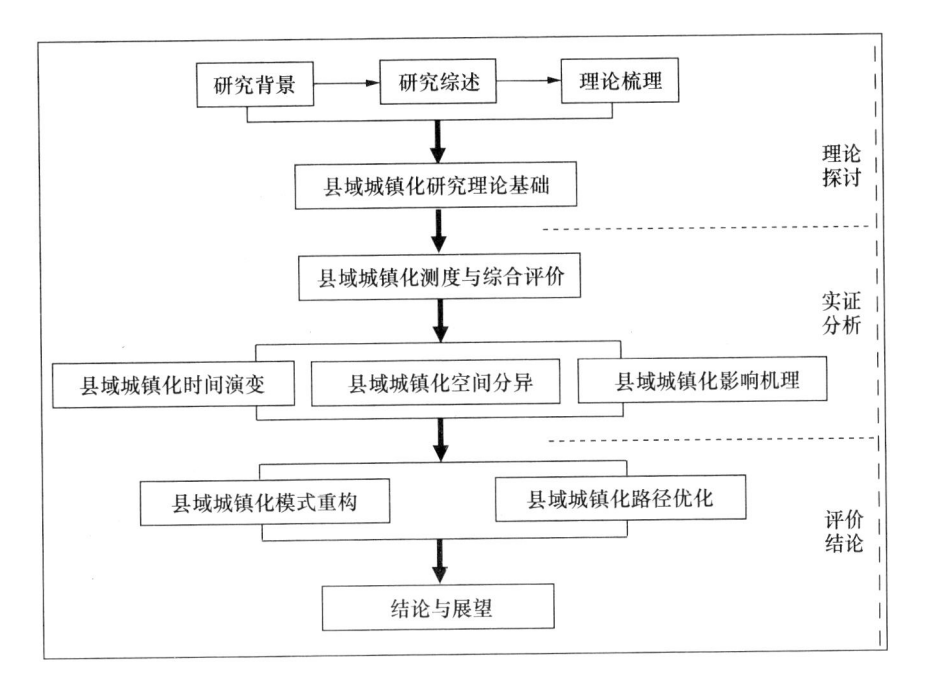

图1-2 本书研究的基本框架

第四节 研究方法

本书拟采用文献综述、实地调研、比较研究、综合分析及GIS空间分析等相结合的技术和方法，在转型期县域城镇化的具体研究过程之中注重理论推理和实证研究相结合、定性描述与定量分析相结合、过程演变和空间分析相结合、横向比较与纵向比较相结合、理论总结与实践应用等相结合。通过多种系列方法有效整合，从而为科学研究1978年转型期以来我国县域城镇化发展基本规律提供科学的方法论体系。

一 文献分析与实地调研相结合

通过分析近年来国内外关于城镇化、县域城镇化及城乡发展的相关研究成果，在此基础上对理论进行分析、归纳及演绎，为本书研究提供前沿理论视角和资料参考，形成转型期中国县域城镇化相应的理论体系及研究框架。在理论研究的基础上，根据实地调查所获取的第一手资料，以安徽省典型县（市）经济社会、土地利用及城镇规划等方面的数据资料对已有的理论观点进行修正、发展，为县域城镇化理论研究提供案例支撑，丰富、完善及充实研究理论体系，通过理论研究与实证调研的相结合，从而实现全文分析的系统性。

二　静态分析与动态分析相结合

静态分析有助于把握县域城镇化空间分布格局特征及基本状态，明确县域城镇化时空分异特征，便于了解同一时期不同区域的县域城镇化发展阶段，从而辨别不同阶段上的空间格局分异。同时，县域城镇化是一个连续不断的发展过程，采用动态分析方法有助于对县域城镇化发展过程及演变进行全面的考察，了解各个阶段的发展态势、特征。在动态分析的基础上辅以静态分析，有利于更加深入地探求转型期县域城镇化发展规律及内在机制。

三　比较研究和综合分析相结合

主要从时间和空间两大基本维度出发，对1978年转型期以来县域城镇化空间格局及演化过程进行纵向和横向比较，以及不同发展阶段、不同发展类型县域城镇化发展的特征对比分析；同时，运用现代化理论和系统论，综合分析安徽省典型县（市）城镇化发展与制度变迁、经济增长、产业演进及其农民迁移意愿等影响因素之间的对应逻辑关系，科学地揭示1978年转型期以来县域城镇化发展及时空演变的主导因素和多视角综合动力机制。

四　多种学科的研究思维相融合

县域城镇化研究本身与环境、人口、经济、社会及制度等多方面均存在十分密切的关系，这种多要素的多种关联及相互作用，使县域城镇化在研究起来具有一定程度上的复杂性、综合性，县域城镇化发展研究也将会涉及地理学、人口学、社会学、规划学及制度经济学等诸多学科的理论、方法；因此，以转型期县域城镇化为研究对象，应秉承多学科综合思维的研究方式，注重各不同学科的融合。通过多学科的交叉、融合，综合集成多学科的理论及方法，有助于更好地全面揭示转型期我国县域城镇化发展的基本规律。

第五节 研究区域与数据来源

一 实证研究区域

安徽省地处我国中部地区，国土总面积约13.96万平方千米，占全国土地总面积的1.45%，位于东经114°54′—119°37′、北纬29°41′—34°38′。安徽省地处长江、淮河中下游，长江三角洲腹地，地跨长江、淮河、新安江三大流域；安徽省地形地貌总体由淮北平原、江淮丘陵、皖南山区共同组成。安徽省拥有丰富的旅游资源（黄山风景区、九华山风景区等），自然景观与人文景观交相辉映，是我国著名的旅游目的地。安徽省也是中国重要的农产品生产、原材料和加工制造业基地，农产品加工在全国占有重要位置。截至2014年年底，安徽全省GDP总值达到20848.8亿元，比上年增长9.2%，其中全省人均GDP仅为34427元。目前，安徽省第一、第二、第三产业比例为11.5:53.7:34.8；全年固定资产投资为21256.3亿元，安徽省经济发展正处在欠发达水平阶段。另外，安徽与江苏、上海、浙江共同构成的长江三角洲城市群已成为当前国际六大世界级城市群之一，安徽也是我国首批新型城镇化试点地区省份之一。

截至2014年年底，安徽省共辖16个地级市、6个县级市、56个县，共计62个县（市）单元。16个地级市分别为合肥、芜湖、蚌埠、淮南、马鞍山、淮北、铜陵、安庆、黄山、阜阳、宿州、滁州、六安、宣城、池州、亳州。其中，合肥市包括肥东县、肥西县、长丰县、庐江县、巢湖市5个县（市）；芜湖市包括无为县、芜湖县、繁昌县、南陵县4个县（市）；蚌埠市包括五河县、固镇县、怀远县3个县（市）；淮南市包括凤台县1个县（市）；马鞍山市包括含山县、和县、当涂县3个县（市）；淮北市包括濉溪县1个县（市）；铜陵市包括铜陵县1个县（市）；安庆市包括怀宁县、桐城市、枞阳县、潜山县、太湖县、宿松县、望江县、岳西县8个县（市）；黄山市包括歙县、休宁县、黟县、祁门县4个县（市）；阜阳市包括颍上县、界

图 1-3 安徽省行政区划

首市、临泉县、阜南县、太和县 5 个县（市）；宿州市包括萧县、砀山县、灵璧县、泗县 4 个县（市）；滁州市包括天长市、明光市、全椒县、来安县、凤阳县、定远县 6 个县（市）；六安市包括寿县、霍邱县、霍山县、金寨县、舒城县 5 个县（市）；宣城市包括郎溪县、广德县、宁国市、泾县、绩溪县、旌德县 6 个县（市）；池州市包括青阳县、石台县、东至县 3 个县（市）；亳州市包括蒙城县、涡阳县、利辛县 3 个县（市）。截至 2014 年年底，安徽全省 62 个县（市）单元的土地总面积约为 11.4 万平方千米，占全省土地总面积的 81.7%；另外，安徽县（市）总人口 4760 万人，占全省总人口的 79.6%（如表 1-2 所示）。

表1-2　　　　　　　　　　安徽省城镇体系结构

类型	城镇等级	数量（个）	城区人口（万）	人口占比（%）	名称
城市（22个）	特大城市	0	0.00	0.00	—
	大城市	3	409.45	14.21	合肥、芜湖、淮南
	中等城市	5	354.52	12.30	蚌埠、马鞍山、淮北、安庆、阜阳
	小城市	14	383.28	13.30	铜陵、黄山、滁州、宿州、六安、亳州、池州、宣城、巢湖、桐城、天长、明光、界首、宁国
小城镇（899个）	县城	56	767.13	26.62	人口20万人以上8个、10—20万人30个、10万人以下18个
	建制镇	843	967.55	33.57	—

资料来源：《安徽建设统计年鉴（2014）》。

二　数据来源

数据是实证研究的基础，本书数据主要分为两大部分：直接数据与间接数据，间接数据主要通过直接数据推导出来。具体来说本书的分析数据涉及以下几大部分：①统计数据：主要来源于《安徽省统计年鉴》（1979—2015）、历年安徽各县（市）的国民经济社会公报等；以及通过典型案例地县（市）实地问卷调研、访谈获取的第一手统计分析资料。②空间数据：主要来源于1978—2014年历年的《安徽省地图册》，经扫描后在ArcGIS10.2软件中进行高精度配准跟踪矢量化获取，并对1978年以来安徽省范围之内的行政区划调整的县（市）单元进行空间合并处理，确保研究时段之内的研究结果具有科学相对可比性。③政策规划：主要来源于《安徽省城镇体系规划（2011—2030）》《皖北城镇体系规划（2013—2030）》《安徽省美好乡村建设规划（2012—2020）》等。

第六节　技术路线

本书紧紧围绕"构建县域城镇化发展理论框架—建立县域城镇化测度体系—剖析县域城镇化时空格局演变—揭示县域城镇化发展影响机理—重构县域城镇化模式和理论提升—提炼县域城镇化分类调控路径"

为主线，组织开展转型期县域城镇化发展的理论探讨及实证研究。

具体技术路线如图1-4所示。

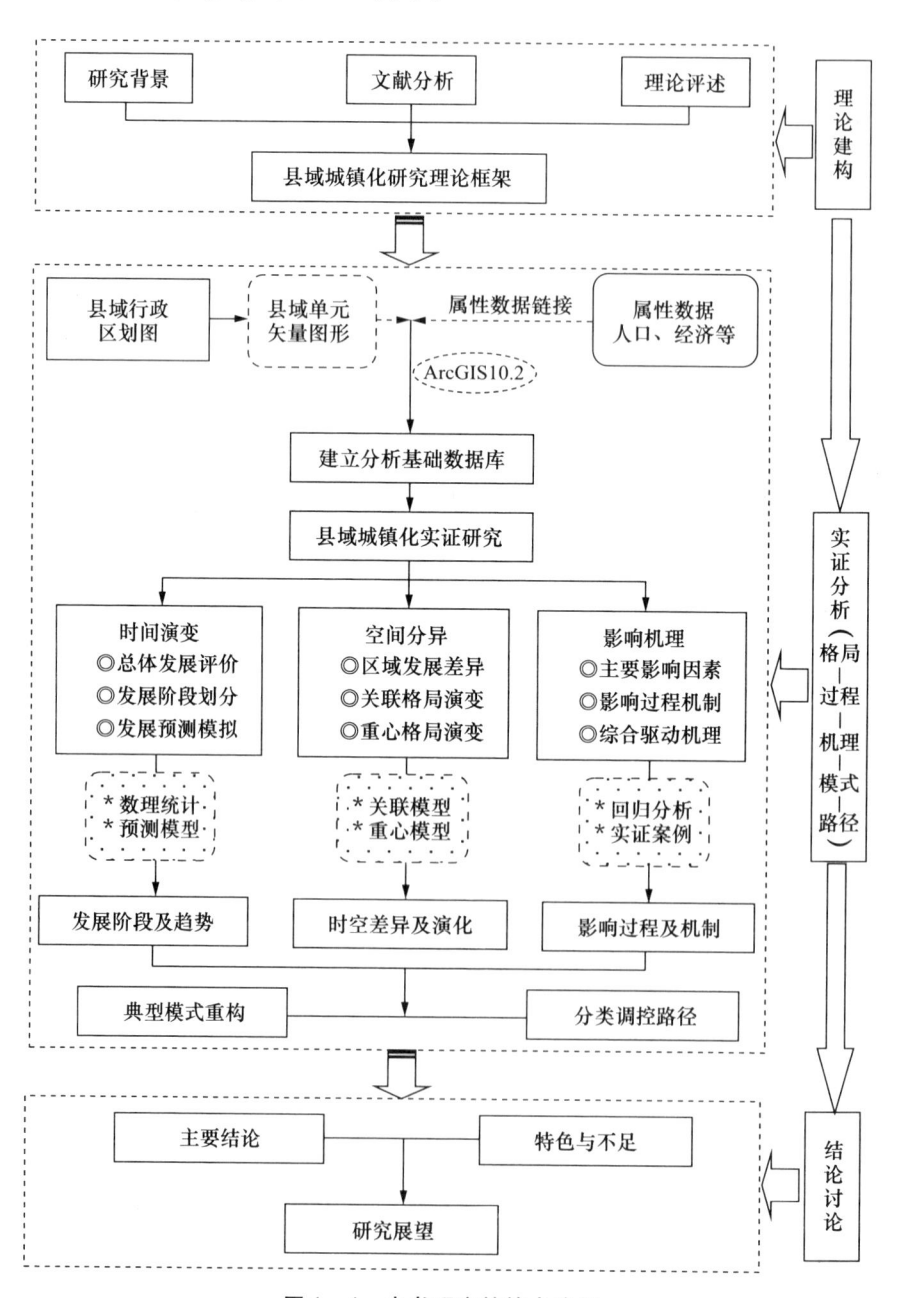

图1-4 本书研究的技术路线

第二章　概念界定及研究综述

第一节　概念界定

基于对转型期县域城镇化演变过程与影响机理展开研究，必须明确本书中所涉及的相关重点概念，如城镇化（城市化）、新型城镇化、县域城镇化等；同时，也要明确本书所涉及的相关理论，如城镇化时空理论、区域集聚与扩散理论、产业结构演变理论及城乡发展关系理论及基本内涵等，以期为本书后续写作顺利开展奠定重要的理论基础。

一　城镇化的概念

"Urbanization"最早出现在1867年西班牙城市规划师A.塞尔达的《城市化的理论问题》一书中；20世纪70年代末，国内地理学家吴友仁将"城市化"一词引入，自此"城镇化"和"城市化"一词就频繁出现，我们这里将"城镇化"与"城市化"两个词内涵看作基本是相似的，不作具体区分。城镇化是人类社会发展的重要过程，逐渐成为国内外经济学、地理学、社会学、人类学、管理学及城乡规划学等许多不同学科研究的重要课题；但是，各个不同学科研究城镇化发展的视角存在差异，从而对城镇化内涵的定义也是大相径庭。

综观国内外各个学科对城镇化概念内涵的认识，总体上可以归纳为几个层面：人口学认为，城镇化是农村人口转变为城镇人口的过程；地理学认为，城镇化是农村地域向城镇地域演化的过程；社会学认为，城镇化是农村社区生产、生活方式向城镇社区生产、生活方式转化的过程；经济学认为，城镇化是农村经济要素向城镇经济要素转化的过程。综上所述，城镇化是一个"多维度"的概念，包含经济、社会、文化及生态等在内的"城—乡"结构变迁过程，它既包括人口、农业活动向城镇转型、集中，以及城镇景观地域推进过程，也包括城镇经济社会、生活方式及价值观念等在城镇等级体系中逐步扩散并进入农村地区较抽象精神层面的综合演化过程。

二 新型城镇化

党的十八大提出"新型城镇化"的命题为今后我国城镇化发展释放了转型的新信号，并且随着国务院《国家新型城镇化规划（2014—2020）》相继出台，新型城镇化成为中国未来发展新的增长亮点，日益成为一个全新的中国式发展命题，新型城镇化研究已经成为国内学术界普遍关注的热点课题，新型城镇化研究成为转型期中国城镇化关注的重点方向，国内学者对新型城镇化的发展方向具有较为统一的认识，但对于其具体内涵的理解还存在一定差异：国内不同学科的众多学者纷纷对新型城镇化内涵及特征等内容展开探讨。典型的研究，如罗宏斌（2010）认为，新型城镇化是指坚持以人为本，以新型工业化为动力，推动城市现代化、城市集群化、城市生态化、农村城镇化，走科学发展、集约高效、功能完善、环境友好、社会和谐、个性鲜明、城乡一体、大中小城市和小城镇协调发展的城镇化建设路子；牛文元（2012）认为，新型城镇化是注重城乡一体化，注重集约发展、和谐发展，提升农民和城镇居民的生存生活质量，转变经济发展方式，实现资源节约、环境友好、大中小城镇协调发展的道路；王发曾（2014）认为，新型城镇化包括外延扩张和内涵优化两个进程，并指出追求外延扩张与内涵优化和谐统一，是新型城镇化的最本质特征；仇保兴（2012）认为，新型城镇化是从城市优先发展、高能耗数量增长型、高环境冲击型放任式少数人先富的城镇化向城乡协调发展低能耗质量提高型、低环境冲击型集约式社会和谐的城镇化转型发展；倪鹏飞（2013）认为，新型城镇化是以人口城镇化为核心内容，以信息化农业产业化和新型工业化为动力，以内涵增长为发展方式，以政府引导市场运作为机制保障，走城乡一体化的可持续发展道路；吴殿廷

（2013）认为，新型城镇化是以人为本、注重质量、统筹城乡及绿色发展的城镇化发展道路；李小建（2014）指出，以人为本、低碳节约、格局优化、新技术引领是新型城镇化的重要内涵；段进军（2014）认为，新型城镇化发展机制应由政府主导型的城镇化向市场主导型的城镇化转变，由"一维"的经济目标向资源环境、社会和经济发展等"多维"目标转型；杨佩卿（2015）指出，新型城镇化是与工业化、信息化、农业现代化同步推进，人口、经济、资源和环境相协调，大、中、小城市与小城镇协调发展以及人口集聚、"市民化"和公共服务协调发展的城镇化；宋连胜（2016）指出，新型城镇化是对城镇化及小城镇理论与实践的扬弃和超越；刘士义（2017）指出，新型城镇化不仅是一个城镇数量与人口规模扩大的过程，也是一种城镇结构和功能转变的过程，包括人口就业结构、经济产业结构、城乡空间社区结构等变迁；董晓峰（2017）认为，新型城镇化是指在国际国内社会经济环境发展新时期，我国注重环境友好型的发展、绿色发展与质量化的可持续发展的城镇化策略；张继久（2018）总结我国新型城镇化既不同于国外的新型城市化，又不同于我国传统的城镇化，其内涵是统筹城乡发展，以人为本，走资源节约、环境友好、经济高效、社会和谐、"四化"同步、城乡一体及文化传承的城镇化发展之路。另外，有些学者从文化资本理论视域（2014）、人本视角（2014）等对新型城镇化内涵及特征进行尝试性描述；还有学者对安徽（2012）、河南（2012）、江苏（2011）等不同地域的特色新型城镇化基本内涵及特征进行了具体解析。

一般而言，新型城镇化是以城乡统筹、产城融合、节约集约、生态宜居及和谐发展为基本特征的城镇化，是大中小城市、小城镇及新型农村社区协调发展、互促共进的城镇化。总体上看，新型城镇化的"新"就是要由过去片面注重追求城镇规模，改变为着眼"三农"问题，实现城乡基础设施一体化、公共服务均等化等。另外，由于研究角度的差异性，国内学者对新型城镇化概念内涵理解呈现出多样化特征，综观国内诸多的新型城镇化概念内涵，可清晰地发现我国新型城镇化在逻辑上是传统城镇化发展的自然结果，两者间既有联系，又存在一定的区别。"新型城镇化"与"传统城镇化"在时代背景、侧重方向、推进主体、发展模式及动力机制等方面上都具有一定的区别，但"传统城镇化"与"新型城镇化"两者之间并不是泾渭分明的（张荣天，2016）；总体来说，我国"新型城镇化"是"传统城镇化"发展到一定阶段的必然产物，是对我国"传统城镇化"发展扬弃的具体表现。（如表2-1所示）

表2-1　　"传统城镇化"与"新型城镇化"的区别与联系

	内容	传统城镇化	新型城镇化
区别	时代背景	农业经济、计划经济主导体制	农业经济向工业经济结构转型 计划经济向市场经济体制转型
	侧重方向	人口城镇化、城镇规模、空间扩张	城镇化质量提升、城乡统筹发展、资源环境与人的协调发展
	推进主体	当地政府	政府、企业、市民、农民
	发展模式	"自上而下"为主，"自下而上"为辅	"自下而上"为主，"自上而下"为辅
	动力机制	传统工业化	农业现代化、新型工业化、信息化
联系	新型城镇化是对传统城镇化的扬弃，吸收传统城镇化精髓，如发挥政府的宏观引导；同时，新型城镇化摒弃掉传统城镇化模式中的弊病与不足，如忽视城乡间、区域间的统筹协调发展		

三　县域城镇化

古语有云："郡县治，天下无不治。"中国历来都是县制的国度，我国县制于西周时萌芽，春秋时产生，战国时发展，秦朝时得以定制，其县制发展历史至今已达两千多年之久。在这两千多年历史中，虽然朝代更替、时代演变，但是，我国的县制基本保持着稳定，并且大部分县级行政区划和边界基本得到延续。"县"是我国行政管理体制中的第三级，隶属于省（自治区、直辖市）管辖，它是由城镇、集镇、乡村组成的行政区域单位，也是我国相对独立的基本的社会经济单元。"县域"，就是与"县"相对应的区域，随着时代的变迁，县域已经不再只是单纯的行政界线所划定的空间地域范围，它还涉及丰富的经济、文化及社会等多方面的内涵。本书所说的县域单元是指县级行政区（包含县级市，不包含市辖区）所管辖的地域空间范围。

县域城市是整个中国经济的基本单位，县域城镇化是推动城乡一体化发展、实现新型城镇化战略的关键环节（王琨，2017）。县域城镇化是伴随着县域经济发展，以县城中心、建制镇为节点，形成县域城镇规模等级发展、区域一体化的城镇网络。它的实质含义与城镇化是一致的，不同的地方是人口、经济及社会等改变位置发生在县域空间地域范围之内。县域城镇化发展过程是先发展各个节点，在各个节点形成发展极，人口、资本都向增长极靠拢并向周围乡镇地域空间扩散。通过聚集、扩散过程促使点、线互动发展，形成一定规模面，最终实现县域城镇化发展。本书中的县域城镇化包含范围是我国县级行政区域所包含的县（包括建制镇和农村）范围内的城镇化，它是我国城镇化体系中最基础的建构内容。总体上看，县域城镇化具有以下几点基本特征：①县域城镇化离不开中心镇的发展；②县域城镇化与"三农"发展密切相关；③县域城镇化发展速度相对较缓慢（王敏，2016）。

综合而言，县域城镇化是建立在城镇化内涵的基础上的，是关于县域尺度层面上的城镇化。我国的城镇化可以从两方面进行划分：①通过农村人口向城镇空间转移，以乡—城间迁移推动县域内就地、就近城镇化发展过程；②通过向大、中城市输出大量剩余农业人口，以县—市间迁移推动城镇化发展过程。为了深入研究转型期以来我国县域城镇化发展特征，鉴于此，本书对县域城镇化概念内涵界定如下：它是以县域农业生产率提高为基础，以县域工业化、第三产业为动力，以农村人口逐渐向县城和中心镇地域转移、城镇地域空间逐渐向农村地区扩展、农村生产要素逐渐向县城城镇集中集聚、城镇文明逐渐向农村扩散为表现形式，以县域农民生产生活方式、思想观念、价值理念转变，以及县域农村经济、社会结构变化为结果的系统动态综合演变过程。

第二节 国内外城镇化研究进展

城镇化是一个复杂的、综合性的社会经济现象，是受到人口、区位、经济、社会、文化等诸多因素动态影响的演进过程。国内外学者分别从哲学、经济学、社会学、地理学、历史学、规划学等不同学科领域对城镇化进行了研究与探索，并且形成了地理学派、经济学派、环境学派、生态学派等不同主流、特色鲜明的研究学派，对于城镇化的研究已经取得了较为丰硕的成果。以近几十年的国内外城镇化研究相关的文献作为综述对象，试图通过较系统地梳理国内外研究文献，总结国内外城镇化研究取得的主要成果，分析当前国内外城镇化研究的基本特征及其薄弱之处，并对中国城镇化研究重新审视，指出未来中国城镇化研究的新动向。试图找出一条透视当代中国城镇化发展主基线，从而可以有效地指导我国县域城镇化发展实践。

一 城镇化概念内涵研究进展

（一）国外城镇化概念内涵研究

目前对于城镇化概念确切界定，国内外学术界目前还没有形成一个获得普遍认同的权威定义，国外最早是由西班牙 A. 塞尔达 1867 年在其《城镇化概论》一书中提出了"城镇化"（urbanization）基本概念。随后，欧美国家学者对城镇化概念基本内涵及特征进行了较多研究，也形成一系列的研究派别。美国 J. O. 赫茨勒（1956）指出，城镇化就是人口从乡村地区不断向城镇地域的集中、集聚。沃纳·赫希（1990）认为城镇化是经济特征由分散农村演变成独立城镇的基本过程。威尔逊（1978）、库兹涅茨（1989）研究指出，城镇化是人口分布由乡村转变为城镇的基本过程。美国弗里德曼（J. Friedmann，1965）将城镇化过程划分为城镇化Ⅰ（人口和非农业活动在城镇地域集中过程）和城镇化Ⅱ（城镇生活方式、价值观等在农村地域扩散过程）。埃尔德里奇（H. Eldridge，1963）将城镇化定义归结为三种城镇化过程：扩散、强化及人口集中的过程。随着信息化、全球化发展,传统城镇化理论内涵不断得到丰富。斯科特(Scott,2001)提出了"全球区域城市"(GCR)的基本观点;同时,城市群、都市区及都市圈等相关城镇化概念的出现都反映了巨型城市空间崛起,城镇化内涵及外延也将变得更为复杂。

(二)国内城镇化概念内涵研究

城镇化是乡村转变为城镇的一个复杂系统过程,涉及人口、经济、空间、生态及社会等多个方面。因此,对于城镇化概念内涵特征,经济学、社会学及地理学等不同学科有着不同的看法和理解。①从人口城镇化视角看,国内学者认为,城镇化是农村人口不断向城镇地域集中的过程;如杨重光(1986)、刘维新(2013)等学者指出,城镇化发展主要表现为城镇非农业人口增加。②从经济城镇化视角看,认为,城镇化本质是非农产业在城镇空间地域集聚的演化基本过程,城镇化的本质是经济活动(要素、生产及消费等)城镇地域空间集聚过程。③从土地城镇化视角看,如吕萍(2008)认为,城镇化是指土地景观由农村形态向城镇形态转化的基本过程;田莉(2011)等学者也赞成这种城镇化内涵界定观点。④从社会城镇化视角看,如刘洁泓(2009)指出,城镇化是指乡村生活方式向城镇生活方式质变的过程;另外,随着我国经济、社会转型,关于城镇化研究不断地在深入,研究视角也开始不断创新,试图从新制度经济学视角及范式来解析我国城镇化的内涵及其特征。其中,赵燕菁(2001)等将城镇化理解为一场深刻的制度变迁过程;刘传江(1998)认为,城镇化是指社会经济活动、社区制度安排由传统不断转变成新型的过程。⑤从综合性视角看,如邹彦林(1989)认为,城镇化既是经济发展、产业结构的演变过程,也是制度变迁、观念转变的变化过程;刘英群(2011)认为,城镇化内容包括经济、人口、空间、社会及文化的城镇化等多个层面,它是一个综合性概念表征(如图2-1所示)。

二 城镇化格局过程研究进展

(一)国外城镇化格局过程研究

国外学者关于城镇化格局过程研究最早主要是集中在城市空间蔓延上。戈特曼(Gottman,1957)把城市蔓延定义为大都市边缘空间

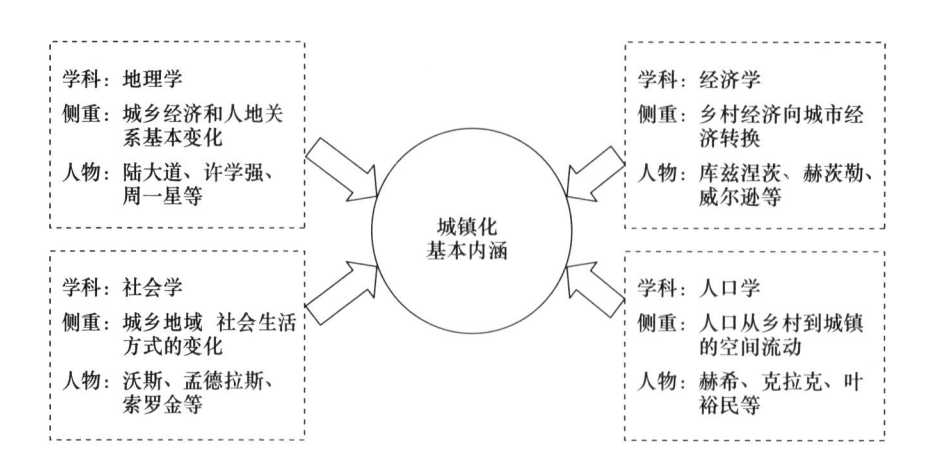

图 2-1 各学科城镇化定义系统比较

持续扩张。20世纪70年代后，城市受限扩散凝聚（Fotheringham，1989）等开始用于对城镇化空间格局演变探索性研究中；另外，随着RS、GIS和GPS技术不断兴起发展，"3S"分析技术逐渐成为国外学者研究城镇化时空格局演变的重要工具和手段（Herold，2003）。从20世纪80年代兴起城镇化景观格局演变研究（Forman，1986），通过景观生态学指数对城镇化空间格局过程测度（Gustafson，1998），以及检测空间组分在城镇内部、外部演变的结构变化（Herold，2003）。近年来，利用CA模型对城市空间复杂性模拟研究成为新热潮（Batty，1997）。克拉克（Clarke，1997）建立SLEUTH模型实证模拟华盛顿都市区城市空间生长过程。可见，国外学者对城镇化时空演变的研究角度及研究内容正在不断丰富完善。另外，国外学者对中国区域城镇化发展差异也较为关注，认为中国城镇化空间格局与规划政策存在密切关系（Pannell，1982）。拉奎安（Laquian，1997）认为，中国沿海开发政策及经济特区政策，对中国城镇化格局过程产生了显著影响，区域发展政策有效地促进了沿海地区城镇化快速发展；乔治（George，2002）指出，经济改革促使中国市场化程度不断地提升，导致了中国特大城市、大城市数量减少，而中、小城市数量却呈现出日益增加的发展趋势。

(二) 国内城镇化格局过程研究

国内学者从土地利用变化、人口密度的空间分布、生态城市空间结构、区域经济差异空间分布等多方面研究了相关的城市空间格局演变过程等。1978年改革开放后，城镇化逐渐回归正常轨道，但在空间上产生较大差异特征。许学强（1986）分析我国城镇化分布呈集聚型，城镇密度由东向西不断递减；朱农（2000）通过回归分析模型揭示了长江地区城镇化发展区域差异及其决定因素；刘盛和（2007）系统地阐述了我国城镇化发展省际差异的基本特征。具体地域上，贾异（2012）从人口、土地两个方面对吉林省城镇化地域差异进行了分析；另外，还有学者对江苏（汤茂林，1999）、山东（卞二松，2009）等不同地域的城镇化区域差异及演化趋势进行了实证研究。

伴随"3S"技术应用促使我国城镇化研究时空尺度不断得到拓展，市域、县域城镇化时空格局得以探讨。宗跃光（2003）等分析不同阶段北京城市空间扩展特征及机制；李晓文（2003）等通过利用多时段TM图像探讨上海市城市空间扩展及分异特征；叶嘉安（1997）等从不同角度剖析珠江三角洲城镇空间格局演化特征；还有学者对南京（房世波，2000）、溧水（张荣天，2012）等不同时空尺度上城镇化空间格局演变解析。另外，国内学者自20世纪90年代末开始运用景观生态学方法研究城镇化时空过程，俞孔坚（1998）分析中山城市景观过程与格局连续性特征；徐建华（2002）等揭示了上海城镇化景观空间格局演变过程。20世纪90年代以来，国内地理学界才兴起CA理论及其实证研究，CA模型在国内不同尺度城市上得到应用；周成虎（1999）等在Batty和Xie的CA模型的基础上，构建了面向对象的、随机的、不同结构的和两个CA模型耦合的GeoCA—Urban模型；黎夏（1999）等通过构建约束性单元自动演化CA模型，结合主成分分析和神经网络等技术实证模拟了东莞市城市用地空间扩展；何春阳（2002）结合Titenberg模型和CA模型发展了大都市区城市扩展动态空间模型（CEM），实证模拟了北京城市空间扩展规律；张鸿辉（2008）、冯徽徽（2008）等学者应用SLEUTH模型对国内长沙、东莞等不同城市空间增长展开了实证模拟分析；另外，刘小平（2006）、杨青生（2009）等尝试将 CA 与 MAM 的综合集成研究。ESDA 分析模型在我国区域城镇化格局时空演变差异研究中得到初步的运用（钟业喜，2010）；另外，还有学者运用 Logistic 模型（王远飞，1997）、BP 神经网络（郭志仪，2006）等对区域城镇化过程进行了模拟预测研究。总体上看，表现为四方面特征：①3S 空间分析技术、ESDA 模型等有效地应用到城镇化格局与过程实证研究。②实证地域尺度不断得到拓展，不仅对我国东部经济发达地区（长三角、珠三角等）研究，也对我国广大中、西部欠发达地区开展实证案例探讨；不仅对大宏观尺度城市群空间过程揭示，也对中微观层面的单个城市及城市内部的空间过程进行了深入研究。③景观生态学格局指数方法逐渐应用到城镇化时空格局演变研究之中；④运用定量模拟预测模型，并对国内不同尺度的城镇化时空演变开展定量模拟研究。

另外，关于县域城镇化时空格局研究上，王洋（2012）从人口、经济和社会三方面构建中国县域城镇化评价体系，通过空间自相关方法评价我国县域城镇化空间格局的演化特征；吴相利（1995）对比研究东北地区黑龙江省县域城镇化空间差异；彭翀（2013）运用传统统计方法和 ESDA（探索性空间数据分析）相结合的方法，在 ArcGIS 和 GeoDA 统计分析软件的支持下，探索湖南省县域城镇化差异的空间分异特征；黄亚平（2015）从空间自组织视角上研究了湖北县域城镇化自组织过程、机制与分形特征；还有学者对陕西（刘青，2012）、江西（凌筱舒，2014）、山西（秦静波，2017）、新疆（杨振，2017）、安徽（杨新刚，2016；张荣天，2017）、福建（林敏，2010）、湖南（余华，2016）、云南（戢晓峰，2018）、京津冀（严坤，2018）、中原城市群（邓晴晴，2017）、长江中游城市群（冯兴华，2015）、边境省区（李红，2017）、成渝经济区（黎磊，2015）等不同空间尺度地域上的县域城镇化水平的空间分异特征、分异过程展开了实证研究；王晓欢（2010）建立了陕南县域城镇化灰色关联投影模型，对陕南县域城镇化水平进行综合空间演变定量评价。另外，李润平（2014）基于金融视角的县域城镇化影响因素地区空间差异；王亚力（2014）基于流动人口分析视角，解析了我国环洞庭湖区县域城镇化空间格局分异格局规律。目前，国内学者从不同视角、不同尺度上探讨了我国县域城镇化格局及演变过程特征，为研究转型期安徽县域城镇化时空演变特征提供了有益的实践启示。

三 城镇化动力机制研究进展

（一）国外城镇化动力机制研究

国外关于城镇化发展动力机制的研究起步相对较早，恩格斯（1845）基于社会分工视角解析了城镇化发展的动力机制，指出，工业化发展产生了对劳动力需要；另外，高工资促使大量农村农业人口迁移进入城镇工作，从而推动了区域城镇化发展。刘易斯（W. A. Lewis，1954）认为，农业劳动边际生产率等于零或为负值时，农业剩余劳动力就会不断向城镇工业、服务业等部门发生转移；李（E. S. Lee，1966）等学者提出并建立的"推力—拉力"理论，指出人口从农村向城镇迁移动力与迁入地相关正负因、介入障碍和个人因素等因素有关。萨森（Sassen，1994）剖析了全球化对城镇化动力作用原理，从而产生了大量的全球城市。曼宁（Manning，2003）认为，住宅价格发生变化会通过改变劳动力成本而影响城市产业发展及其人口数量变化，从而进一步影响城镇化发展。Hutton（2003）等研究全球化对城镇化发展具有重要的动力驱动作用。肯尼思（Kenneth，2004）、罗伯特（Robert W，2008）等学者研究认为，房地产业建设对城镇化发展有着重要驱动效应。另外，国外学者开始研究中国城镇化发展的动力机制问题。凯文（Kevin，1960）研究指出，城乡人口迁移是中国城市化发展的主要原因；Chan（2014）指出中国城镇化主要是通过工业化发展战略来实现驱动；迈克尔（Michael，2000）认为，中国城乡政策改变推动了改革开放以来中国城镇化的快速发展。还有研究分别从受教育程度（Duncan Black，1999）、集聚经济（Feldman M. P.，1999）、政府作用（Henderson，2007）等不同的视角上研究中国城镇化发展的驱动机制。国外学者关于城镇化机制研究范式：①从微观上研究城镇化中城市经济增长的原因和机制；②从发展经济学和劳动经济学等学科分析城乡人口移动的影响因素；③全球化学者从 FDI、国际贸易、全球劳动力分工角度分析全球城市的形成和重构机制。

(二) 国内城镇化动力机制研究

中国城镇化发展的动力机制具有一定的独特性。总体而言，国内学者主要从不同学科角度上进行了具体研究，形成了一元或二元城镇化动力、多元城镇化动力、制度与要素推进动力、内生与外动力共同作用、"自上而下"和"自下而上"的推动机制等代表性的观点。综合国内外学者的相关文献及主要观点，本书将这些中国城镇化发展的动力机制划分为主体行为机制、产业转换机制及制度变迁机制三大类。①主体行为机制方面：许学强（1998）研究指出，政府、企业及农民是我国城镇化发展的主要推手，将中国城镇化发展的动力机制总结为"二元理论模式"。辜胜阻（2000）指出，政府主体决定我国城镇化发展方向、速度和表现形式。花小丽（2006）从社会个体、社会群体、社区以及社会关系四个方面剖析了我国县域城镇化发展驱动机制。蒋春娟（2010）基于对农民迁移动机、迁移决策机制以及影响迁移微观和宏观因素分析上，提出了促进我国农民迁移进城的长效机制。储德平（2014）从不同迁移主体的迁移视角出发，考察了中国城镇化发展机制微观动力基础。②产业转换机制方面：目前国内学界典型观点主要有：陈柳钦（2005）指出，产业结构转换与城镇化存在密切关系，城镇化发展受到农业发展、工业化和第三产业综合推动。汪冬梅（2003）认为，产业结构转换与升级是城镇化的动力机制，经济要素流动与聚集是城镇化的实现机制。刘艳军（2007）从要素集散、条件促动、政府调控及投资拉动四个方面指出东北地区产业结构演变城镇化响应驱动机理。③制度变迁机制方面：刘传江（1998）研究指出制度变迁对我国城镇化发展影响重大，主要通过影响非农化、城乡要素流动来实现影响城镇化的发展进程。李保江（2000）指出农村人口向城镇转移和集中，从而引起产业、就业等结构非农化重组的制度变迁。叶裕民（2001）等认为，制度对城镇化作用包括直接对城市化的作用和间接通过工业化作用两方面。殷存毅（2003）研究认为，制度变迁因素是外生型城镇化发展的最核心要素和主要驱动机制。冯尚春（2004）全面地分析总结了中国农村城镇化发展的制度动力机制。

罗小龙（2011）在回顾苏南模式变迁和城镇化历史阶段的基础上，提出苏南地区的城镇化将进入制度引领发展新阶段。

另外，关于县域城镇化发展机制研究上，李雨蔚（2013）通过文献梳理建立了城镇化动力因子，探索我国县域城镇化的动力机制；殷江滨（2012）基于县域地方政府行为视角分析产业转移对县域城镇化发展的影响机制。洪业应（2103）分析了产业集群对我国县域城镇化的内在影响机理；郭婷（2007）基于构建的县域城市化影响因素空间计量模型，对我国甘肃县域城镇化发展影响因素及驱动机制进行了实证研究。孙久文（2014）通过使用有效地消除内生性的 GMM 方法，从城乡差距的角度研究得出城乡的收入差距扩大不利于中国县域城镇化发展。徐维祥（2015）运用耦合协调模型、地理加权回归模型及趋势面分析等方法研究产业集群创新与县域城镇化之间的耦合关系及其驱动力。吴建民（2015）采用多元回归模型分析了影响县域城镇化水平的动力因素，指出各种动力共同助推县域城镇化发展，动力大小依次为政府动力、市场动力、社会动力。卢黎霞（2015）建立了"推—拉"机制模型，认为小城镇非农产业基础薄弱、公共服务设施较差所导致的镇区拉力不足是西部县域城镇化的机制缺陷。杨忍（2016）基于人口普查数据和路网数据，利用空间滞后回归模型揭示了中国县域城镇化发展的道路交通影响机制。王敏（2016）研究指出县域城镇化发展受到政府宏观调控、市场作用、产业结构等因素的综合作用影响。李海燕（2016）从"产业经济根本动力—地域资源环境支撑力—社会生活保障隐形推力—国家政策制度保障力"四个维度上构建出我国欠发达地区县域城镇化发展的动力机制框架；王绍芳（2017）研究指出创新驱动在推动县域产业转型升级及城镇化发展等方面发挥着重要作用。汪增洋（2017）利用中介效应检验模型研究了中部地区县域城镇化动力机制，指出产业非农化通过提高第二产业就业、第三产业就业以及收入水平驱动城镇化发展，工业化对县域城镇化的推动作用要大于经济服务化；还有学者从金融发展（陈志伟，2015）、工业化（2016）、人口外流（陈涛，2017）、省直管县改革（刘佳，2017）、农民工返乡（张丽庆，2013）等视角上分析我国县域城镇化发展的影响因子及动力机制。对欠发达地区（宋晓会，2016）、大都市区（王绎，2013）、边疆民族地区（陈进，2015）等不同类型区域展开了实证研究。另外，刘彦随（2012）、杨勃（2014）等学者们通过地理探测器模型揭示了我国县域城镇化发展的驱动因素及形成机理。目前，国内学者对我国县域城镇化发展驱动机制开始有所初步探索；同时，也取得了一些有意义的研究成果，这些研究成果为转型期安徽县域城镇化发展的影响驱动机理实证研究提供了重要的理论参考。

四　城镇化发展模式研究进展

（一）国外城镇化发展模式研究

国外早期代表性的地域结构模式有：伯克斯（Burgess，1925）提出的同心圆带状结构（中心商务地区、渐移地区、工人住宅区、中等住宅区、通勤区）。霍伊特（Hoyt，1939）研究指出土地使用均是从市中心区既有的同类土地使用的基础上，由内向外扩展，并继续留在同一扇形范围内，即城市地域结构扇形理论。麦肯齐（Mckerzie）于1933年提出"多核心"理论，并经哈里斯和厄尔曼（Harris and Ullman）进一步得到了发展，认为大城市不是围绕单一核心发展起来的，而是围绕几个核心形成中心商业区、轻工业区、重工业区、住宅区等，由它们共同组成了城市空间地域。塔夫（E. J. Taff，1963）从城市社会学角度出发，提出了城市理想结构模式。L. H. 洛斯乌姆（1975）指出，城市地区和乡村腹地之间存在一个连续统一体，并提出区域城市化模式理论。贝里（J. L. Berry，1975）通过大量的实证案例分析，归纳出城市空间扩展呈轴向增长、同心圆式增长、扇形增长以及多核心增长等多种方式，并普遍认为，"圆形城市"（Circular City）形态增长的理想类型。穆勒（1977）基于范斯（Vance1）提出的城市地域概念，并进一步扩展多核心结构理论，构建了新的大都市城市结构模式，被称为"多中心城市模式"。哈洛（P. Halo）于1971年最早提出城市发展阶段模型，同时克拉森等进一步修正了城市发展阶段模式，指出城市具有生命周期。福曼（Forman，1995）从景观生态学视角提出了城镇化发展的边缘式、廊道式、单核式、多核式以及散布式五种基本模式；另外，森川洋（2007）等对日本城市化发展基本模式、城市体系变化等方面内容也作了探讨。总体上看，国外主要从静态和动态两个不同视角上对城镇化发展模式特征进行较多解释，但是，对城镇化发展模式的制度创新、动力机制等研究则相对较少。

1. 静态城镇化模式

静态城镇化模式主要从单个城市地域上研究城镇化发展的基本模式，但由于研究重点落在单个城市地域空间结构表现形式上，从而会对城镇化发展的动力机制深入研究关注相对较少，因此本书将它们称为"静态城镇化模式"（如表2-2所示）。

表2-2　　　　　　　　　国外静态城镇化模式

发展模式	代表人物	基本特征
同心圆模式	E. W. 伯吉斯（Burgess） 巴布科克（Babeoek）	以圆心向外围不断扩散的过程；城市主要沿交通主干线分布
扇形模型	H. 霍伊特（Hoyt）	从市中心向外沿主要交通干线或沿阻碍最小路线向外延伸
多核心模型	C. D. 哈里斯（Harris） E. L. 厄尔曼（UIlman） G. E. 埃里克森（EriCkson）	越是大城市其核心越多、越专门化区位、地价、集聚利益和扩散效益是重要因素
理想城市模式	E. J. 塔夫（Taffe） B. J. 加纳（Garner）	由中央商务区、中心边缘区、中间带、外缘带和近郊区共同组成
区域城镇化模型	L. H. 洛斯乌姆（Russwurm）	由城市核心区、城市边缘区、城市影响区及外缘带组成
大都市结构模型	穆勒（Muller）	由衰落的中心城市、内郊区、外郊区和城市边缘区组成

2. 动态城镇化模式

动态城镇化模式主要侧重于多城市空间结构及其城镇化模式动力机制研究。动态城镇化模式相比静态城镇化模式而言，更加关注城镇化模式的形成与演化的动力机制方面内容，因此本书将它们称为"动态城镇化模式"（如表2-3所示）。

表 2-3 国外动态城镇化模式

发展模式	代表人物	基本特征
周期性模式	科曾（Cozen）	城镇化呈现为加速期、减速期和静止期三阶段特征
要素运动模式	埃里克森（Erickson）	外溢—专业化阶段、分散—多样化阶段、填充—多核化阶段
差异化城市模式	盖伊尔（H. S. Geyer）康图利（T. M. Kontuly）	划分为大城市阶段、过渡阶段及逆城镇化阶段
城市发展阶段模型	哈洛尔（P. Halo）克拉森（Klaassen）	指出城镇化发展具有显著生命周期性，从青年到老年不断循环演化

（二）国内城镇化发展模式研究

20世纪80年代末，国内学者开始关注城镇化发展模型研究，起初重点在于优先发展大城市、中小城市还是小城镇的选择方面。随着经济社会发展以及城镇化建设速度及力度空前绝后，二十多年来，国内学者在对中国城镇化运动规律、表现特征、影响因素、动力机制、演进过程以及各种关系进行分析的基础上，从不同的视角归纳出中国各种城镇化模式。城镇化发展模式研究内容广泛，这主要归结于城镇化内涵特征多维性、动力机制复杂性及演进过程动态性三大因素所共同影响（盛广耀，2011）。①以城镇化不同阶段作为划分依据，城镇化发展模式可划分为集中型城镇化和分散型城镇化（崔表，2012）；②以城镇化和工业化之间的关系作为划分依据，城镇化发展模式可划分为同城镇化、超前城镇化和滞后型城镇化（曾宪明，2005）；③以城镇不同规模作为划分依据，城镇化发展模式可划分为小城镇模式、大城市模式和大中小城市相结合模式（郑德高，2013）；④以城镇化发动主体作为划分依据，城镇化发展模式可划分为"自下而上城镇化"和"自上而下城镇化"等（崔功豪，1999）。此外，还对我国特定地域城镇化发展模式进行了研究，主要有：泛长三角地区（宁越敏，2009）、省际边缘区（朱传耿，2006）等。另外，还有学者对城镇化模式影响因素进行了探讨，包括环境、经济、政策及制度因素等

（周英，2006）；并认为城镇化发展模式与特定时期的经济水平、历史文化等因素有着密切的关系（毛蒋兴，2006），且这些影响因素不断发生着变化。国内城镇化发展模式研究也存在一定不足之处：①城镇化发展模式研究更偏重城镇化外在个性差异，对城镇化发展模式机理理论研究则相对较少；②城镇化发展模式研究多拘泥于城镇化的现状特征，而揭示城镇化模式动态过程的研究相对偏弱。

另外，研究中国县域城镇化发展模式也成为当前我国城市地理学关注的重点课题之一。其中，蒋涣洲（2013）研究提出了城乡统筹背景下贵州县域城镇化发展的五种基本模式：特色农产品生产加工业集聚型、旅游城镇化发展模式、开发区城镇化发展模式、"多县组市"和与市串联型、商贸集散型。安瓦尔·买买提明（2010）研究提出了我国塔里木盆地县域城镇化与生态环境和谐发展模式及调控对策建议。景勤娟（2012）实证解析了河北省青龙县县域城镇化发展基本模式，指出要从历史和现实的角度出发，根据县域资源禀赋进行准确定位，因地制宜地走健康城镇化发展之路。黄亚平（2013）研究指出我国中西部欠发达山区县市应走出一条"工贸带动、特色促进，梯度推移、节点集聚型城镇化"的道路模式。张春花（2014）通过分析影响城镇发展的外部因素和县域自身因素，提出构建"中心城区—特色镇—服务基地"的城镇功能结构模式，强化县域城镇功能的特色化引领作用。陈瞻（2015）从阶段差异、类型差异及空间差异等角度，提出集聚边缘发展型、均衡平行发展型及极核散点发展型等县域城镇化发展的模式及分类调控策略。马骏（2016）研究提出了我国县域新型城镇化发展的中心城市辐射带动、特色产业产城融合、新区新城引导拓展、旧城改造紧凑发展、城市群组整体联动、城乡统筹互促共进等模式。赵欣欣（2017）总结了资源产业带动型、装备制造业带动型、旅游业及相关服务业带动型等不同类型县域城镇化发展模式及路径。另外，国内还有学者对以工业园区为主导的县域城镇化模式进行了研究（张英花，2010）。目前，国内学者从不同视角上提出县域城镇化发展科学模式，总体上看，关于县域城镇化发展模式梳理及重构当前的研究还相对薄弱，但也为研究转型期安徽县域城镇化发展模式构建提供了实践参考。

五　城镇化优化调控研究进展

(一) 国外城镇化调控路径研究

马克思、恩格斯 (1867) 研究指出未来社会不是固化城乡分离，而是城乡一体融合发展。1898 年，霍华德 (Edbenezer Howard) 提出了"Garden City"理论模型；勒·柯布西埃 (Le Corbusier, 1925) 提出了"光明城"规划，其规划反对通过分散主义解决"城市病"基本看法，主张通过全新规划和建筑方式来改造城市空间形态；恩维 (1924) 在 20 世纪 20 年代提出了"卫星城"发展理论，指出"田园城市"在形式上有如围绕在行星周围的卫星城市，促使田园城市理论模型得到进一步完善。美国建筑学家伊利尔·沙里宁 (Eliel Saarinen, 1935) 研究认为，有机疏散的城市布局结构方式能使人们居住在一个兼具城乡优点环境聚居之中，将日常生活、工作区域进行集中空间布局。

第二次世界大战之后，世界各国相继走上工业化与城镇化发展道路；同时，一些国家、地区在促进农村发展、城镇化建设等方面也取得了成功实践经验，如美国的"精确农业"、以色列的"高效农业"及韩国的"新村运动"等，都是通过"工业反哺农业、城市反哺农村"的基本方式，成功地解决了发展过程中面临的"三农"问题，从而有效地促进城乡一体化进程，推动了国家或者地区的城镇化与农村协调发展；与此同时，第二次世界大战之后，随着世界城镇化进程不断加快，城市生态环境问题越发严重，抑制城镇过快增长逐渐成为当前世界城市研究最关注的话题；尤其在 20 世纪 80 年代以后，随着全球城市蔓延现象不断加剧，如何抑制城镇化过快发展成为城市研究焦点。在这种发展的大环境背景之下，国外欧美发达资本主义国家应运产生了新城市主义 (new urbanism)、精明主义 (smart growth) 等城镇化可持续发展理论思潮。1989 年，欧洲社区委员会 (CEC) 首次公开提出"紧凑城市"的城市形态；1997 年美国马里兰州州长 PN. G Lendening 首次提出了"精明增长"(Smart Growth) 的概念，它强调环境、社会和经济可持续的共同发展，是一种较为紧凑、集中、高效的发展模式,其中"城市增长边界"(Urban Growth Boundaries)是精明增长实践中最著名的措施,核心思想是通过划定城市周边的自然保护区和生态敏感区将其作为限制建设区,从而划定城市可建设区范围(如表2-4所示)。

表2-4　　　　　　　　　精明增长理论及策略

精明增长措施	精明增长的技术手段
保护开敞空间	规制控制(环境限制、分区控制等)、税收激励、减缓契约限制、土地许可
成长边界	地方城市成长边界、区域城市成长边界
紧凑发展	传统邻里开发(TND)、公共交通导向的开发(TOD)、公共交通村落(TV)
更新建成区	市中心和主要街道的再开发项目、棕地再开发(BR)、灰地再开发(GR)
公共交通	地方公共交通项目、区域公共交通项目
区域规划协调	区域政府、区域管理机构、区域基础设施服务区、州的规划动议
资源和负担共享	区域税收共享、区域可负担住房项目

(二) 国内城镇化调控路径研究

国内学者从不同视角上研究了我国城镇化发展的优化调控路径及策略。国内学者崔功豪(1989)、刘纯彬(1994)、费孝通(1998)、曹广忠(2001)较早地对我国城镇化发展道路进行了探讨;张晓理(2003)指出中国城镇化发展应强化中小城市、小城镇的活力,并注重大城市群的龙头作用;贺彩玲(2006)指出中国应该走城市多元化、城市网络化、城市现代化及城市可持续发展路径;张理茜(2010)总结了干旱区、喀斯特地区、高寒地区及过渡区等不同发展类型的城镇化发展推进模式;周详胜(2012)针对不同发展阶段城市,划分不同类型的政策地区,从各类地区的现状特征出发,提出了各具差异性的发展调控路径;马远(2011)从经济发展、生态安全及社会稳定的角度提出城镇化发展分类路径;张岩(2012)基于区域一体化背景,研究了长江三角洲地区城镇化发展机制与路径;王超

(2013)从突破制度障碍、保障动力机制和促进可持续发展等方面提出新型城镇化战略背景下的我国城镇化发展之路。21世纪初,国内学者开始借鉴"精明增长"(Smart Growth)理论,王朝晖(2000)、陈雯(2001)等介绍了国外"精明增长"概念的提出背景、主要内容及基本实践;马强(2004)系统地阐述了目前国内外广泛研究的"城市蔓延"和与之相对的"精明增长",提出我国城市空间具有"城市蔓延"趋势,呼吁借鉴国外"精明增长"战略思维来制定科学合理的城市规划理念更新;袁锦富(2005)研究分析了中国现阶段城市化过程中产生的问题和特征,对比了中国和美国城市化发展遇到问题的异同,提出了适合中国国情的城镇化的精明增长策略。另外,国内还有学者从城乡统筹视角(周冲,2014)、产业集群视角(张敏,2012)、制度视角(王理,2011)、主体功能区视角(刘桂文,2010)、区域经济差异(张振兴,2011)等不同视角上提出我国城镇化发展路径及策略;国内还有学者提出特定地域城镇化发展路径,如长三角(张岩,2012)、欠发达地区(黄亚平,2013)。

另外,研究县域城镇化可持续发展日益受到国内学者关注及重视。张冬初(2007)从理论与实际相结合的角度,论述提出了不平衡发展现实条件下我国县域城镇化发展基本对策及建议;王志章(2014)研究构建出了山区县域新型城镇化包容性发展路径;郑永平(2013)基于生态文明建设视角,提出了我国县域城镇化可持续发展政策建议;白志礼(2007)从改革户籍管理制度、建立土地合理流转机制、引导农民向城镇转移及建立稳定社会保障体系四个方面提出中国县域城镇化发展的合理建议;荀春兵(2014)基于乡村人口择业与迁居视角,提出了我国县域城镇化发展具体策略;林小如(2013)重点分析了我国欠发达地区县域城镇化的问题及其可持续发展策略;王东红(2014)从发挥城郊区域产业发展、完善基础设施、政策制定考虑不同区域差异性等方面提出促进县域城镇化发展建议;赵峥(2015)提出了"新常态"下我国县域城镇化发展的转型路径;杨传开(2015)提出,从科学编制新型城镇化规划、推进农村转移人口落户、提升城镇公共服务综合水平、引导农村土地流转和同步推进新型社区建设等方面促进我国县域新型城镇化发展对策；张娟（2016）从行政区划调整、管理体制创新、资源配置方式创新等提出促进平原地区县域城镇化发展政策建议；张晓琴（2016）从可持续发展、协同发展、统筹发展三个方面引入生态理念，探寻我国县域城镇化创新发展的实现路径；杨安琪（2017）研究指出，应针对县城和村镇进行城镇化引导：产业规划部门应积极引导和构建产业信息化平台，促进资源整合和产业全面升级；规划建设部门应调整空间供给、基础设施和城镇的基本公共服务；地方政府应通过重点产业扶持、精准扶贫、社会保障，努力带动农民扶贫增收；曾伟平（2017）从坚持以人为本、增强市场导向、转变政府职能、优化产业结构、推进农业现代化、提升县域工业化水平、加强城镇基础设施建设、凸显民族特色及促进生态环境保护等方面提出广西县域城镇化发展建议；徐斐（2018）从加强顶层设计、依托产业发展、创新社会管理、加快户籍制度改革、完善就业培训体系、发挥市场作用等方面提出促进县域城镇化发展的对策建议。国内还有学者对我国东部沿海地区（江苏省城镇化与城乡规划研究中心，2015）、西部地区（李富田，2015）、中部地区（潘鑫，2015）、生态功能区（薛阳，2018）、粮食主产区（李波，2016）等不同地域的县域城镇化发展提出针对性发展路径与建议。目前，国内学者正在尝试从不同方面提出我国县域城镇化发展科学路径，这为研究转型期县域城镇化发展模式路径提供了科学参考。

第三节　国内外城镇化研究述评

纵观国外城镇化的研究进展，已从不同角度、不同尺度上对城镇化发展展开了较全面的探索与系统研究，城镇化研究理论体系建设与研究方法构建相对成熟；国外城镇化研究主要基于城镇发展历史脉络，从最初城镇化发展动力机制着手，并进行城镇化国际对比性研究，主要涉及城镇化定义、方法论、空间组织结构等方面的内容；国外发达国家得益于工业化起步较早优势，基本完成了工业化阶段，其发展经验和研究成果值得深入学习，可为我国城镇化发展研究提供有益参考。目前，国内关于城镇化研究内容主要涉及内涵界定、区域差异、时空演变、发展模式、驱动机制、道路模式及优化调控等众多方面，并且地理学、经济学、管理学及城乡规划学等不同学科都对城镇化进行了相关研究，呈现出城镇化研究视角不断拓展趋势；研究方法不断从定性向定量研究深化，我国城镇化研究的多学科方法体系正在构建。

一 国外城镇化研究评价

18世纪工业革命后，世界城镇化进程不断加快；农村人口大量涌入城镇，城镇经济、社会等结构日益复杂，并且城镇环境亦日益恶化。自1867年塞德拉（A. Sedra）提出城镇化概念后，城镇化成为时代发展的强音；到20世纪60年代，欧美日等发达国家先后基本完成了城镇化进程。研究的经验表明：城镇化发展会带来产业升级、经济增长、城乡统筹及社会和谐等多方面的积极效应；与此同时，快速城镇化发展也带来了诸多问题矛盾：人口膨胀、环境污染、交通拥堵及社会犯罪等，国外城镇化研究开始理性思考怎样以最佳城市形态促进城镇化科学、可持续发展。另外，城镇化研究广泛性、综合性及适时性等多重特征，决定了城镇化的研究不可能由某一领域、学科将城镇化的理论全面地构建出来的。纵观国外城镇化研究进展，主要从不同角度、不同尺度上对城镇化展开了较系统的分析、探索，理论体系建设与研究方法完善上均相对比较成熟；国外城镇化研究主要沿着城镇发展的历史脉络，从初期的城镇化发展动力机制入手，主要涉及工业化背景下的世界城镇化过程，城镇化内涵定义、研究方法论及地域空间组织结构等多方面内容。总而言之，国外发达国家得益于工业化起步较早的优势，国外关于城镇化研究取得的有益成果也值得学习与借鉴。

二 国内城镇化研究评价

总体上看，纵观国内学者对城镇化研究相关进展，国内学者对于城镇化的研究从理论、实践上都取得了一定的积极成果。目前，我国地理学、经济学、管理学及规划学等不同学科都对城镇化进行了相关理论与实证研究，总体呈现出城镇化研究视角不断拓展发展趋势，多元化视角城镇化研究内容体系正在建构；研究方法上主要涉及定量和定性相结合，且不断地向定量化方向深化，积极借鉴其他不同学科的研究方法，总体上看我国城镇化的研究方法体系不断趋于完备；研究尺度从大中尺度（全国、省域）不断向小尺度（市域、县域）逐渐深化发展，并且由简单的、个体的模式研究转变为复杂的、群体的理论假说或实证研究，总体上研究尺度不断在丰富。从研究内容、方法及尺度三大方面对中国城镇化研究进行初步评价。

（一）研究内容上

国内关于城镇化研究对内涵特征、时空格局、动力机制、模式路径及调控对策等内容进行全面的论述与梳理，尤其国内学者对于不同区域城镇化发展动力机制的总结以及对比，对我国城镇化发展动力机制形成较成熟的认知；同时，对于城镇化发展模式的研究，提炼出我国典型区域城镇化发展模式内涵、特征等，对不同区域城镇化推进路径形成较成熟的看法；由此可见，国内关于城镇化的研究内容体系也在逐渐不断地完善，并且逐渐构建出一个多元化视角的城镇化研究内容体系；同时，城镇化动力机制研究上关于宏观制度变迁、微观主体迁移与城镇化发展规律的揭示方面仍表现不足，构建多视角城镇化发展驱动机制是需要进一步深化的重要领域。

（二）研究方法上

国内关于城镇化研究方法表现出从定性描述转向定量实证、从单学科视角转向多学科视角，多重转变的有效叠加促使我国城镇化研究方法逐渐不断地趋于完备。综观而言，国内学者关于城镇化研究方法主要涉及运用地理学、计量学、信息学及社会学等不同学科方法、模型；同时，目前国内基于各学科的交叉研究多数仅仅在借鉴浅层表面上，还需要进一步地深化与国内外其他学科的交叉研究，通过多学科不同方法、模型的有效整合与融合，从而不断丰富转型期我国城镇化发展的研究方法体系。

（三）研究尺度上

时间尺度上，国内学者关于城镇化研究从最初以静态定性描述为主,不断走向动态城镇化发展规律揭示,但还需进一步地强化长时间尺度上城镇化演变特征研究;另外,还需深化对比城镇化不同时间尺度效应差异研究。空间尺度上,目前我国关于城镇化研究主要集中在东部沿海发达地区,也涉及中西部地区城镇化发展模式与路径等,涉及不同地域城镇化规律研究;同时,关于城镇化研究空间尺度涉及大空间尺度省域、中观尺度市域,也有学者关注到微观尺度的县域城镇化发展规律剖析,但目前研究仍主要集中在省域、市域尺度上,但"县域"尺度城镇化研究仍相对较薄弱;尤其对于不同空间尺度城镇化发展规律综合效应分析与探讨目前鲜见,需进一步深化。

综上所述,国内学者从城镇化的内涵特征、指标体系、区域差异、驱动机制及优化调控等研究内容上,对城镇化发展规律展开了分析与探讨,并尝试在研究中应用 RS、GIS 技术手段和定量数理计量模型,也得到一些相对有价值的研究结论。同时,通过综述 20 世纪 80 年代以来的研究成果可以发现,关于"县域"尺度上的城镇化研究仍较为薄弱,在长时间县域城镇化格局演变、多视角驱动县域城镇化发展机理、县域城镇化发展典型模式重构,以及新型城镇化背景下县域城镇化发展路径建构等方面,现有的研究表现出一定的不足,深化转型期我国县域城镇化研究具有重要的理论价值;另外,县域城镇化作为我国城镇化体系中最基础的构成部分,日益成为新型城镇化战略的底座和载体,因此在新型城镇化背景之下研究我国县域城镇化的现实意义日益凸显。鉴于理论深化及实践价值,以我国新型城镇化试点省份安徽为实证典型案例地,以"转型期县域城镇化演变机理与模式路径研究"作为本书研究的重要切入点,一方面,县域城镇化作为我国城镇化的重要层级,致力于构建一个系统化的转型期县域城镇化研究理论体系,丰富我国城市地理学的理论研究成果;另一方面,试图为转型期我国县域城镇化发展提供实践指导参考,为政府制定县域城镇化发展政策、策略提供决策依据,这也是本书的研究初衷。

第三章 转型期县域城镇化理论基础及体系建构

系统梳理、归纳总结国内外城市地理学、乡村地理学、乡村经济学、乡村社会学、城市经济学、城市社会学、城市生态学及城乡规划学等相关不同学科之中关于城镇化、城乡统筹及小城镇发展等理论文献及其研究成果，重点从城乡关系发展理论、集聚与扩散理论、城镇化时空理论、人口迁移理论、产业结构演进理论及可持续发展理论等层面展开对比研究，并对这些理论进行合理分析与综合评价。本章试图通过理清诸多理论和模型中关于县域城镇化发展的主要观点，奠定本书理论研究基础，尝试建构我国县域城镇化发展研究理论体系框架，探讨我国县域城镇化研究的主要思路和基本方向，从而以期推动我国城市地理学在新阶段的理论建设与发展。

第一节 城乡关系发展理论

总体而言，城乡关系发展不仅是经济社会发展的重大问题，同时也是诸多学科研究关注的重要焦点。目前，国内外关于城乡发展理论探讨研究主要形成了马克思主义、地理学、经济学、社会学等不同学科的分析视角上的见解及看法。本书通过对不同视角下城乡关系发展理论进行合理论述，并在此基础上提出统筹城乡发展核心观点、理念，梳理和研究城乡关系发展相关理论，对于明确我国县域城镇化的理论框架建构可以提供重要的借鉴启示。

一　马克思主义视角下城乡发展观

马克思主义视角下的城乡发展的理论思想也较为丰富（徐勇，1991），具体来说，主要涉及城乡统筹的基本内涵、动力机制、实现途径等方面。马克思、恩格斯城乡统筹发展思想丰富，在批判吸收空想社会主义学者观点的基础上，设想未来社会不是固化的城乡分裂，农村和城市发展间相互作用及影响，并在《共产主义原理》《共产党宣言》等中提出"城乡融合"发展基本思想。另外，马克思、恩格斯通过阶级分析方法，从生产关系视角深入剖析城乡对立形成和解决城乡对立的根本途径。①基本内涵方面，马克思、恩格斯在批判吸收空想社会主义理论中关于"城乡发展平等"的观点基础之上，提出城乡之间关系并不是僵硬的，而是随着历史不断发生着发展，是人与自然、人与人关系具体的现实表现。②动力机制方面，马克思、恩格斯在分析城乡统筹发展的社会主要条件的基础上，提出了城乡统筹发展的动力机制理论，即巩固和加强农业的基础地位，以及拓展和发挥城市中心作用。③实现途径方面，马克思、恩格斯指出，实现要素在城乡之间的均衡分布、大力发展和运用先进技术、积极推进农村城镇化进城等是实现城乡统筹协调发展的重要途径。总体而言，马克思、恩格斯关于城乡统筹发展思想的火花，对推进转型期我国县域城乡统筹发展具有重要的借鉴价值。

二　地理学理论视角下城乡发展观

地理学视角侧重于从空间地理因素和空间要素因素上提出和解决城乡统筹发展问题，这种分析方法的引入更深化了对城乡统筹发展问题的深入研究。空间理论侧重于从地理空间视角上来解决城乡统筹发展基本问题。其中，麦基指出亚洲第三世界国家走的是不同于西方发达国家城镇化道路，提出了"城乡一体化发展模型"。该模型指出城乡之间传统差别及地域空间界线日渐趋于模糊，逐渐形成了城市与农村景观相混杂的空间分布的新结构。城乡一体化发展模型其实就是区域全面发展为基础的城镇化理论，这一理论为推动区域城市与农村协调发展，以及城乡一体化提供了有益启示（如图3-1所示）。

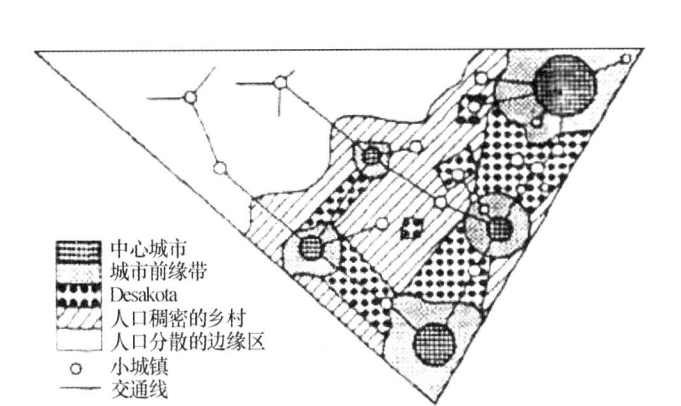

图 3-1 麦基城乡一体化发展模型

美国社会学家罗吉斯构建了"城市—农村连续谱"(rural - urban continuum)理论模型，该理论模型主要指出了城市与乡村的亚文化差异可按二分法进行合理划分，但现实中社区类型可按照社区从典型的乡村社区到典型的城市社区排成一个渐变的连续谱；同时，Miccheal 在《乡村地理学》一书中对城乡连续谱理论进行了合理的解释及其评价。总而言之，城乡连续谱的理论模型能很好地揭示地区城市与乡村之间的差异，对于从空间视角上解决地区城乡间发展差距，实现城乡统筹发展具有参考意义（如图 3-2 所示）。

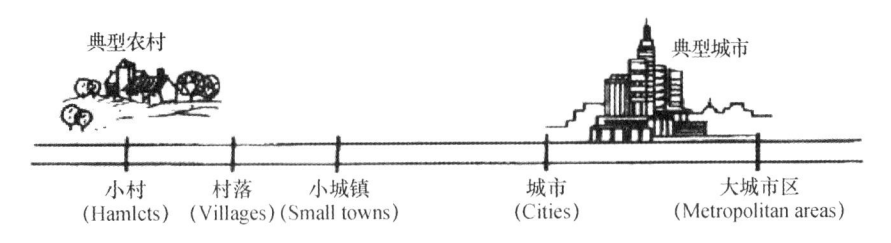

图 3-2 城乡连续谱

城乡网络化发展模式是中国学者冯娟、曾菊新（2007）提出的城乡发展构想，指出城乡网络化的发展是从动态角度论述了运行中的城乡发展的网络演化基本规律，侧重于网络化的发展过程及其趋势；并从经济网络结构的类型出发，选择性分析城乡企业家网络、商品生产网络、交通网络及信息网络等，这些网络既是城乡发展的重要内容，也是促进城乡发展的重要手段。城乡网络化是城乡间各种经济活动主体构成一个有序化的关联系统、运行过程,并通过这一过程获得一种特有的网络组织功能效应,反映了城乡网络的关联性及其组织性。城乡网络化旨在使一定地域内的城乡之间网络设施更为完备,产业间内在联系更为密切,各要素间流转更为通畅,组织功能更为完善,从而构成一个维系城、镇、乡网络系统共生共长的空间过程。总体而言,城乡网络化发展是尊重城乡经济发展差别性、互补性基础之上提出的一种全新发展模式;通过城乡网络化发展来提高城镇网络化水平、强化基础设施网络化功能、加快产业网络化进程以及健全市场网络化体系,从而最终实现城乡一体化发展(如图3-3所示)。

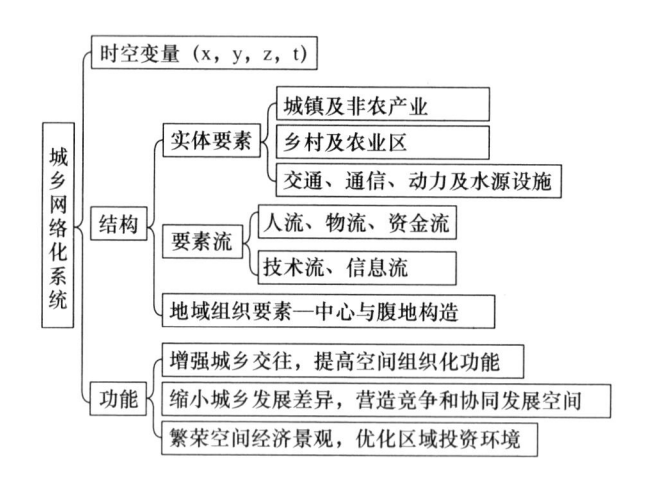

图3-3 城乡网络化模型构成

三 经济学理论视角下城乡发展观

现代经济学鼻祖亚当·斯密(Adam Smith)在现代经济学的开端之作《国民财富的性质和原因的研究》一书中,对城乡关系理论进行了较为系统的研究,认为城乡分离实际上是不可避免的,并从比较效益角度上分析了城乡之间人口流动,由于工业化生产的比较效益相对高,乡村劳动力倾向于从农村向城市地域流动,这就导致农村地区逐渐走向衰落,致使城乡发展差距呈现出不断拉大趋势。另外,西方古典经济学集大成者大卫·李嘉图(David Ricardo),最早对工业化过程中城乡差距进行了论述;通过分析城乡之间要素收益贡献率,认为收益递减的农业是没有发展前途的，以农业为主要产业的农村必将衰落，而收益递增的工业是社会发展方向，以工业为主要产业的城市将获得繁荣发展，这也进一步印证了"城乡分离"基本论断。

发展经济学兴起直接源于对城乡关系理论探讨，1954年刘易斯（Lewis）在《劳动力无限供给下的经济发展》中首次提出的"二元经济"模型，其基本思想是发展中国家实现工业化进程中，存在两个基本经济部门，即传统的农业部门和现代的工业部门，农业剩余劳动力向工业资本部门转移，是工业部门资本积累和扩大再生产的主要源泉。20世纪60年代，费景汉和拉尼斯，运用微观经济理论和计量经济方法，对刘易斯的"二元理论"进行了第一次修正，构建了费景汉—拉尼斯（Fei - Ranis）二元经济结构模型。

1967年美国经济学家乔根森（D. W. Jogenson），对"费景汉—拉尼斯模型"中关于农村剩余劳动力转移的假设提出新质疑，并建立新的二元结构模型，试图在一个纯粹新古典主义框架内，深入探讨工业部门增长依赖于农业部门发展的内在逻辑，指出当且仅当农业剩余不为零且持续供给工业部门，工业部门规模的扩大以及劳动力由农业部门向工业部门转移才能实现。可见，发展经济学对城乡分离特征、机制等理论展开较为深入的探讨与研究（如图3-4所示）。

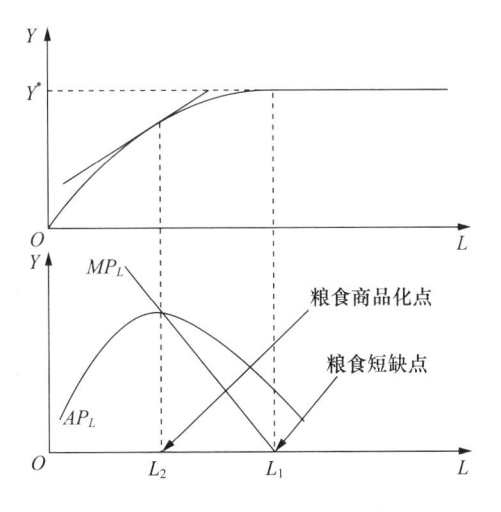

图3-4 费景汉—拉尼斯模型

另外，城乡关系问题一直是中国经济学界研究的核心话题。计划经济时代，在户籍制度和统购统销制度安排下，中国城乡之间关系相对稳定。1978 年改革开放后，中国经济学界关于城乡关系理论研究，先后诞生了"城乡融合""以城带乡""以乡促城"等城乡发展主要理论。纵观中国城乡关系的研究脉络，从计划经济时代的"人民公社运动""户籍制度"改革，到改革开放时期"大力发展乡镇企业"，到 20 世纪 90 年代"加快新型工业化、大力城镇化建设"，到党的十六大提出"实施城乡统筹发展战略"，到党的十七大再次强调"统筹城乡发展"决策，再到党的十八大提出城乡发展一体化，到现在党的十九大提出的"乡村振兴战略"，这些都是为了解决我国"三农"问题的具体路径；总体来看，通过国家宏观政策演变可发现我国城乡关系发展理论研究探讨正在经历从"城乡分割"走向"城乡融合"的基本过程。

四 社会学理论视角下城乡发展观

20 世纪中期以来，关于城乡关系研究逐渐突破传统经济学范畴，向社会学、管理学等学科不断渗透。其中，霍华德（Ebenezer Howard）1902 年在《明日的田园城市》（*Garden Cities of Tomorrow*）中提出的"田园城市理论"，提出在工业化条件下实现城乡结合的发展道路，用城乡一体的新社会结构形态来取代城乡对立的旧社会结构形态，将城市与乡村当作整体分析，城市地域四周为农业用地包围，并且对城市空间扩展加以限制。沙里宁（Eero Saarinen）的"有机疏散理论"主张将原来密集的城区分成单个的集镇，集镇之间用保护性的绿化地带联系起来，将城市看作一个有机联系同时存在相对分离的区域，从区域角度讲，这是一种城乡发展差距较小的区域均质体。

另外，美国社会哲学家刘易斯·芒福德（Lewis Munford）的"城乡发展观"指出，城与乡不能截然分开，它们具有同等重要地位，城与乡应该进行有机结合。通过分散权力来建造新的城市中心，形成一个更大的区域统一体，通过现有城市为主体，就能把这种"区域统一体"引向众多的平衡社区之内，从而促进区域得到整体的发展，重建城乡之间的空间平衡，从而最终达到"田园城市"发展基本目标

(如图3-5所示)。

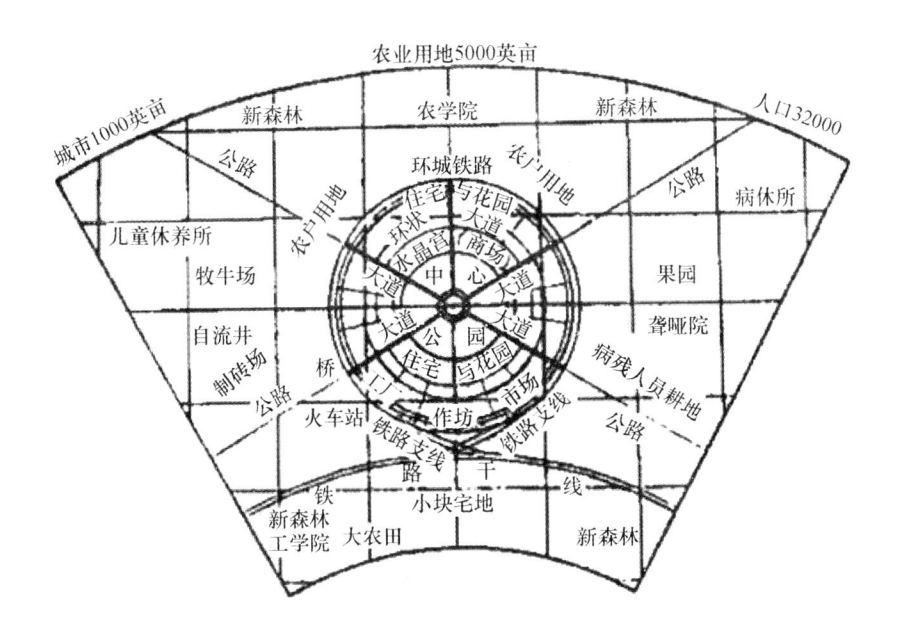

图3-5 霍华德田园城市模型

五 理论评述

总体上,国外关于城乡发展关系的描述基本上可以划分为:农村孕育城市—城乡间分离—城乡间对立—城市辐射农村—城市反哺乡村—城乡互助共荣几大发展阶段。相关理论均从不同角度揭示了城乡一体化的内涵和实质、城乡对立根源,并指出了消除城乡对立的基本方向和道路。从古典政治经济学的城乡分割对立,马克思主义的"消灭城乡对立""城乡融合",到近代"田园城市"理论,以及城乡连续谱等系列的城乡一体化理论思想,最终指向的都是城乡关系发展的最高境界——"城乡一体化",其发展过程都是农村人口向城市集聚形成城乡分离和对立,到大城市郊区化形成城乡间融合,最后达到区域城乡一体化目标。整体上,我国城乡关系也经历了"对立—融合—再对立"三个基本阶段,而现代城乡问题主要症结在二元结构体制(叶超,2008),充分吸收国内外城乡发展关系的理论精髓,寻求更为适合转型期中国城乡关系发展的理论体系，进而破解中国城乡关系发展的难题、促进城乡之间的融合协调发展。

第二节 集聚与扩展理论

集聚经济是城镇化发展的重要特征，也是城镇化发展的根本动力。在城镇化与产业结构演变前期主要突出表现为：产业结构演进促进人口、资源要素向城镇聚集；到后期主要体现为城镇化发展推动产业结构升级与经济增长。在集聚经济达到一定程度后，城镇化扩散效应便逐渐显现出来。城镇化进程之中，当某一特定区域拥有比其他区域更强的比较优势时，其城镇扩散能力也就相应越强，导致中心城市周边地区得到一定程度发展，促进新的城镇增长点不断形成。总体上看，城镇化发展是由集聚与扩散机制共同决定的运行机制。

一 佩鲁增长极理论

增长极理论是法国经济学家佩鲁在1950年最早首次提出来的，它是西方区域经济学中经济区域观念的基石，也是区域不平衡发展论的依据之一。佩鲁提出了具有产业部门联系和结构意义的"增长极"概念一词，指出经济空间并不是均衡的，而是存在一个显著的极化演变过程。增长极的产生，促使着人口、资本资源及技术等各种要素不断向大城市聚集，并对周围地区产生扩散作用。通过大城市吸引及其扩散作用，一方面可以不断增强自身发展实力、竞争力；另一方面，增长极一定程度上带动了周围地域的经济发展，最终实现整个区域的城镇化全面、快速地发展。佩鲁增长极理论模型，科学揭示了极化、扩散效应对区域城镇化发展驱动规律，能够较好地从地理、经济空间视角上解释我国县域城镇化发展及演变的一般驱动机制规律。

二 扩散效应空间理论

哈格斯特朗（T. Hagerstrand）于1953年首次提出空间扩散问题，奠定了空间扩散理论基础，并在市场研究、城市体系等中得到实践应用。扩散效应空间理论认为位于经济扩张中心的周围地区，随着与扩张中心地区的基础设施等条件的改善情况，从中心地区获得资本、人才、技术等要素，从而刺激促进本地区的发展。城市经济优势在于其集聚性，但城市在空间集聚上也是相对有限的，由于各种原因，产生集聚不经济性，导致向外扩散。理论上，当生产成本上升超过交易费用的节省时，一部分不具有比较优势，且集聚能力差的企业逐渐向城市边缘区分散空间迁移，但为节约交易费用，大部分企业还会选择向靠近发达城市周边中、小城镇地域迁移。由此可见，扩散空间效应是单中心城市发展到多中心城市的重要影响驱动机制（如图3-6所示）。

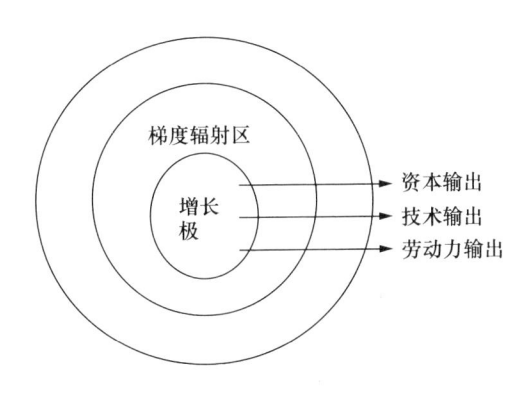

图3-6 空间扩散效应模式

总体上看，城镇化发展过程就是"聚集—扩散—再聚集—再扩散"转化的基本过程，由于聚集效应作用，各种资源、资金及人力等要素空间集聚促使城镇形成、壮大、发展；另外，当集聚不经济超过集聚经济时，扩散机制作用开始占据主导性的地位，城镇不断向外围地域空间扩散，城市外围的郊区不断得到发展，最终形成区域城乡一体化发展态势。

三 理论评述

集聚及扩散理论是对城乡动态关系、小城镇形成机制的描述，并且有效地揭示了城镇化发展的微观机制。集聚效应不仅表现为企业生产规模扩大，还有经济活动在地域上空间集聚，这种空间集聚有利于实现企业间专业化的协作与分工；另外，集聚效应也有助于促进区域基础、社会服务等设施建设及其共享实现,从而推动城镇化、城乡一体化的发展。通过集聚及扩散理论,聚集效应并不仅限于产业及企业,另外消费者、城乡居民等空间集中也会在一定程度上产生集聚效应,因为居民集中有助于扩大市场规模水平,为企业发展提供良好的人力资源保障,推动区域城镇化发展的基本进程。随着城镇空间集聚及扩展,进一步形成新的、规模更大的城镇带,这为研究转型期我国县域城镇化发展、演变的内在影响机理提供了重要理论借鉴及参考。

第三节 城镇化时空理论

一 诺瑟姆"S"形曲线

城镇化发展的演进具有一定规律性,城镇化发展主要是从时间和空间两大维度上展开的,具体表现为发展阶段性和地区性差异。关于城镇化发展演进时间方面的规律性,20世纪70年代,美国地理学家诺瑟姆(Ray M. Northam)在其《城市地理》(1979)一书中指出,用城镇人口占总人口比重作为测度城镇化水平的重要指标,并分析了世界各国城镇化时间变化特征,从而揭示出了时间维度上城镇化发展演进过程为一条"S"形曲线的基本结论。"S"形曲线充分表明:国外发达国家城镇化发展演进过程大体上都经历了类似正弦波曲线上升过程,其演变过程可用数学模型具体表示:$dY/dt = K(t)Y(1-Y)$。总体上,诺瑟姆"S"形城镇化曲线,具体可划分为三个基本阶段:①城镇化发展初始阶段。②城镇化发展加速阶段。③城镇化发展终极阶段(如图3-7所示)。

二 中心地理论

中心地理论最早是由德国著名经济地理学家克里斯特勒(W. Christaller)在1928年最先提出的,并逐渐成为研究城镇化的最为基础的理论之一。中心地理论模型主要是研究"决定城市数量、规模及空间分布的规律是否存在"的科学问题(李小建,2006),中心地理论对于研究城镇等级、城镇与腹地相互作用、城镇规模与职能,

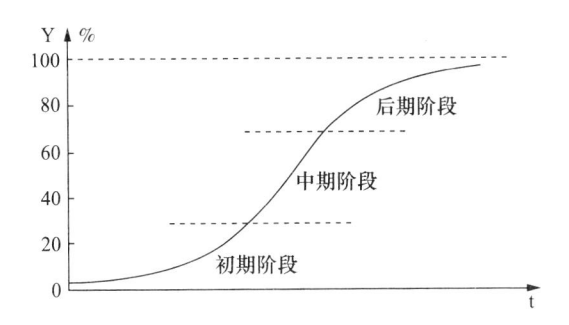

图 3-7 城镇化发展"S"形曲线

以及城镇服务业区位布局及空间模型等方面的研究具有十分重要的理论指导意义。另外,在规划实践层面上,中心地理论相关模型可为区域城镇基础设施、社会公共服务设施及城市发展的其他经济、社会职能布局规划提供有意义的实践性启发,并对于转型期我国县域城镇化等级体系、规模职能及空间结构的规划具有重要理论及实践参考价值(如图 3-8 所示)。

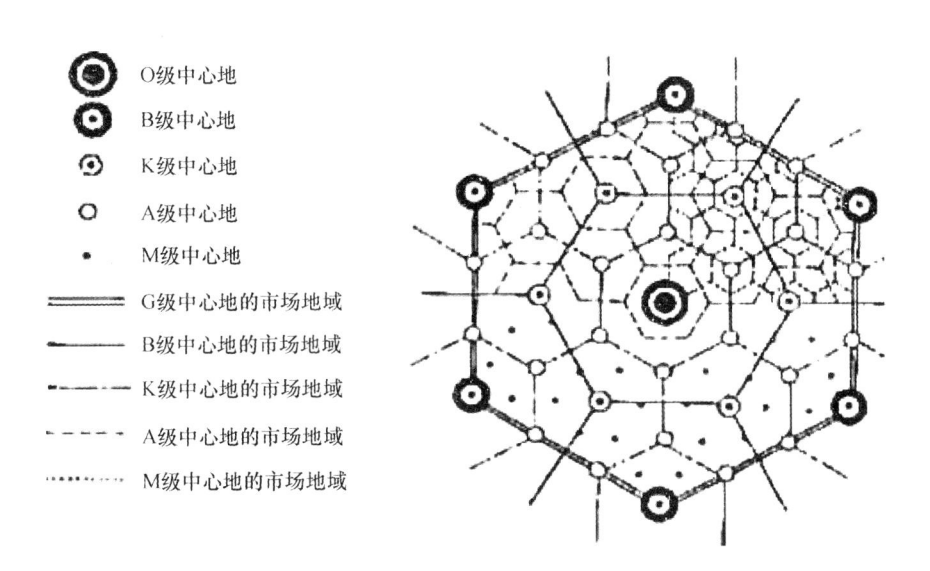

图 3-8 克里斯特勒正六边形城市空间分布模型

三 洛斯乌姆区域城市结构

1975年洛斯乌姆（L. H. Russwmm）在《城市边缘区和城市影响区》一书中提出了"城市边缘区"的基本概念，认为城市边缘区土地利用基本上已经处于农村地域转变为城市地域的最高级阶段，就是说边缘区是城市发展指向性因素集中渗透的显著性地带，也是郊区城镇化、农村城镇化最明显的地区。理论上，城市核心区外围依次分布为"边缘区、影响区及乡村腹地"三大地区；一般地，距离城市核心区越近，其受到的影响力越大；反之，距离越远，其受到的影响力也就相应越小。因此，洛斯乌姆的区域城市结构模型为解决我国县域城乡一体化发展提供重要的理论启示与规划启示（如图3-9所示）。

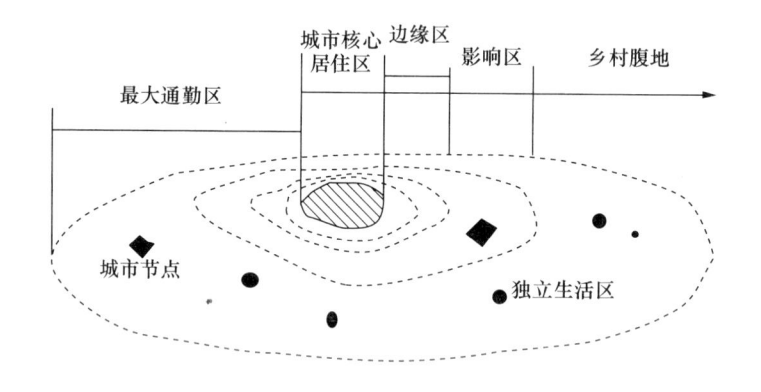

图3-9 洛斯乌姆的区域城市结构

四 理论评述

城镇化是农业活动比重下降，非农业活动比重逐步上升演化的过程；同时与经济结构相匹配，导致乡村人口比重降低，城镇人口比重稳步上升。虽然不同学科对这个复杂现象理解重点也有所不同，但城镇化发展是一个"时空过程"是较普遍共识，呈现出显著"阶段性"特征。通过诺瑟姆"S"形曲线可清晰地判断当前城镇化发展处于何种阶段，将会呈现出何种具体特征，也将面临何种问题矛盾，因此通过对城镇化这一过程科学把握，可为有效解决城镇化发展不同阶段中的矛盾提供实践启示。通过对城镇化时空过程的理论梳理，理顺城镇空间结构类型及其时间序列演化,可为我国县域城镇化发展过程中构建合理的空间结构及发展模式提供理论参考。

第四节　人口迁移理论

某种意义上说,城镇化就是农村人口不断向城镇地域的集中演化过程,因此城乡人口迁移的问题是我国城镇化重要的核心理论部分之一。人口迁移理论主要是从影响城乡人口流动角度来研究城镇化发展及其机制问题的相关理论。当前,国内外关于人口迁移理论比较有代表性的主要是"推—拉"理论、"费景汉—拉尼斯"模型、新迁移经济理论等。

一　"推—拉"理论

"推—拉"理论(Push - Pull theory)是关于群体迁移原因及方向理论,是研究人口迁移的重要基础理论。传统的"推—拉"理论认为劳动力迁移是由迁入与迁出地的工资差别所引起的。到20世纪60年代,美国E. S. Lee提出流出地和流入地实际上都既有拉力又有推力,同时补充了中间障碍第三因素,认为流入地有利条件(就业机会多、工资收入高、基础设施完备等)成为拉力,而流出地不利条件(就业岗位缺失、生活条件差、自然条件差等)成为推力。另外,Donald Bogue基于"推—拉"理论思想,进一步论述了推力和拉力对城乡人口迁移的影响差异大小,通过研究指出了流入地"拉力"效应作用相对更强。因此,现代"推—拉"理论认为,迁移推拉因素除了更高收入以外,还有更好的职业、生活条件、子女受教育的机会以及社会生存环境等因素。

二　费景汉—拉尼斯模型

费景汉—拉尼斯模型(Ranis - Fei model)是从动态角度研究农业和工业均衡增长的二元结构理论。费景汉—拉尼斯二元经济结构模型进一步揭示了城乡劳动力配置特征,研究认为劳动力持续从农业部门向工业部门发生转移。费景汉—拉尼斯模型也仅仅从保证工业扩张视角上阐述农业部门发展的重要性，但农业部门始终处于被动的、附属的地位上。费景汉—拉尼斯模型之中充分强调了农业特别是粮食生产在劳动力转移进城过程中的重要意义，这一点也对发展中国家推动城镇化发展具有政策性启示。总体上，"费景汉—拉尼斯"模式弥补了"刘易斯模型"中忽视了农业基础性地位的不足，但该模型中农业只是被动发挥其作用；因此，该模型完全忽视了农业和工业在城镇化过程中的相互联系内在逻辑关系，以及区域农业发展水平对城镇化发展的内在作用驱动机制的综合考虑。

三 新迁移经济理论

20世纪90年代以来，世界人口迁移格局发生变化，开始对新古典迁移模型提出了新挑战。斯塔克（Stark，1991）研究指出，迁移决策不是由个体直接决定，而主要是由"家庭"决定。家庭在作出迁移进城的决策时，不仅仅要考虑收入的最大化，而且还会考虑到风险最小化以及可能面临的种种困难（盛来运，2005）。新迁移经济理论与传统劳动力迁移理论相比较，具有以下两点不同之处：①城乡间预期收入差异不是导致人口迁移进城的必要条件，"相对剥夺"因素对迁移进城决策影响作用更为显著；②即使不同个体及家庭在迁移后获得的预期收入相同，也不能说明其迁移进城意愿倾向是一致的，因为风险因素、相对剥夺等因素会影响个体及其家庭作出迁移进城的基本决策（杨文选，2007）。

四 理论评述

人口迁移理论作为城镇化研究最重要的理论基础之一，其中传统"推—拉"理论可为找出农民迁移进城行为产生动因提供借鉴。另外，特别是新迁移经济理论更加注重"家庭"在城乡人口迁移中的影响，为研究农民转移进程决策提供了重要理论基础及其分析思路。同时，新迁移经济理论的"预期收入"观点，为理解一些农村年轻劳动力积极选择迁移进城，向往城镇生活而不愿意居住在农村的现象研究奠定了理论基础。综上所述，"推—拉"理论、费景汉—拉尼斯模型、新迁移经济理论等模型一定程度上深化了农民迁移进城微观层面解析，为研究转型期我国城镇化发展过程中农民迁移进城提供了重要理论参考，也对县域城镇化发展相关政策制定具有一定的现实指导价值。

第五节 产业演变理论

一 配第—克拉克定律

"配第—克拉克"定律最早来自1691年英国古典经济学家威廉·配第（William Petty）的《政治算术》一书中，威廉·配第最早研究了产业结构演变特征，研究指出不同产业之间收益存在显著的差异，从而使劳动力在产业部门之间不断发生调整转移。科林·克拉克（1940）在《经济发展条件》一书中研究提出随着时间推移及经济发展，劳动力不断地从农业部门转移到工业、三产服务部门变化规律。另外，研究还指出了经济发展水平高的国家或地区，第二、第三产业的人均国民收入和劳动力所占比重相对较大；反之亦然。因此，"配第—克拉克"定律为明晰城镇化发展过程中不同产业分布特征及主导驱动机制提供了重要理论分析启示。

二 胡佛—费希尔经济增长阶段理论

胡佛—费希尔经济增长阶段理论是美国区域经济学家胡佛（E. M. Hoover）与费希尔（J. Fisher）在1949年发表的《区域经济增长研究》一文中最先提出来的，他们研究指出区域经济增长存在"标准阶段次序"，大致可分为五大基本阶段：①自给自足阶段。这一阶段，主要以农业活动为主，经济发展表现出封闭性特征，在空间上呈现分散的基本状态。②乡村工业崛起阶段。这一阶段，乡村工业也逐步地兴旺起来，但由于乡村工业主要是以农业产品、农业剩余劳动力及农村市场为基础发展起来的，并且主要集聚在农业发展水平较高地域上。③农业生产结构转化阶段。这一阶段，农业生产方式从粗放型不断转向集约型。④工业化阶段。这一阶段，工业兴起并逐渐成为推动区域城镇化发展的主导因子。⑤服务业输出阶段。这一阶段，区域服务业得到了快速发展，服务业输出逐渐成为推动这一阶段区域城镇化发展的重要动力。

三 理论评述

产业结构演进理论旨在解释区域产业结构变化方向、方式及途径,其中配第—克拉克定律、增长阶段理论等理论都科学地揭示出区域产业结构总体演变特征,为科学有序推进区域城镇化发展提供了产业布局及优化参考。总体上,城镇化核心是就业结构变迁、产业结构转换和城乡空间结构变迁;因此,产业结构演进是区域城镇化过程中最为重要的核心表现,也是推进区域城镇化发展、演变的重要驱动机制。理论上,借助产业结构演变相关经典理论,通过要素流通、产业调整等带动区域城镇化发展;同时,有效规避产业化和城镇化间反向关系产生的"城镇化病"问题。总体而言,要正确认识城镇化与产业结构演进之间内在关系及机理,对于研究产业结构演进规律对推进转型期我国县域城镇化发展驱动机制及县域产业结构优化调整等方面具有参考价值及指导意义。

第六节 可持续发展理论

一 城市可持续发展理论

城市可持续发展理论主要是面对城市发展过程中存在诸多制约因素和矛盾困惑,思考城镇化发展如何有效化解对生态环境负面效应而提出来的理论。针对环境"承载能力"是否有界限、人与自然和谐等问题,成立了"Club of Rome",即罗马俱乐部。20世纪以来,由于生态环境不断恶化,《寂静的春天》一书就在此背景下问世了,重点关注了"人与自然关系"的基本问题,对危害人类生态环境的情境进行了描述,指出追求可持续的城镇化发展之路的必要性及重要性。《增长的极限》(1972)中提出到21世纪中叶,随着人口持续增长及经济社会发展,地球资源耗竭、生态环境污染及破坏将越发严重。另外,1987年《我们共同的未来》中提出了世界城市可持续发展的具体行动纲领指引。

二 精明增长理论

精明增长（Smart Growth）作为应对城市空间蔓延问题而产生的理论，最早诞生于20世纪90年代。精明增长实质是涵盖多层面城镇化发展的综合性策略，将城镇发展融入人—社会和谐发展目标之中，并提出"城市增长边界""TOD"（Transit-Oriented Development）等基本原则。精明增长理论特别强调必须要在城镇用地空间扩张与保持居民生活质量间建立平衡关系的观点具有十分重要的实践意义。因此，制定城镇化发展建设用地的规划策略中，必须以"精明增长"理论为科学指导，实现对我国县域城镇建设用地需求的科学化、合理化配置。总而言之，"精明增长"理论可以为转型期中国县域城镇用地空间布局、城镇生态环境保护等方面提供有益理论、实践参考，并对进一步缓解转型期我国县域城镇化发展过程中"人—地"关系矛盾具有一定的借鉴（张荣天，2012）。

三 理论评述

可持续发展理论是针对转型期城镇化发展过程中资源破坏、生态恶化趋势下展开的相关理论及其实践反思。总体而言，从最初可持续发展思想萌芽，到生态城市、精明增长理念等思潮不断涌现，表明可持续理念逐渐进一步融入城镇化发展建设之中。1978年后，虽然中国城镇化得到快速发展，但距离欧美发达国家的高度城镇化水平仍有较大差距；另外，当前我国城镇水平不高、发展质量较差、交通拥堵、产业布局不合理及配套设施不完善等相关的问题矛盾仍十分突出，我国城镇化可持续发展还将面临诸多的挑战。因此，借鉴可持续发展的相关理论思想、观点，通过可持续发展理念来推动转型期中国城镇化科学建设，也为优化调控我国县域城镇化发展模式及其路径政策提供实践参考。

第七节 我国县域城镇化理论体系建构

城镇化（urbanization）具有丰富内涵，仅一个侧面难以准确地反映城镇化，需从多维度、多视角上揭示其本质与过程。总体而言，城镇化是人口、经济、土地及社会发展转变的综合结果。同时，县域作为我国行政建制中的基础，相对于大、中、小城市而言，县域是城镇化的重要组成部分，是城乡一体化的基础和关键环节；相对于农村而言，县域则是城乡一体化的龙头，是实现新型城镇化的重要载体。在新型城镇化的背景下研究我国"县域城镇化"发展特征及规律具有重要理论与现实意义。目前国内外关于县域城镇化理论研究相对较少，因此县域城镇化研究的理论基础总体较薄弱。本书认为县域城镇化发展是城镇系统内外因素相互作用的结果，不同发展阶段城镇化发展主导动力以及不同类型县域城镇化主导动力也相异。本书在基于城乡统筹发展、集聚与扩散、城镇化时空过程、城乡人口迁移、产业结构演进及可持续发展等理论，综合城镇化、人口集聚、产业演进、空间分异及主体迁移等诸多内涵基础之上，构建我国县域城镇化测度理论模型，从时间维度上分析县域城镇化发展总体特征及阶段性，从空间维度上剖析县域城镇化发展空间格局及演化规律；梳理县域城镇化发展主导影响因子，并构建多维度综合驱动机制；基于发展不同目标导向，重构县域城镇化发展模式及路径策略，这是本书中转型期我国县域城镇化研究的理论体系核心框架。

第四章 转型期我国县域城镇化特征与模式启示

自古以来，县就是最重要的行政单元，也是当前中国改革、发展的主战场，县（市）发展直接关系到区域稳定及其繁荣。1978年我国改革开放以来，中国县域工业化、城镇化都得到了快速的发展；但是，在快速发展的同时，也存在一定的发展矛盾与问题，突出表现为我国东部地区县域城镇化发展速度较快，而中西部地区县域城镇化发展速度相对较慢。另外，由于我国地域辽阔，地域文化特色鲜明，发展差异显著，且由于各县（市）原先发展基础、交通便捷程度、资源禀赋条件及发展政策倾向等不同，导致了转型期中国县域城镇化发展差异性十分显著，并产生了中国不同典型的县域城镇化发展实践模式，这些典型模式可为转型期县域城镇化研究提供有益参考与借鉴。本章主要从我国县域城镇化发展进程、问题矛盾及典型模式、经验启示等方面展开具体论述。

第一节 我国县域城镇化发展历程特征

县域城镇化是我国城镇化体系中最基础的组成部分，县域城镇化发展能够促进城乡之间要素流动，扭转城乡二元化结构；县域城镇化也能带动乡村工业发展由地域分散到空间集聚，同时为产业结构调整创造积极有利的条件；县域城镇化过程中产业结构调整可创造出更多的就业空间，使县域的就业结构更多趋于合理化。其县域城镇化发展重要意义具体表现为以下三点：①县域城镇化推动县域农业发展。通过将农民向第二、第三产业有序地转移，有效地将有限土地向资源配置效率高的地方集中，提高土地规模经营集约化水平，为县域农业产业化发展提供了广阔需求空间，从而进一步地推动了农村地区经济发展。②县域城镇化推进县域工业发展。县域城镇化为县域工业发展提供外部经济效益，为县域工业化发展提供了良好便利条件；另外，县域城镇化为县域工业发展提供集聚经济效益，降低了制造业可变成本，而且还降低生产、交易等成本。③县域城镇化加速县域农村剩余劳动力转移。通过推行县域就地、就近的城镇化发展模式，可以积极地引导农村农业人口向小城镇地域空间转移，一方面可以克服人口过快向大、中城市集聚产生的"城市病"问题，另一方面也可以积极防治"乡村病"的产生，因此县域城镇化发展是解决"城市病"+"乡村病"的一剂良方。

新中国成立后，我国县域发展总体上呈现上升趋势，但县域城镇化发展总体上经历了一个复杂曲折演变历程。陈文胜（2014）研究指出新中国成立后，我国县域发展大致经历了三个基本阶段：①城乡双轨发展阶段，②经济为中心发展阶段，③全面发展阶段。总体而言，1949年新中国成立后，我国县域城镇化发展也基本大致可划分为三大基本阶段：①初步发展阶段（1949—1957年），②停滞发展阶段（1958—1977年），③快速发展阶段（1978年至今）。其中，1978年中国的改革开放促进了我国市场经济的快速发展，这就导致了我国农村大量剩余劳动力开始进城从事第二、第三产业工作，也加快了我国农村地区第二、第三产业转型升级以及乡镇企业发展，这为我国县域中小城镇孕育、成长创造了十分必要的条件。当前，新一轮经济结构、产业结构正在不断进行调整，追求生态环保、低碳发展趋势不断凸显，中国县（市）单元具有区域空间和生态优势，它既是我国扩大内需最大的潜在市场，也是最具活力的战略空间；因此，县（市）单元将是新时期我国城镇化提升新的增长极，对于中国未来城镇化发展具有重要意义。

第二节　我国县域城镇化发展问题及矛盾

1978年改革开放以来，我国城镇化得到空前发展，城镇化率由1978年的17.9%上升到2012年的52.7%，短短35年间中国的城镇化率增长了34.8个百分点，目前中国城镇化水平已经超过50%，取得的成绩可谓是举世瞩目。截至2014年年底，中国共有2856个县级行政单位，县（市）地区生产总值达20.11万亿元，约占全国GDP的50.54%；因此，县域城镇化逐渐成为中国城镇化发展的主要阵地。但是，在中国城镇化快速发展的同时，我国县域城镇化发展也存在诸多问题矛盾，如顶层规划设计不高、建设资金投入不足、产业发展不强、基础设施落后、公共服务较弱等（徐斐，2018），这就会在一定程度上制约中国县域城镇化可持续发展。如何有效地解决好农民"能进城、留得下、过得好"的问题，实现以"人"为核心的城镇化，对转型期我国县域城镇化发展建设来说无疑是巨大的挑战。

一　县域城镇化东西地域差异显著

1978年改革开放以来，我国东部沿海地区（珠三角、长三角等）逐步形成了城市群、城镇密集区，城镇化发展速度相当迅速；而广大的中、西部地区受经济发展缓慢和对外开放程度不高的不利影响，导致其城镇化发展速度相对缓慢，发展的质量也相对较差。由于我国县域经济社会发展不平衡性，中国县域城镇化也表现出极强的区域空间不平衡性；总体上，我国县域城镇化水平表现出从东部沿海地区向西部内陆地区减弱的发展趋势。我国东部地区县域由于区位条件优越、经济基础雄厚，受到中心城市、外资等辐射较多，县域城镇化发展正处在快速加速阶段；而广大中、西部地区地理位置相对偏僻，综合交通便捷程度较差，县域发展的基础总体较薄弱，中西部大部分县（市）仍以农业发展为主，工业化、城镇化进程相对较慢，还处在城镇化发展起始阶段。1978年改革开放以来，我国县域城镇化发展地区差异仍十分显著。

二 县域城镇化水平低、滞后于工业化

1978年改革开放以来，我国县域城镇化有了一定程度发展，但相对于大、中城市的城镇化而言，中国县域城镇化发展水平总体偏低；同时，我国县域城镇化发展水平明显滞后于县域工业化水平，县域城镇化提升空间仍然较大。这主要归结于我国改革开放初期过度重视工业发展，大量县城、中心镇引进工业建设项目，它能够大量吸收农村农业剩余劳动力从事工业生产活动，这就在一定程度上造成1978年转型期以来我国县域第三产业发展相对缓慢，从而形成我国县域就业结构中第二、第三产业分布相对不均衡特殊现象；另外，城乡二元政策和管理体制一定程度上阻碍着农业人口向城镇转移落户，导致无法彻底离开农村转移进城，成为真正意义上的"城里人"，城乡身份转变困难重重。1978年转型期以来，我国县域城镇化发展滞后于县域工业化的态势愈演愈烈。

三 县域城镇化规划混乱现象十分普遍

虽然1978年以来我国县域城镇化发展取得了积极成就，但是在城镇规划层面上却不尽合理，在推进县域城镇化进程之中，各地具有民族风格、地域特色面貌基本上都消失了，取而代之的是千篇一律的楼房，形成"千城一面"的发展局面。具体表现为：首先，不切实际地确定城市性质，规划中最大化地布局了居住、商业等用地规模，导致部分县域出现"死城""鬼城"。其次，乡镇级政府决策者出于产业发展、公益事业发展的现实需要，在编制规划中往往"另起炉灶"，采取类似于县城发展规划的办法，自行确定镇区人口及建设用地规模；但是，由于镇级财政统筹力度差，导致乡镇公共服务设施及基础设施配套严重不足。最后，村庄规划布局不明确，农民极少能参与村庄规划，村庄发展空间严重被剥夺。当前，农村可利用发展空间基本没有，产业用地无法得到有效的保障，现实需求与规划矛盾重重突出。

四 县域城镇化与生态环境保护矛盾突出

当前，我国县域城镇化发展更偏重在直接经济效益层面上，一定程度上忽视了城镇化发展的社会、生态等效益；与此同时，伴随1978

年转型期以来我国县域城镇化建设而带来的资源破坏、生态环境问题越来越严重,而目前我国县域城镇化过程中乡镇企业多以粗放型模式为主,县域城镇企业规模较小,企业科技水平相对较低,企业污染严重问题较为突出;尤其是很多污染严重的化工企业,往往又是当地政府的重要税收大户,政府则对于这些企业污染行为更多采取包容的态度及做法,造成发展环境污染问题更加严重,从而又会反过来影响到我国县域城镇化可持续发展进程。因此,必须重视转型期我国县域城镇化建设中的环境问题,摒弃以单纯追求经济增长为目标的发展取向,将"可持续发展"基本思想和理念融入我国县域城镇化建设的方方面面之中。

第三节 我国县域城镇化典型模式与经验启示

1978年改革开放之后,一方面,中国县域城镇数量增长,县域城镇化速度呈现快速发展态势;另一方面,中国地域广阔,地区差异显著,表现出城镇化发展模式多元化特征,特别在近几十年间涌现出一批典型的县域城镇化发展模范,如寿光模式、晋江模式、增城模式、新郑模式等。理论上,判断一个县域城镇化发展模式是否成功,其具体评价标准如下:①这种模式是否促进了县域经济社会发展;②城镇化主体"农民"是不是从中受益;③这种模式对于当地的经济发展是否具有可持续性促进效应(陈文胜,2009)。在梳理我国典型的县域城镇化模式的基础上,本书初步地总结了现代农业发展典型(寿光模式)、工业主导发展典型(晋江模式)、旅游小镇发展典型(黄山模式)、产城一体发展典型(新郑模式)四种中国县域城镇化发展典型模式,重点归纳其典型县域城镇化发展模式的基本内涵和特征,总结典型模式经验之处,并为转型期安徽县域城镇化发展模式重构及路径选择提供有益的政策性宏观启示。

一 寿光模式——农业现代发展典型

寿光市,地处山东半岛中北部,渤海莱州湾南畔,国土总面积

2072平方千米，辖14处镇街道、1处双王城生态经济园区，是中国著名的"蔬菜之乡"，连续9届全国百强县，是中央确定的全国改革开放30周年18个重大典型之一。截至2014年年底，完成GDP总值701.3亿元，目前寿光市城镇化率已超过50%。长期以来，寿光市坚持以产业化提升农业发展，形成了完整的农业生产的经营及管理体系，寿光市农业产业整体链条逐渐形成，有效地促进了城镇人口增加，推动了县域城镇化发展，从而打造出了一种特色显著、农业发展主导的我国县域城镇化建设的"寿光模式"。

（一）坚持特色主导，打造寿光现代化农业

长期以来，寿光市立足"蔬菜产业"突出优势，围绕发展现代化农业，促进农业增产增效，以转变农业发展方式、推进农业转型升级，积极探索具有寿光特色的现代高端农业发展新型城镇化道路及模式。寿光市坚持将以科技及生态农业发展为重点，大力实施了"品牌提升"等系列的城市发展战略，不断进行农业产业体系建设，打造出了带动全国、辐射亚太的设施蔬菜行业的服务中心，不断增创寿光农业发展的新优势，从而促进新时期寿光市现代农业的新发展。

（二）坚持城乡统筹，激发城镇的内生动力

一直以来，寿光市坚持"全域城镇化"发展理念，强化城镇组团式的发展建设模式，寿光市积极主动地融入潍坊"七城一体"城市群，做到与城区同步规划及基础、服务设施的配套建设；重点打造城市"副中心"，充分地发挥县域中、小城镇集聚作用与"造血"功能。另外，寿光市在新农村社区规划与建设中，采取"挂钩试点""村企共建"等创新开发模式，因地制宜地建设了一批"产业村""生态村"等特色乡村，形成了改革开放以来合理的寿光市县域城镇体系，有效地推进了寿光市城乡一体化发展进程。

（三）坚持农民主体，实施就地城镇化发展

寿光市一直坚持将小城镇定位于"小城市"发展理念，从方便群众生产、生活为规划，设计为出发点、落脚点，不断地大力完善城镇道路、供水等基础设施建设，配套文化等社会公共服务设施。寿光市坚持强化对镇域管理服务延伸覆盖，建立起城乡一体化公共服务网络等，推进城乡生活同质化发展基本进程。长期以来，寿光市坚持做到城市的规划、建设之中充分尊重"农民"这一主体性地位不动摇，从而充分地调动县域农村农业劳动力转移进城实现就地城镇化。

二 晋江模式——工业主导发展典型

晋江市，位于我国东南沿海的泉州市，国土面积649平方千米，全国百强县名列第5位，晋江市是福建省综合实力最强的县市，福建经济"第一县"，它也是中国经济最发达县市之一，被列为全国新型城镇化试点。晋江市是我国东南沿海制造业重镇，截至2014年年末，晋江市常住人口为204.5万人，城镇化率已达62.8%。长期以来，晋江市坚持推动工业化和城镇化共进协调发展模式，晋江市成了中国改革开放40年以来的重要成果和先进样板之一，走出了一条符合自身发展阶段和资源条件的工业发展主导城镇化的"晋江模式"。

（一）坚持互动联动，推动产业升级高端化

一直以来，晋江市长期坚持以产兴城、以城促产，充分发挥产业作为吸纳城镇人口就业的重要基础性作用，以县域产业升级不断提升城市发展品质内涵，促进县域农村农业人口不断向城镇地域空间集聚。近年来，晋江市积极实施了"品牌经营"等系列的城市发展战略。另外，晋江市长期地坚持产业转型提升，结合推进"互联网+"和"中国制造2025"等发展行动计划，全力推进以科技创新为核心的全面创新。通过产业升级不断地高端化，从而推动晋江市产业驱动城镇化可持续发展进程。

（二）坚持融入融合，体现"人"的核心地位

长期以来，晋江市在推进城镇化建设过程之中，不仅关注晋江市的本地人口，而且特别关注来晋江的外来人口，不仅关注人的就业、住房等物质层面上的基本需求，更关注人的文化、教育等精神层面上的需求。住房保障上，晋江市建立保障性住房、企业员工宿舍、安置房及其人才房等多元化的住房保障体系。公共服务上，晋江市构建了市、镇、村、企业"四位一体"外来人口服务管理网络，推行"一条龙"便民服务政策设计。政治待遇上，外来人员平等参与"两代表一委员"选举，在城镇化过程中始终体现"人"的核心地位。

(三）坚持生态优先，实现城市绿色低碳发展

一直以来，晋江市始终坚持把"生态立市"发展理念融入城镇化规划、建设全部过程之中，积极地推进晋江市城乡生态文明建设，尤其晋江市编制了系列发展规划，通过法律、政策等形式积极引导，并建立了晋江市城镇化发展的环保投入逐年增长机制。近年来，晋江市积极推进城镇"退二进三"、实施"三旧改造"工程；另外，晋江市还创新性地建立了全市的重大生态决策公告制度，逐渐形成晋江市生态绿线、资源红线和开发底线的城市发展的"三道防线"，从而确保未来转型期晋江市城镇化发展的可持续性。

三　黄山模式——旅游小镇发展典型

黄山市黄山区，位于安徽省南部，全区总面积1775平方千米，辖9镇5乡和79个村，总人口16.3万，属于典型的山区、库区和革命老区。黄山区旅游资源不仅种类丰富，而且质量较好，品位较高，拥有太平湖、芙蓉谷、东黄山、九龙瀑、翡翠谷5处4A级旅游景区和神仙洞、虎林园、翠微寺等30余处高品位景点，是全省4A景区最多的区（县），是安徽省重要的集散地和休闲度假中心。黄山区内甘棠镇、汤口镇、谭家桥镇、太平湖镇都是旅游鲜明的特色小镇，走出了一条符合旅游特色小镇发展主导城镇化的"黄山模式"。

（一）坚持因地制宜，打造旅游小镇核心吸引力

旅游核心吸引力是吸引游客的关键要素，它会产生消费聚集效应，进而带动小镇范围其他产业兴起及发展。黄山区坚持积极推进旅游特色小镇打造及建设：汤口镇获批安徽首批省级旅游特色小镇，打造成为具有徽风皖韵特色的休闲旅游目的地。太平湖打造成"运动休闲小镇"，坚持"政府主导、企业主体、市场运作"模式，鼓励社会资本投资，充分发挥企业优势，项目累计投资23亿元。谭家桥镇打造成为"知青特色小镇"，面向上海推出青少年地理探索夏令营和老知青怀旧之旅等系列活动，影响力不断扩大，目前已经成功创建国家4A级旅游景区。可见黄山区旅游特色小镇打造过程中，根据各乡（镇）自身的资源禀赋和发展现状，因地制宜科学定位，形成各具特色的旅游特色小镇。

（二）坚持消费驱动，促进小镇休闲产业多元聚集

随着我国城乡居民生活水平不断提高，游客旅游需求层次也在不断增多，旅游已经成为满足广大人民群众日益增长的精神文化需求的重要内容；因此，黄山区在推进旅游特色小镇过程之中，紧紧扣住产业发展趋势，锁定产业主攻方向，整合资源，拉长旅游小镇产业链，实现各特色小镇错位发展。坚持旅游小镇发展功能布局从"单一化"不断转型为"综合化"，在发展旅游特色小镇的观光、休闲、度假、游乐等功能同时，不断向居住、集散、养生、运动等多种功能衍生，促进旅游特色小镇的休闲产业向多元化方向发展，从而为黄山区旅游特色小镇的可持续发展提供重要产业保障。

（三）坚持生态保护，奠定旅游小镇发展绿色本底

相比较传统城镇来说，特色小镇的比较优势在于其独具特色的资源禀赋与未受污染的后发优势。特色小镇的绿色本底条件，既是其"特色"的生长空间，又是其"特色"的源头活水。黄山区旅游特色小镇打造过程中，产业规划上坚持构建绿色化的决策机制，将低污染、低能耗、低投入、环境友好作为产业选择的底线；基础设施建设上，积极践行绿色基础设施的建设理念，进行基础设施配备与引导，合理配置绿地系统和公园；小镇形态上，注重保持建筑的外立面及整体特色，兼顾小镇原有特色风貌；充分考虑旅游小镇的轴线特征、传统街区风格，努力保持与原有小镇风格的和谐一致。

四 新郑模式——产城一体发展典型

新郑市，位于河南省中部、郑州市南部，是郑州都市区重要组团城市，中国城乡一体化试点市，也是河南省18个改革开放发展特别试点县（市）之一。新郑市国土面积873平方千米，总人口78.6万。新郑也是中国较具经济实力的县市，截至2014年年底，新郑市完成GDP总值525.3亿元，城镇化率达到59%。新郑市依靠郑州都市区、航空港显著的地理区位条件，制定了"双融入、双承接"新郑市发展的基本战略，在长期发展过程中逐渐形成了中国典型的产城融合发展县域城镇化的"新郑模式"。

（一）坚持产城一体，实现产城融合发展

长期以来，新郑市一直坚持"产城一体""产城融合"的基本城市发展思路及其理念，积极促进城市建设与城市产业布局协调统筹发展；积极推动县域城镇化同工业化、农业现代化的"三化"的有效融合，依托产业空间聚集形成县域人口城镇地域空间聚集，积极地吸纳小城镇、建成区周边农村居民及农业剩余劳动力不断进城就业及其生活，从而有效实现转型期新郑市就地、就近城镇化发展基本进程，从而促使着新郑市城镇化水平不断得到提升。

（二）坚持以人为本，促进农民就地城镇化

新郑市建立了农业转移人口市民化成本分担机制，并且明确了分担主体和分担责任。新郑市做到政府承担市政基础和公共服务设施等成本，企业承担职工"五险一金"中的相关费用，个人承担社会保障中的个人部分的相关费用。长期以来，新郑市在推进新型农村社区建设之中，也始终坚持做到"农民"主体地位不动摇，社区规划与建设的重大发展决策均由"农民"主体参与其中并由他们最终确定，充分保障了县域城镇化发展"以人为本"的基本原则。

（三）坚持市场主导，改革城市投融资体制

一直以来，新郑市坚持以金融创新率先突破，不断完善城市投融资制度，着力破解城镇化发展过程中的资金"瓶颈"束缚效应，从而为新郑市城镇化建设提供稳定的资金保障动力。一般而言，城镇化建设所需投入是一个长期的过程，需要通过多渠道融资，才能解决城镇建设过程中的资金不足问题与矛盾。新郑市坚持通过各种市场化运作方式（基础设施资产证券化、城投债模式等）吸引社会资本参与县域城镇化建设之中，通过提高社会资本对城镇基础设施建设投入，保障城镇化发展的资金来源。

综上所述，通过梳理现代农业发展典型（寿光模式）、工业主导发展典型（晋江模式）、旅游小镇发展典型（黄山模式）、产城一体发展典型（新郑模式）四种中国县域城镇化发展模式的内涵及特征基础上，总结出转型期我国县域城镇化发展三点重要借鉴启示：①特色是基础。"特色"是城镇化发展的重要基础和前提保障，推进县域城

镇化发展应该要结合县域自身特色，坚持"地域优势特色"，避免"一窝蜂、一刀切"，走因地制宜、循序渐进的县域城镇化特色发展之路，充分凸显县域发展优势。②农民是主体。城镇化最本质的内涵是"人"的城镇化，县域城镇化建设应该坚持"农民"的主体地位，充分发挥其主观能动性，积极参与到县域城镇规划建设之中，体现"以人为本"理念，实现城镇化的公平及成果共享，充分调动农民转移进城的积极性，从而推动县域就地城镇化发展进程。③环境是保障。"生态"是城镇化发展的绿色本底，应坚持"绿色"生态之路，转变县域工业企业粗放型经营方式，减少县域城镇化建设过程中生态环境污染，坚持"经济效益、社会效益、生态效益"三大效益有效统一，保障未来我国县域城镇化发展可持续推进。

第四节 本章小结

本章主要探讨了我国县域城镇化理论体系建构与县域城镇化发展实践两大主要方面内容。首先，本书通过理清国内外理论模型中关于城镇化、城乡统筹及小城镇发展等相关理论及主要观点，建立我国县域城镇化研究理论基础，并初步尝试建构我国县域城镇化发展研究的理论体系框架；其次，在分析我国县域城镇化进程与矛盾基础之上，梳理转型期具有代表性的中国县域城镇化发展典型模式，总结其可借鉴的经验与有益启示。通过对我国县域城镇化理论建构及发展实践分析，为研究1978年转型期以来安徽县域城镇化发展特征以及路径模式重构提供重要启发。主要结论如下：

本章全面梳理总结了城乡关系发展理论、集聚与扩散理论、城镇化过程理论、城乡人口迁移理论、产业演进理论及可持续发展理论等主要理论，并对这些主要理论进行合理的评述；综合城镇化、空间分异及其主体迁移等诸多概念内涵，构建转型期我国县域城镇化测度理论模型，剖析县域城镇化时空格局分异特征；梳理县域城镇化发展的主导影响因子，构建多维度县域城镇化发展的综合驱动机制；基于不同目标导向，重构县域城镇化发展的典型模式及路径策略，从而形成转型期我国县域城镇化研究理论体系的核心基本框架。

通过分析得到我国县域城镇化发展大致经历了初步发展（1949—1957年）、停滞发展（1958—1977年）、快速发展（1978年至今）三大基本阶段；同时，转型期以来我国县域城镇化发展也面临着诸多问题矛盾：东西地域差异显著、城镇化滞后于工业化、规划混乱现象普遍、生态环境矛盾突出等。在初步总结现代农业发展（寿光模式）、工业主导发展（晋江模式）、旅游小镇发展（黄山模式）、产城一体发展（新郑模式）四种县域城镇化发展典型模式基础上，得到转型期我国县域城镇化可持续发展的三点重要经验启示：特色是基础、农民是主体、环境是保障。

第五章　转型期县域城镇化演变过程实证研究

1978年改革开放以来，中国城镇化以持续快速的进程不断向前发展。在中国城镇化快速发展的大背景之下，总体上以区域中心城市及大城市的城镇化发展水平处于领先地位，而县域层面城镇化虽也表现出一定程度发展，但是相对于区域中心城市城镇化水平而言则相对较低；同时，县域城镇化作为中国城镇化体系中最基础组成部分，以及中国改革与发展主战场，具有十分重要的作用及战略意义，其发展水平高低直接关系到整个城镇化总体发展水平与质量。以我国新型城镇化试点省份安徽省为实证案例地，科学评判1978年转型期以来县域城镇化发展整体水平及阶段性演变，以及空间差异性特征，摸清转型期以来县域城镇化演变过程规律，通过时间和空间维度上的深入剖析，从宏观层面上把握转型期我国县域城镇化演变过程的基本规律。

第一节　县域城镇化测度理论模型

一　城镇化测度方法模型梳理总结

城镇化水平是当前国际上通行衡量一个国家、地区城镇化发展程度的重要指标，如何评判国家或区域城镇化发展水平是重要科学问题，伴随城镇化概念诞生以来，国内外学者对城镇化测度方法也进行了持续的研究及探索。在梳理国内外关于城镇化测度的相关文献基础之上，大致可归纳为两大基本类型：单一指标法和综合指标法。①单一指标法：它是通过某一最具有本质意义，且便于统计分析的指标来描述城镇化发展水平。一般采用人口比重法、城镇土地比重法等。人口比重法是目前比较通用和学术界普遍接受的城镇化水平科学测度方法。②综合指标法：它是指选用与城镇化相关的多种分析指标构成体系，测量某一国家或地区城镇化发展水平（许学强，2009）。该指标的优点在于可以从多方面、多角度去考察城镇化发展综合水平，有助于从整体上了解该地区城镇经济、社会发展状况。从理论上讲，由于城镇化发展过程所包含内容具有多样性，采用综合指标法测度地区城镇化发展综合水平更具有合理性；同时，综合指标法选用的分析指标相对较多，且必须与具体地域实际特征相结合，才能更有针对性地反映该地区城镇化发展的真实水平及变化特征。

二　县域城镇化测度理论模型构建

城镇地域是工业、商业及文化教育等集聚地，而乡村居民主要从事最基础的农业生产、生活活动。县域经济持续发展导致县域产业结构不断进行转型与升级，第一产业逐渐向第二、第三产业发展，这种县域产业结构转化调整，相应地导致了县域农业人口不断向城镇非农集聚，从而有效促进转型期县域城镇化发展，这其实就是县域城镇化最为本质的内涵特征。通过非农人口比重测度法，能够体现县域人口在经济活动上的结构关系特征、人口在产业分布结构上的分配特征，科学把握县域城镇化经济意义及其内在动因，可为缩小县域城乡发展差距提供科学合理参考；因此，具有一定的科学性、对比性。基于上述的理论分析，本书构建县域非农人口比重法测度理论模式，科学评判我国县域城镇化发展实际水平，其理论计算公式如下：

$$Y = [U/(U+R)] \times 100\% = (U/N) \times 100\%$$

式中，Y 为县域城镇化水平；U 为县域非农人口数；R 为县域农业人口数；N 为县域农业人口和非农业人口总和。

第二节　县域城镇化时序演变分析

基于构建的县域城镇化理论测算公式，计算出1978—2014年安徽县域城镇化发展水平，并从总体特征、长期趋势与短期波动、发展阶段划分等方面内容上对1978年转型期以来县域城镇化时间维度上变化特征展开评价。

一 县域城镇化总体特征

（一）呈现上升趋势，但总体水平相对较低

通过理论模型测算可知，1978年安徽县域城镇化均值为0.0524，1982年县域城镇化均值为0.0594，1986年均值为0.0625，到1990年为0.0869，1994年县域城镇化均值为0.0924，1998年县域城镇化均值为0.1017，2002年县域城镇化均值为0.1187，2006年均值为0.1387，到2010年均值为0.1556，继而到2014年安徽县域城镇化均值达到0.1699。总体上：1978年以来安徽县域城镇化呈现出不断的上升趋势，县域城镇化发展水平在［0.0524，0.1699］范围间波动，上升幅度达到了69.15%，年均增长幅度为1.92%；同时，1978—2014年研究期间安徽县域城镇化发展上升趋势也是一个由较慢不断演化成相对较快的基本过程，具体表现为1978—1990年这一阶段安徽县域城镇化发展总体上升幅度相对较小，上升幅度仅为0.0121；到1990—2002年这一阶段安徽县域城镇化发展上升幅度相对较快，上升幅度达到0.0318；而到2002—2014年这一阶段安徽县域城镇化发展提升速度最快，上升达到0.0513。因此，1978—2014年研究期间安徽县域城镇化总体上呈现出不断提升发展态势。

另外，若按照诺瑟姆"S"形城镇化曲线理论来看，1978—2014年安徽县域城镇化均值水平仍处在"初级阶段"（城镇化率≤30%）；同时，相对于全国和东部地区平均水平而言，安徽县域城镇化发展总体水平还处于相对较低状态，主要归结于安徽整体位于经济发展欠发达地区，各县（市）发展基础较差及发展速度较慢；另外，长期以来安徽县（市）发展也存在显著地域差异，其中皖南、皖江县域城镇化发展水平总体要高于皖中、皖北地区县域，这种发展差异存在也一定程度上制约着安徽县域城镇化发展整体水平快速提升，从而导致了1978年转型期以来安徽县域城镇化发展综合水平仍处于较低层次，且这种发展差异趋势与发达地区相比在日益拉大（如图5-1所示）。

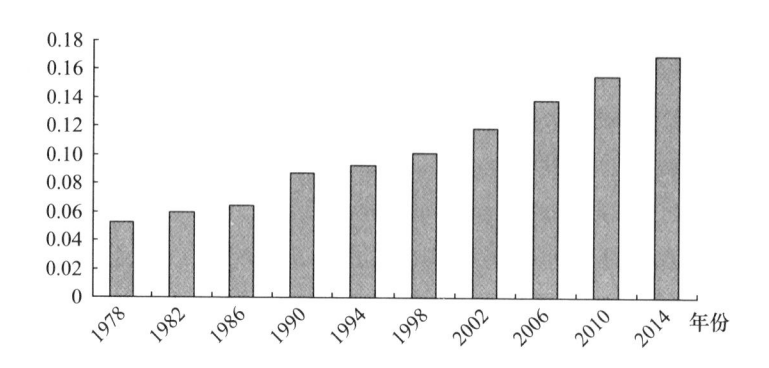

图 5-1 1978—2014 年县域城镇化水平演变趋势

(二) 呈正偏态分布,城镇化水平较低县域比重略大

本书试图通过县域城镇化发展水平的频率分布来表征 1978—2014 年安徽省 62 个县(市)城镇化分布整体概括性特征。本书主要选取了标准差、标准偏度系数、标准峰度系数三个具体分析指数来研究 1978—2014 年研究期间安徽县域城镇化频数分布基本特征,具体计算结果如表 5-1 所示。结果表明:①1978—2014 年,安徽省 62 个县(市)单元城镇化水平均值位于 [0.0267,0.2627],标准差在 [0.0286,0.0452] 间波动变化,表明 1978 年以来县域尺度上安徽城镇化水平与均值的离散程度显著性不是十分明显。②1978—2002 年,安徽县域城镇化标准偏度系数大致在 [-0.5532,-0.3421] 之间波动,说明这一阶段表明安徽县域城镇化的频数性分布是负偏态的,均值在峰值的左边,县域城镇化水平较低的县(市)所占比重略大;而 2002—2014 年间,安徽县域城镇化标准偏度系数大致在 [0.1523,0.2245] 之间波动,表明安徽县域城镇化频数性分布是正偏态的,均值在峰值右边,安徽县域城镇化水平较低县(市)所占比重开始有所减少,这种规律呈现充分印证了 2000 年以后安徽县域城镇化发展水平有显著的上升趋势,安徽县域城镇化发展水平得到一定程度的提升,这也与县域城镇化阶段性规律特征呈现高度的一致吻合性。③1978—2014 年,安徽县域城镇化的标准峰度系数大致在 [0.8753,1.2429] 之间波动变化,表明了安徽县域城镇化的频数分布较正态分布要陡峭，呈尖峰式分布，充分地印证了 1978 年转型期以来安徽县域城镇化水平较低县（市）仍占有较大的比重，这也与前面的分析结论呈现出相对的一致性规律。

表 5 – 1　　　　1978—2014 年县域城镇化频数分布特征

年份	最大值	最小值	全距	均值	标准差	偏度系数	峰度系数
1978	0.1518	0.0267	0.1251	0.0664	0.0286	-0.5532	0.8753
1982	0.1706	0.0305	0.1401	0.0768	0.0299	-0.5024	0.8798
1986	0.1720	0.0465	0.1255	0.0855	0.0296	-0.4482	0.8552
1990	0.1860	0.0447	0.1413	0.0922	0.0321	-0.4213	0.8943
1994	0.2280	0.0543	0.1737	0.1102	0.0332	-0.3865	0.9232
1998	0.2362	0.0572	0.1790	0.1247	0.0344	-0.3421	0.9336
2002	0.2482	0.0601	0.1881	0.1284	0.0356	0.1523	0.9478
2006	0.2532	0.0611	0.1921	0.1317	0.0389	0.1854	1.0213
2010	0.2751	0.0642	0.2109	0.1345	0.0423	0.2039	1.2786
2014	0.2927	0.0678	0.2249	0.1468	0.0452	0.2245	1.2429

二　长期趋势与短期波动

HP 滤波法是由 Hodrick 和 Prescott 于 1980 年在分析美国战后经济景气时最先提出，之后被广泛地应用于经济趋势研究领域中。HP 滤波法的实质就是过滤掉低频趋势成分，保留高频周期成分。设 $\{M_t\}$ 为包含波动成分和趋势成分的时间序列，$\{M_t^C\}$、$\{M_t^T\}$ 分为波动成分、趋势成分，则（Hodrick，1981）：

$$M_t = M_t^C + M_t^T$$

计算 HP 滤波就是从 $\{M_t\}$ 中将 M_t^T 分离出来，理论上，时间序列 $\{M_t\}$ 中不可观测部分趋势 $\{M_t^T\}$ 被定义为下面损失函数最小：

$$\min \sum_{t=1}^{T} \{(M_t - M_t^T)^2 + \lambda [c(L)M_t^T]^2\}$$

式中，$c(L)$ 为延迟算子多项式，$c(L) = (L^{-1} - 1) - (1 - L)$。

以上两个公式合并，则 HP 滤波问题就是损失函数最小问题：

$$\min \sum_{t=1}^{T} \{ (M_t - M_t^T)^2 + \lambda \sum_{t=2}^{T-1} [(M_{t+1}^T - M_t^T) - (M_t^T - M_{t-1}^T)]^2 \}$$

理论上，年度数据 λ = 100，季度数据 λ = 1600，月度数据 λ = 14400。本书通过 HP 滤波法来揭示转型期以来安徽县域城镇化发展长期趋势与短期波动的时序上演变的基本特征。

(一) 县域城镇化发展水平变化分解

依据 HP 滤波法理论原理，运用计量经济学软件 Eviews 8.0，测算 1978—2014 年安徽县域城镇化长期增长趋势和短期周期波动（如图 5-2 所示）。通过图 5-2 可知，1978—2014 年安徽县域城镇化发展水平变化（S）是长期趋势变化和短期波动变化共同作用的最终结果。1978—2014 年研究期间，安徽县域城镇化发展的长期变化呈现出显著的增长趋势，但是安徽县域城镇化发展的短期波动却表现出周期性的演化规律，呈现与长期变化趋势相异的基本特征。

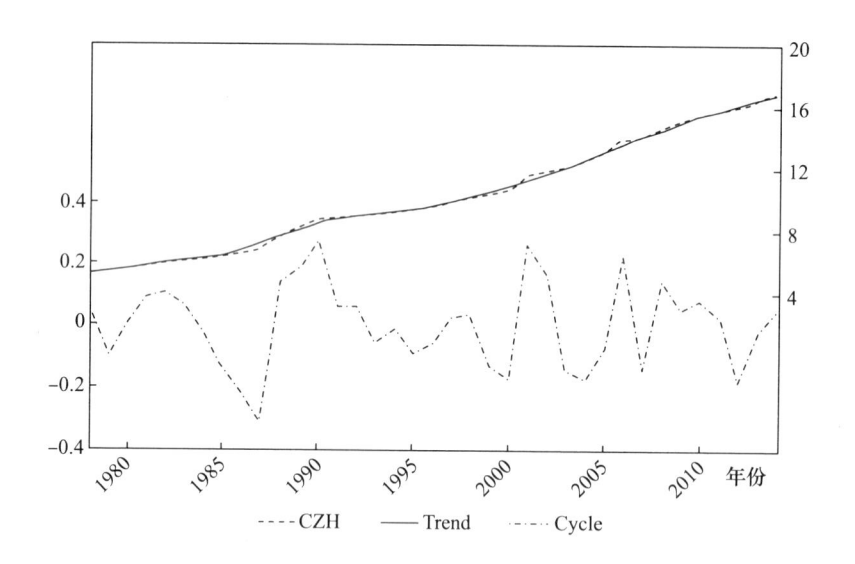

图 5-2 1978—2014 年县域城镇化变化长期趋势和短期波动

(二) 县域城镇化变化长期趋势

通过图 5-3 可知，1978—2014 年研究期间安徽县域城镇化发展水平的长期变化趋势是表现出逐年增长的演化态势，其县域城镇化的具体增长规律可通过拟用 HP 滤波法中的 AR 分析模型进行定量的研究。具体的分析主要过程包括如下两大基本部分：

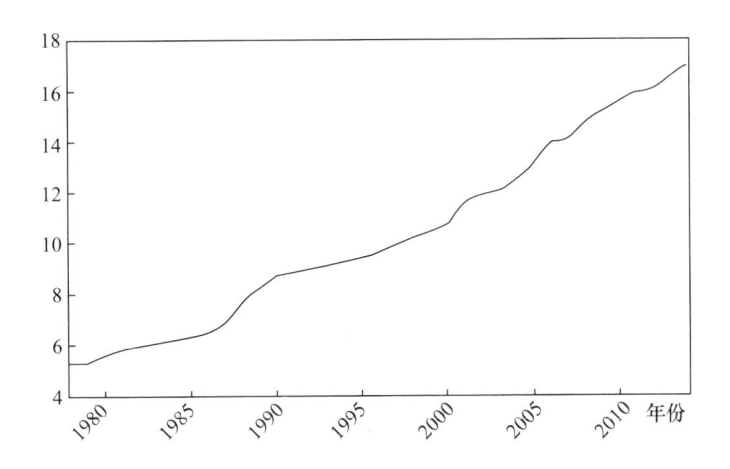

图 5-3 1978—2014 年县域城镇化发展长期变化趋势

（1）通过 Augmented Diekey-Fuller test statistic 方法，分析 1978 年转型期以来安徽县域城镇化发展水平长期演变趋势的倒数时间序列展开单位根检验（如表 5-2 所示）。通过表 5-2 可知，1978—2014 年研究期间安徽县域城镇化发展水平的时间序列 t-Statistic = -5.8084，小于 T 的临界值 -2.60473（a=1% 时），这就充分说明了 1978 年转型期以来安徽县域城镇化发展的长期变化趋势总体上表现出相对稳定的演变序列特征，1978—2014 年安徽县域城镇化发展的长期变化趋势的波动性相对不显著。

表 5-2　县域城镇化长期变化趋势倒数的时间序列单位根检验

t-Statistic	Pro.	Test critical values		
		1% level	5% level	10% level
-5.8084	0.0000	-3.6463	-2.954	-2.615

（2）通过 AR 模型研究 1978 年转型期以来安徽县域城镇化发展

的长期演变趋势的基本规律。基于 HP 滤波法自回归 AR 模型拟合结果可知，1978—2014 年研究期间安徽县域城镇化发展的长期变化趋势具有较强的稳定性及规律性。具体上：1978 年转型期以来安徽县域城镇化发展的长期变化趋势规律可通过理论公式：$1/x_t = 1.05x_{t-1} - 0.36x_{t-2}$ 来表征。

（三）县域城镇化变动短期分析

总体上，依据 HP 滤波法原理，基于 Eviews 8.0 分析软件平台，得到 1978—2014 年期间安徽县域城镇化发展的短期变动上表现出一定的"周期性"波动演变基本规律（如表 5-3 所示）。通过表 5-3 可知，1978 年转型期以来安徽县域城镇化发展演变的短期波动规律可划分成以下五大基本周期：1978—1990 年、1990—1998 年、1998—2004 年、2004—2010 年、2010—2014 年。

表 5-3　　　　县域城镇化发展短期变动周期性特点

年份	周期长度	峰值	谷值	波动幅度	平均位势	波动系数
1978—1990	12	0.3562	-0.6894	1.0455	-0.0672	-7.7834
1990—1998	8	0.5587	-0.7789	1.3376	0.0532	9.8872
1998—2004	6	1.3248	-0.9926	2.3174	-0.2398	-5.8965
2004—2010	6	3.9834	-1.8732	5.8653	0.3263	3.2214
2010—2014	4	5.8876	-1.6698	7.5274	-1.0286	-1.8932

通过表 5-3 可知：1978—2014 年整个研究期间安徽县域城镇化发展及演变的短期变动"周期性"规律具体表现如下：①1978 年改革开放以来，安徽县域城镇化短期变动周期时间逐渐在变短，且波动幅度则在不断地变大，整个研究期间安徽县域城镇化发展波动幅度呈现出增快趋势。②1978 年转型期以来安徽县域城镇化发展短期波动平均位势表现出正负相间的基本特征。第一个周期平均位势是 -0.0672，第二个周期平均位势是 0.0532，第三个周期平均位势是 -0.2398，第四个周期平均位势是 0.3263，第五个周期平均位势是 -1.0286。③转型期安徽县域城镇化发展的短期波动系数呈现出不断减

小的演化趋势。1978年安徽县域城镇化发展短期波动系数在7左右，到2014年已经减少到2左右，这就表明了1978年改革开放以来安徽县域城镇化发展演变短期波动围绕周期趋势进行着不断上下波动变化。

三 县域城镇化发展阶段划分

基于1978—2014年安徽县域城镇化水平测算结果及总体特征分析，可见自1978年改革开放以来，安徽县域城镇化发展呈现出一定的上升趋势，总体上近36年间安徽县域城镇化水平提升了69.15%，年均增幅达到1.92%；进入21世纪后，安徽县域城镇化发展水平呈现出进一步快速上升趋势，2002—2014年县域城镇化水平提升了0.0513，上升幅度较前阶段有所提升，总体上安徽县域城镇化发展进入提速发展状态。整体上看，转型期以来，安徽县域城镇化发展呈现出持续的提升态势，并且这种提升趋势上具有明显的"阶段性"特征，总体上可以将1978—2014年安徽县域城镇化发展划分为三大基本阶段（如图5-4所示），在空间形态上呈现出类拉长的"Z"字形状。

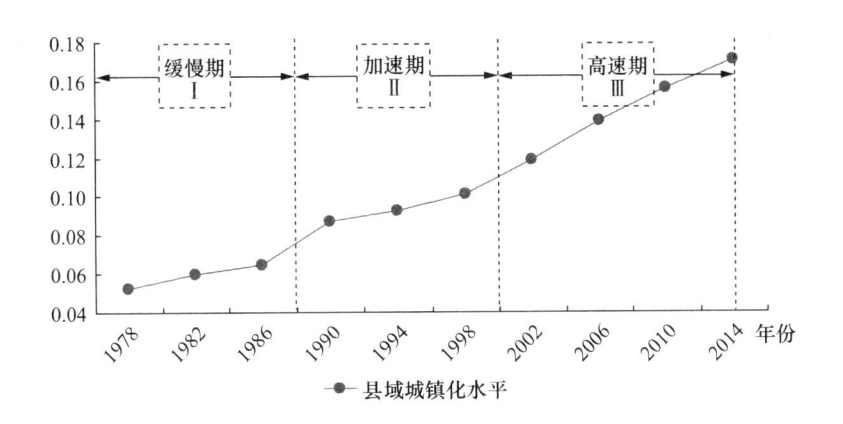

图5-4 1978—2014年县域城镇化发展阶段划分

Ⅰ缓慢期，主要指1978—1990年，这一阶段县域城镇化水平在[0.0524，0.0646]之间变化，期间安徽县域城镇化水平提升了

0.0121，总体上升了 18.76%，年均上升幅度为 2.34%。Ⅱ加速期，主要指 1990—2002 年，这一阶段县域城镇化水平在 [0.0646，0.1187] 之间波动，期间安徽县域城镇化水平提升了 0.0318，上升了 26.77%，年均上升幅度为 2.85%。Ⅲ高速期，主要是指 2002—2014 年，这一阶段县域城镇化水平在 [0.1187，0.1699] 之间变化，安徽县域城镇化发展总体上处于最高水平的阶段，这一期间安徽县域城镇化水平也提升了 0.0513，上升幅度达到了 31.75%，年均上升幅度为 3.78%。

（一）Ⅰ缓慢上升阶段（1978—1990 年）

1978 年改革开放以来，随着我国政治经济体制改革，经济也得到一定程度的恢复、发展与繁荣。尤其是在实行家庭联产承包责任制后，农业生产效率有了很大程度的提高，一定程度上促使工业化及其城镇化发展。另外，1978 年后逐渐取消了对农业人口迁移进城的就业、居住及户籍等方面的限制，这为城镇化发展提供了有利的条件及其制度环境保障，导致大量的农业人口开始向县域城关镇、中心镇以及重要集镇进行空间转移，城镇数量有所增加，城镇规模不断扩大。与此同时，改革开放以后，安徽经济进入了前所未有的快速发展时期，特别是 20 世纪 80 年代中期以来，县域乡镇企业开始逐渐崛起，吸引了大批农村剩余农业劳动力向城镇流动，出现了"人户分离"现象，农村城镇化星星之火燃起。因此，在农村工业化积极推动下，促使安徽县域城镇化不断发展起来。

通过图 5-5 可以清楚地看出，安徽县域城镇总人口从 1978 年的 199.40 万人增加到 1990 年的 371.45 万人，年均增长 14.33 万人；其县域城镇化水平从 1978 年的 5.24% 上升到 1990 年的 8.69%，1978—1990 年这 12 年研究期间安徽县域城镇化水平增长 3.45%，年均增长幅度 0.28%。但是，相对于而言，安徽县域城镇化增长幅度整体较小，这主要归结于长期以来安徽各县（市）原先发展基础相对较弱，工业化水平相对较低，县（市）发展更多以农业发展为主导产业；因此，安徽县域城镇化发展的任务相对较重、发展速度相对较慢；总体上，这一阶段安徽县域城镇化发展处于一个相对缓慢上升阶段。

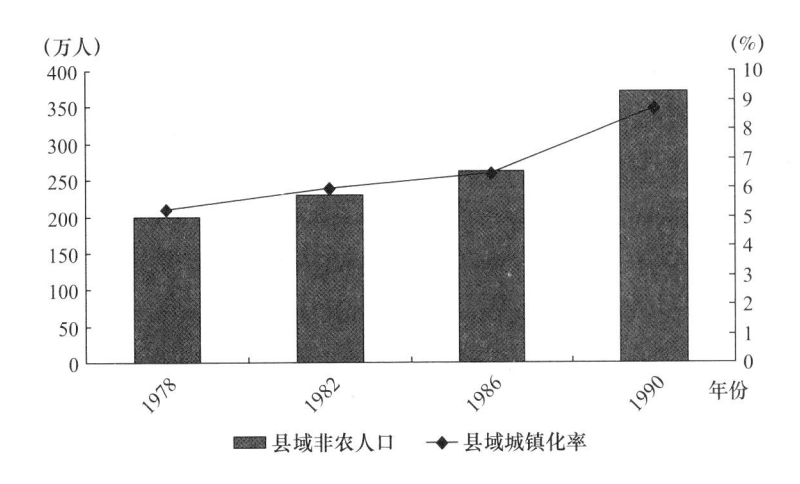

图 5-5　1978—1990 年县域非农人口及其城镇化率

(二) Ⅱ加速上升阶段 (1990—2002 年)

20 世纪 90 年代开始，随着我国工业化、城镇化发展进程加速，"县改市""乡改镇"等国家行政区划政策不断改革推行，安徽也积极开展县改市及乡改镇等工作，城镇数量开始不断地增加，城镇规模不断在扩大，这就大大促进了安徽城镇化水平有效提升。另外，随着我国改革不断深化，城镇经济发展越来越重视和关注结构与效益，对城镇发展规划、用地管理等方面工作进一步的制度化、科学化，促使着城镇化发展也进入了一个相对有序稳定发展时期。另外，伴随着县（市）第三产业快速发展及传统工业结构不断优化调整，一定程度上有效地推动了这一阶段安徽县域城镇化发展进程。通过大力推进县域城关镇（县城）、重点小城镇规划与建设，着力发展县域农村城镇化，综合提升了这一阶段安徽县域城镇化发展综合水平。

通过图 5-6 可知，安徽县域城镇非农人口从 1990 年的 371.45 万人增加到 2002 年的 558.20 万人，年均增长 15.56 万人，这一阶段县域城镇人口增幅要高于缓慢阶段的发展速度。1990 年安徽县域城镇化率为 8.69%，到 2002 年增长到 11.85%，1990—2002 年这 12 年间安徽县域城镇化水平总体提升了 3.16%，年均增长速度为 0.26%，与缓慢增长阶段城镇化水平增长速度相比，这一阶段的安徽县域城镇

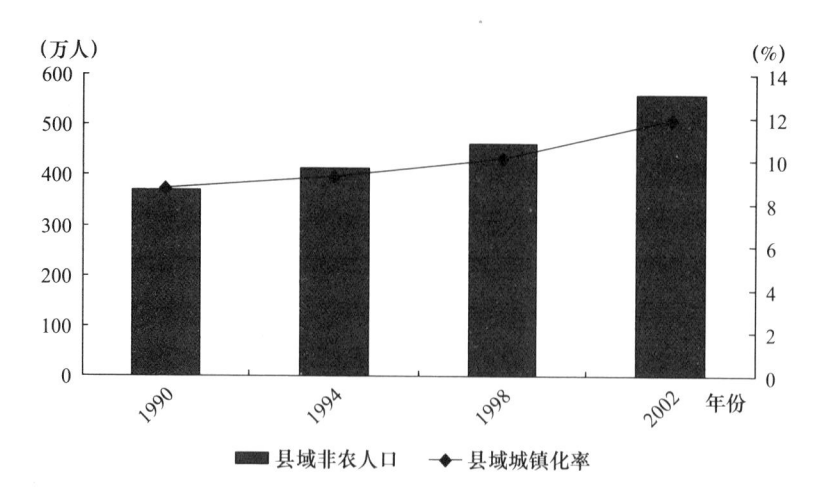

图 5-6 1990—2002 年县域非农人口及其城镇化率

化发展速度呈现出显著上升趋势。随着 20 世纪 90 年代以来，城镇化发展理念不断深入，各级县（市）都追求及重视城镇化建设水平，一定程度导致县域城镇化得到了快速发展；但是，也面临着这样的发展问题：新建的县域工业园区大多数开而不发，很多土地资源处于闲置状态，城镇用地利用程度相对较低，相应的各种基础设施建设、社会服务配套建设相对滞后，因此县域城镇化发展后续动力表现出一定的不足，这也就在一定程度上制约了这一阶段安徽县域城镇化发展的整体进程，也稀释了这一时期安徽县域城镇化发展综合水平。

（三）Ⅲ 高速上升阶段（2002—2014 年）

21 世纪初，随着我国工业化发展进程加快，促使着我国城镇化发展也进入了快车道。正是在这种发展背景之下，城镇化战略成为我国县域转型发展重要关注内容，日益成为中国县域经济社会发展的主要驱动力。安徽各县（市）积极加快城镇化发展步伐，促使各县（市）第二、第三产业比重不断上升，第二、第三产业逐渐成为县域经济发展的主导支柱产业。另外，2000 年后我国工业园区、新区建设热潮开始掀起，依托工业园区、新区建设成为县域城镇化快递推进的重要方式，安徽各县（市）城镇空间扩展都呈现出一定的快速演化态势，较多的县（市）城镇化呈现出"摊大饼"式的扩展模式，城镇第二、第三产业持续发展，这就造成了转型期安徽县域农业人口不断向城镇地域集聚，城镇非农人口呈现出急剧上升态势。因此，安徽县域产业、人口、空间及价值观不断向城镇方式转变，促使县域城镇化水平不断提升，这一阶段安徽县域城镇化总体处在高速发展状态。

通过图5-7可看出：这一阶段安徽县域非农人口由2002年的558.20万人增加到2014年的836.88万人，总体上升了23.22万人，年均增长率达到4.16%；2002年安徽县域城镇化率为11.85%，到2014年达到16.99%，总体提高了5.14%，年均增长达到0.43%，总体上较前面的阶段Ⅰ和阶段Ⅱ相比，安徽县域城镇人口的数量及增长率都呈现出更快速的增长态势。这一阶段，2014年安徽县域城镇化发展水平达到整个研究期的最高值，与1978年年初相比，县域城镇化率整整提升了12%左右。但可以发现，安徽县域城镇化虽保持较快发展态势，但总体发展水平仍较低，到2014年达到最高水平也仅为17%，距离诺瑟姆"S"形城镇化曲线30%初级阶段基础线还有一定上升空间，总体发展水平仍还处在较低的水平层次上；因此可见，未来安徽县域城镇化发展的任务仍然较艰巨。

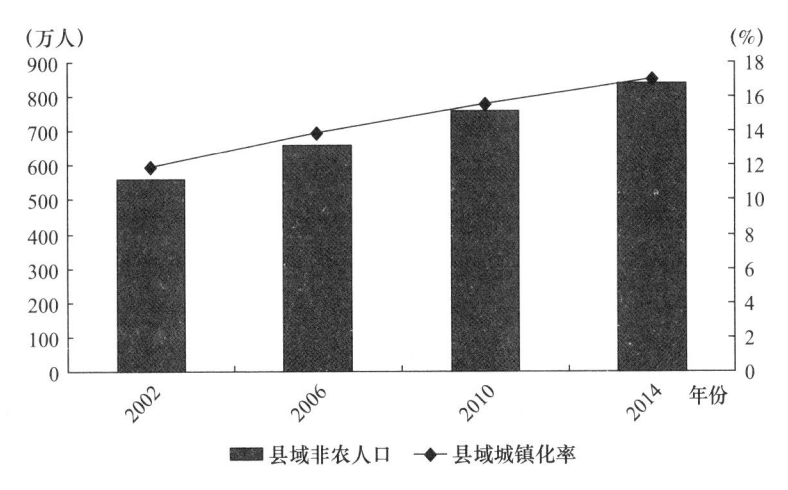

图5-7 2002—2014年县域非农人口及其城镇化率

四 类型维度上县域城镇化特征

1978年转型期以来县域城镇化发展存在显著差异，这种发展差异不仅表现在发展水平、速度及地域等方面，而且还表现在不同类型县域发展差异特征上。因此,需要进一步揭示"类型"维度上的转型期县域城镇化发展的演变特征。目前,存在多种发展类型的县(市)单元,主要表现为有的县域农业发展主导,有的县域工业发展主导,而有的县域服务业发展主导等,并且不同主导类型的县(市)城镇化发展存在显著差异。首先,本书构建县域发展类型划分理论模型;其次,在县域发展类型划分的基础上,科学测度1978—2014年不同发展类型县(市)城镇化发展综合水平;最后,综合对比评价1978年转型期以来不同发展类型县域城镇化差异时序特征。

(一)县域发展基本类型划分理论模型

总体上说,转型期以来县域发展始终处于动态演变过程之中,且影响城镇发展的各要素的贡献大小及其作用程度很难进行定量化分析;因此,在一定程度上如何科学合理地判定县(市)发展类型及其所处阶段具有一定的困难性(张荣天,2014)。目前,国内外通常做法是以"产业比重"作为标准来刻画区域的县(市)发展基本类型,结合当前国内外县(市)发展类型分类的主要做法,本书选取安徽省62个县(市)2014年的GDP及其第一、第二、第三产业产值,构建出安徽省县(市)发展基本类型划分指标:①第一产业占GDP百分比为X_1;②第二产业占GDP百分比为X_2;③第三产业占GDP百分比为X_3。具体县(市)发展基本类型划分理论方法如下(张荣天,2014):①根据统计年鉴数据统计出安徽省各主要分析指标的均值及标准差(如表5-4所示);②若某一县(市)的三产业中某一产业产值的相对比重超过全体样本的平均值与标准差之和,则可以表明该产业在县(市)发展中占据着重要的主导地位;③根据县(市)单元某项指标超出该指标的均值和标准差之和,即可判定出转型期该县(市)为某种因素主导的县(市)发展基本类型。

表5-4　县域发展类型划分指标的均值和标准差

指标	第一产业占GDP比重X_1	第二产业占GDP比重X_2	第三产业占GDP比重X_3
平均值	20.91	50.54	28.55
标准差	0.089	0.125	0.062

表 5-5　　　　　　　　安徽县域发展类型划分指标体系

类型	划分标准
农业主导型县（市）	第一产业占 GDP 比重不低于 20.999%
工业主导型县（市）	第二产业占 GDP 比重不低于 50.665%
服务主导型县（市）	第三产业占 GDP 比重不低于 28.612%

根据上述县（市）发展类型划分模型与基本步骤，测算出安徽 62 个县（市）三大指标的均值和标准差之和，根据县（市）某项指标超出该指标的均值和标准差之和，判定安徽省各县（市）为某种因素主导的发展类型。通过理论计算，科学地构建出了转型期安徽县（市）发展类型划分指标体系，具体的标准如下（如表 5-5 所示）：①农业主导型县（市）划分标准为第一产业占 GDP 比重不低于 20.999%；②工业主导型县（市）划分标准为第二产业占 GDP 比重不低于 50.665%；③服务主导型县（市）划分标准为第三产业占 GDP 比重不低于 28.612%。基于这一科学的划分标准，可以将安徽县（市）发展类型进行有效、合理分类，并对 1978 年转型期以来安徽各类型的县（市）城镇化发展基本特征进行科学分析及综合评判。

通过表 5-6 可看出：（1）数量比重上，安徽 3 种县（市）发展类型所占比重存在一定的差异，多半县（市）的第一、第二产业比重相对较大，具体表现为农业主导型县（市）单元占 37.09%，工业主导型县（市）单元占 43.55%，而服务主导型县（市）单元所占比重仅仅为 19.36%，其所占比重相对较低。因此，可以看出 1978 年长期以来，安徽县（市）城镇化发展过程中农业、工业主导动力效应表现得十分显著，而第三产业发展的驱动效应表现出一定的乏力，这就说明了转型期以来安徽县（市）城镇化发展后续动力相对不足。

（2）从类型格局看，农业主导型县（市）主要分布在皖北阜阳、宿州及皖南安庆等地一些县（市），这些县（市）基本上多处山地丘陵区或经济发展水平相对较差，多为大宗、初级农产品的生产地区，县域第一产业产值比重相对较高，且农村劳动力在第一产业中就业比重相对偏大。工业主导型县（市）主要分布在皖南芜湖、马鞍山、铜

表 5-6　　　　　　　　安徽县（市）发展基本类型划分

发展类型	县域分布	所占比重
农业主导型县（市）	涡阳县、蒙城县、利辛县、砀山县、萧县、灵璧县、泗县、临泉县、太和县、阜南县、颍上县、全椒县、定远县、凤阳县、寿县、金寨县、太湖县、宿松县、望江县、怀远县、五河县、固镇县	37.09%
工业主导型县（市）	长丰县、巢湖市、肥东县、肥西县、濉溪县、界首市、凤台县、明光市、天长市、来安县、霍邱县、霍山县、当涂县、含山县、和县、芜湖县、繁昌县、南陵县、无为县、宁国市、郎溪县、广德县、铜陵县、桐城市、怀宁县、枞阳县、潜山县	43.55%
服务主导型县（市）	庐江县、舒城县、泾县、绩溪县、旌德县、石台县、青阳县、歙县、休宁县、黟县、祁门县、岳西县	19.36%

陵、宣城及皖中地区的合肥、滁州等地的一些县（市），总体上这些县（市）原先工业的基础较好，乡镇工业发展较快，便捷的交通网络优势，这些县（市）的农村劳动力多数在工厂、企业中就业工作，县（市）的快速工业化进程致使这一地区县（市）大量农用地资源转变为工业、城镇等景观用地，县（市）发展表现出强烈的"工业化"特征。服务主导型县（市）主要分在皖南池州、黄山等地的一些县（市），这一地区主要是我国著名的旅游目的地，黄山风景区、九华山风景区等景点均分布在其中，而旅游业作为现代服务业的龙头，将成为拉动第三产业快速发展的战略性支柱产业之一。旅游业发展对当地县（市）的发展无论是在产业还是在就业层面上均产生了强大的带动效应；因此，旅游主导的服务业在这一地区县（市）城镇化发展也呈现出了异常活力，后劲十足。

（二）不同类型县域城镇化演变特征

根据构建县域城镇化测度理论公式，测算出1978—2014年农业主导型、工业主导型、服务业主导型三种不同类型县域城镇化发展水平；基于Excel分析软件，绘制出1978—2014年安徽农业主导型、工业主导型、服务业主导型县域城镇化发展折线演变图（如图5-8至

图5-10所示）。①总体上，1978—2014年安徽省3种基本发展类型县域城镇化水平以上升为主要演化趋势，其中农业主导型县域城镇化水平在［0.0488，0.1124］之间波动，工业主导型县域城镇化水平在［0.0743，0.1657］范围变化，而服务业主导型县域城镇化水平在［0.0919，0.1724］范围波动。②差异上，1978—2014年工业、服务业主导型县域城镇化水平总体高于农业主导型县域城镇化水平，并且工业、服务业主导型县域城镇化提升速度也高于农业主导型县（市）。本书这里就着重从三种不同类型视角上分析1978年转型期以来安徽县域城镇化发展嬗变过程及基本特征。

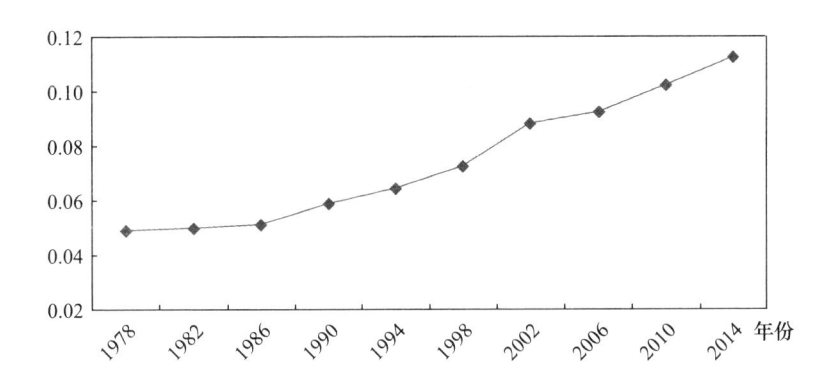

图5-8　1978—2014年农业主导型县域城镇化水平演变

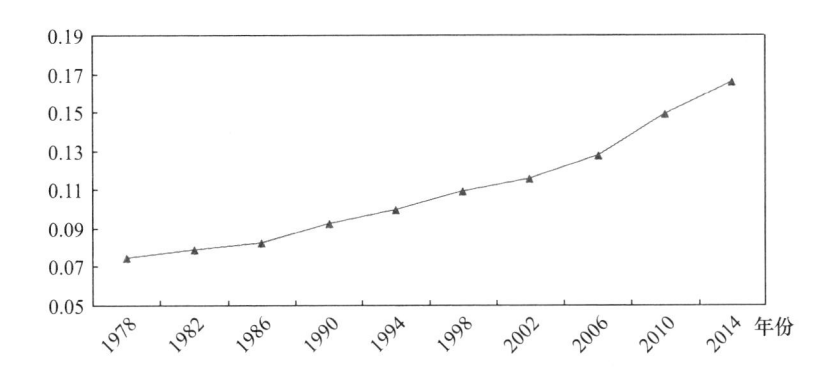

图5-9　1978—2014年工业主导型县域城镇化水平演变

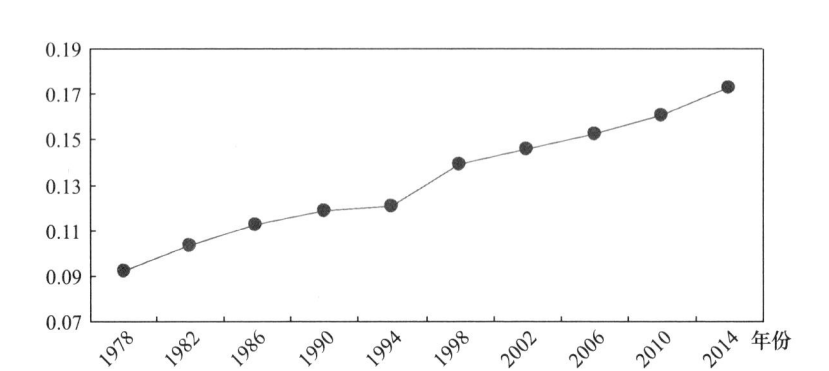

图 5–10　1978—2014 年服务业主导型县域城镇化水平

1. 农业主导型县域城镇化时序变化

（1）总体上，1978—2014 年研究期间，安徽农业主导型县域城镇化水平相对较低，近 36 年研究期间农业主导型县域城镇化水平均值范围在 [0.0488, 0.1124] 间变化波动。

（2）差异上，1978—2014 年农业主导型县域城镇化内部还存在一定的差距，县域城镇化水平较高地区分布在全椒县、凤阳县、寿县、金寨县等县（市），而县域城镇化水平较低地区分布在利辛县、临泉县、萧县、灵璧县等县（市），并且这种县域城镇化内部发展差异格局保持着相对稳定发展态势。

（3）增幅上，1978—2014 年定远县、金寨县、望江县、固镇县等县（市）城镇化提速在 60%—70%，增长速度相对较快。农业发展主导型县（市）城镇化总体水平较低，主要归结于农业是城镇化发展的基础和前提条件，但是随着县域城镇化发展纵深推进，农业在城镇化发展过程中作用越来越弱，因此导致农业主导县域城镇化发展增速相对放缓，农业发展主导的县域城镇化相对于工业主导、服务业主导县域而言，其城镇化水平总体相对较低，发展速度趋于缓慢。

2. 工业主导型县域城镇化时序变化

（1）总体上，1978—2014 年安徽工业主导型县域城镇化水平相对较高，近 36 年研究期间工业主导型县域城镇化水平均值在 [0.0743, 0.1657] 范围间波动，呈现出持续上升趋势。

（2）差异上，1978—2014年工业主导型县域城镇化还存在一定差距，县域城镇化水平较高地区分布在天长市、凤台县、当涂县、繁昌县、宁国市等县（市），其县域城镇化率均值已达到20%，而广德县、怀宁县、枞阳县、潜山县等县（市），其县域城镇化率均值仅仅在10%左右。

（3）增幅上，1978—2014年整个研究期间，芜湖县、和县、当涂县、界首市等县（市）城镇化提速在65%—75%，而潜山县、枞阳县、霍邱县、霍山县等县（市）城镇化提速相对较为缓慢，大约在40%。工业发展主导型县域城镇化在整个发展类型中发展水平相对较高，这主要归结于当前阶段工业发展是安徽县域城镇化最根本的动力，是促使县域城镇化发展的最核心力量；因此，一定程度上导致了工业发展主导型县域城镇化水平总体高于农业主导型县域城镇化，并且工业主导型县域城镇化发展仍是当前转型期安徽县域城镇化发展过程中最为重要的驱动力因子。

3. *服务业主导型县域城镇化时序变化*

（1）总体上，1978—2014年安徽服务业主导型县域城镇化发展水平均值在 [0.0919, 0.1724] 范围波动变化，相对农业主导及工业主导型县域城镇化而言，服务业主导型县域城镇化发展整体水平最高。

（2）差异上，1978—2014年服务业主导型县域城镇化内部存在一定差距，县域城镇化水平较高地区分布在泾县、旌德县、石台县、祁门县等县（市），其城镇化率已经超过了20%，而舒城县、歙县、休宁县、庐江县等县（市）的城镇化水平仅仅在11%左右。

（3）增幅上，1978—2014年转型期间旌德县、石台县、青阳县等县（市）城镇化的提速在65%左右，而休宁县、祁门县、绩溪县等县（市）城镇化的上升速度较慢，仅仅在15%—20%波动变化。随着服务业在国民经济中的比重越来越重要，促使服务业逐渐成为转型期安徽县域城镇化发展重要的"后续"动力，这就在一定程度上导致服务业发展主导型县域城镇化发展的后发势头相对突出，并且与农业主导型、工业主导型县（市）城镇化发展差距正在日益拉大。

五 县域城镇化趋势模拟预测

目前，关于城镇化水平预测方法常用 PDL 模型（丁刚，2010）、BP 神经网络（郭志仪，2006）、Logistic 模型（王远飞，2013）等不同的数理模型对区域城镇化发展水平进行实证模拟预测研究。自 20 世纪 80 年代，灰色系统理论创立以来，因其具有能通过"少数据"建模寻求发展规律的良好特性，且模拟预测的精度相对较高（邓聚龙，1982），因此在经济、社会系统等多个领域中得到较广泛的应用。鉴于此，本书选择 GM（1，1）灰色模型进行县域城镇化发展的模拟与预测，从而科学判断未来一段时间内县域城镇化发展趋势及演化特征。

（一）GM（1，1）模型基本原理

GM（1，1）灰色系统模型，主要是预测序列动态时序变化的模型，将离散的序列进行 m 次累加生成规律性序列，以减弱随机性因素的干扰、影响，从而科学地模拟未来时间序列发展的演变趋势。理论过程如下（邓聚龙，1982）：

（1）假设取 X_0 为初始原始序列：$X_0 = (X_0(1), X_0(2), \cdots, X_0(n))$

对 X_0 进行一次累加生成，得到新时间序列，累加生成序列：

$X_1 = (X_1(1), X_1(2), \cdots, X_1(n))$，其中 $X_1(k) = \sum_{i=1}^{k} X_0(i)$（$k = 1, 2, \cdots, n$）

（2）对 X_1 构造一个背景值序列：$Z_1 = (Z_1(1), Z_1(2), \cdots, Z_1(n))$，其中 $Z_1(k) = aX_1(K) + (1-a)X_1(k-1)$（$k = 1, 2, \cdots, n$）。

这里 $a = 0.5$，建立一阶微分方程：$\frac{dx_{1(t)}}{dt} + ax_{1(t)} = b$，就是方程 GM（1，1）模型的基本形式。

（3）应用最小二乘法求得：$\bar{a} = (a, b)^T = (B^T, B)^{-1} \times B^T \times Y_n$

（4）建立数学预测模拟公式：$\bar{x}_0(k+1) = \bar{x}(k+1) - \bar{x}(k)$

（5）GM（1，1）模型检验。通过运用残差检验、后验差检验等

对结果进行检验。

（二）县域城镇化 GM (1, 1) 模型

1. 建立 GM (1, 1) 模型

建立灰微分方程：$y^0(k) + az^1(k) = b(k = 1, 2, \cdots, n)$

白化微分方程为：$\dfrac{dy^1}{dt} + ay^1(t) = b$

解得：$\bar{y}^1(k+1) = \left(y^0(1) - \dfrac{b}{a}\right)\ell^{-ak} + \dfrac{b}{a}(k = 1, 2, \cdots, n-1)$

2. GM (1, 1) 模型检验

（1）残差检验

残差 $\varepsilon(k) = \dfrac{y^0(k) - \hat{y}^0(k)}{y^0(k)}(k = 1, 2, \cdots, n)$ 当 $\varepsilon(k) < 0.2$ 时，模型达到一般要求；$\varepsilon(k) < 0.1$ 时，表明 GM (1, 1) 模型达到较高要求。

（2）级比偏差值检验

级比偏差 $\rho(k) < 0.2$ 时，模型达到一般要求；$\rho(k) < 0.1$ 时，模型达到较高要求；表明 GM (1, 1) 模型可以进行安徽县域城镇化发展水平的模拟预测分析。

通过 2000—2014 年安徽县域城镇化发展水平的时间序列上的研究分析数据求得参数：$a = -0.0235$，$b = 4.0237$，并通过使用级比偏差值模型检验了 GM (1, 1) 模型，符合进行 GM (1, 1) 模型分析的基本要求（如表 5 - 7 所示）。

表 5 - 7　　　　　　GM (1, 1) 模型检验

年份	原始值	模型值	残差	相对误差（%）	级比偏差
2000	0.1009	0.1102	0.0093	0.0843	0.003
2001	0.1126	0.1143	0.0017	0.0148	0.007
2002	0.1187	0.1195	0.0008	0.0066	0.004
2003	0.1234	0.1228	-0.0006	-0.0048	0.001
2004	0.1259	0.1248	-0.0011	-0.0088	0.012
2005	0.1307	0.1312	0.0005	0.0038	0.003
2006	0.1387	0.1376	-0.0011	-0.0079	-0.005

续表

年份	原始值	模型值	残差	相对误差（％）	级比偏差
2007	0.1412	0.1419	0.0066	0.0046	0.008
2008	0.1455	0.1443	-0.0012	-0.0083	-0.015
2009	0.1512	0.1503	-0.0009	-0.0059	-0.009
2010	0.1556	0.1551	-0.0005	-0.0032	0.001
2011	0.1589	0.1574	-0.0015	-0.0095	0.003
2012	0.1623	0.1645	0.0022	0.0133	0.006
2013	0.1668	0.1652	-0.0016	-0.0096	-0.005
2014	0.1699	0.1696	-0.0004	-0.0023	0.007

（三）县域城镇化发展模拟预测

1. 县域城镇化水平总体预测

根据表 5-7 数据和 GM（1，1）灰色预测模型的基本分析步骤，对 2015—2025 年近 10 年间安徽县域城镇化发展水平进行模拟与预测，通过 GM（1，1）灰色预测模型公式计算得到：$a = -0.01947$，$b = 38.8723$，从而进一步地计算得出 2015—2025 年安徽县域城镇化发展综合水平，具体模拟预测结果如表 5-8 所示。

表 5-8　　　　2015—2025 年安徽县域城镇化水平预测值

年份	预测值	年份	预测值
2015	0.1723	2021	0.2145
2016	0.1788	2022	0.2203
2017	0.1826	2023	0.2298
2018	0.1904	2024	0.2412
2019	0.1983	2025	0.2524
2020	0.2013	均值	0.2282

通过表 5-8 可以发现，到 2015 年安徽县域城镇化发展水平为 0.1723，2020 年安徽县域城镇化水平达到 0.2013，进而到 2025 年安徽县域城镇化水平达到了 0.2524，2015—2025 年的 10 年间安徽县域

城镇化发展水平总体上提升了 0.0801，增幅达到了 31.74%，通过 GM（1，1）灰色模拟预测充分说明了未来近 10 年间安徽县域城镇化发展综合水平呈现出不断提升的演化态势；但是，同时我们也可以清晰地发现，到 2025 年安徽县域城镇化率仅仅在 25% 左右，仍处在"S"形城镇化发展曲线的初级阶段，这也就表明了未来一段时间之内安徽县域城镇化发展总体水平还是处在相对较低的状态上，与我国发达地区县域城镇化发展水平相比较，安徽县域城镇化发展的差距仍较为显著，这也说明了未来安徽县域城镇化发展进一步提升的空间也相对较大。

2. 皖南地区县域城镇化水平总体预测

根据 GM（1，1）灰色预测理论模型的基本步骤，对 2000—2014 年皖中地区县域城镇化发展水平进行模拟预测。首先，计算出 GM（1，1）灰色预测模型参数：$a = -0.0253$，$b = 47.2398$，具体分析参数如表 5-9 所示。

表 5-9 皖南地区 GM（1，1）模型检验

年份	原始值	模型值	残差	相对误差（%）	级比偏差
2000	0.1524	0.1537	0.0013	0.0084	0.008
2001	0.1585	0.1582	-0.0003	-0.0018	-0.012
2002	0.1633	0.1541	-0.0091	-0.0590	0.005
2003	0.1658	0.1657	-0.0001	-0.0006	0.003
2004	0.1678	0.1668	-0.001	-0.0059	0.001
2005	0.1708	0.1702	-0.0006	-0.0035	-0.002
2006	0.1739	0.1736	-0.0003	-0.0017	0.002
2007	0.1775	0.1777	0.0002	0.0011	0.016
2008	0.1798	0.1795	-0.0003	-0.0016	0.007
2009	0.1806	0.1802	-0.0004	-0.0022	-0.008
2010	0.1834	0.1838	0.0004	0.0022	0.005
2011	0.1863	0.1866	0.0003	0.0016	0.024
2012	0.1907	0.1902	-0.0005	-0.0026	-0.018
2013	0.1958	0.1955	-0.0003	-0.0015	0.012
2014	0.1998	0.2002	0.0003	0.0015	0.006

其次，根据计算结果可以发现，级比偏差 $\rho(k)<0.1$，表明 GM（1，1）灰色预测模型达到较高要求，可以进行未来一段时间的县域城镇化发展水平模拟预测。结合表 5-9 得到的 GM（1，1）灰色预测模型相关的参数，根据 GM（1，1）灰色模型对 2015—2025 年皖南地区县域城镇化发展水平进行模拟预测，具体 GM（1，1）模拟预测结果如表 5-10 所示。

表 5-10　　2015—2025 年皖南地区县域城镇化水平预测值

年份	预测值	年份	预测值
2015	0.2014	2021	0.2377
2016	0.2086	2022	0.2438
2017	0.2153	2023	0.2521
2018	0.2196	2024	0.2608
2019	0.2253	2025	0.2735
2020	0.2298	均值	0.2568

通过表 5-10 可知，2015—2025 年的近 10 年间皖南地区县域城镇化总体上呈现出提升发展态势，其中 2015 年皖南县域城镇化发展水平均值为 0.2014，到 2020 年县域城镇化均值为 0.2298，到 2025 年皖南县域城镇化均值达到了 0.2735，未来近 10 年间皖南县域城镇化发展水平提升 0.0721，年均提速达到 3.58%。因此可见，2015—2025 年间的皖南地区县域城镇化发展水平总体上要高于安徽县域城镇化发展的均值水平，这主要归结于皖南地区属于安徽经济发展实力基础较雄厚地区，伴随国家政策倾斜和良好的区位交通优势，促使未来皖南地区县（市）依靠良好的资源禀赋、优越的综合交通网络，以及国家发展政策倾向等诸多的有利优势，会进一步促使安徽皖南地区县域城镇化得到更大程度的提速与发展。另外，伴随着我国宁安城际高铁全线开通，促使着安徽皖南地区沿江的县（市）与江苏及上海等地区、城市间交流、互动变得更便捷，这就进一步大大地促进了安徽皖南沿江地区县域城镇化发展引来更为黄金的机遇期，在整个安徽县域

城镇化发展过程会逐渐形成一个稳定的"高值"空间集聚分布区。

3. 皖中地区县域城镇化水平预测

首先,根据 GM(1,1)灰色预测理论模型的基本步骤,对 2000—2014 年安徽皖中地区县域城镇化发展水平进行模拟预测,得到 GM(1,1)灰色预测模型的相关分析参数:$a = -0.0297$,$b = 50.1254$。其具体参数见表 5-11。

表 5-11　　　　　　皖中地区 GM(1,1)模型检验

年份	原始值	模型值	残差	相对误差(%)	级比偏差
2000	0.1008	0.1003	-0.0005	-0.0049	-0.023
2001	0.1054	0.1047	-0.0007	-0.0066	0.002
2002	0.1086	0.1089	0.0003	0.0027	-0.013
2003	0.1113	0.1112	-0.0001	-0.0008	0.005
2004	0.1132	0.1129	-0.0003	-0.0026	0.019
2005	0.1145	0.1149	0.0004	0.0034	0.002
2006	0.1152	0.1155	0.0003	0.0025	0.001
2007	0.1167	0.1163	-0.0004	-0.0034	-0.012
2008	0.1187	0.1183	-0.0004	-0.0033	0.007
2009	0.1204	0.1207	0.0003	0.0024	0.009
2010	0.1223	0.1228	0.0005	0.0041	0.024
2011	0.1254	0.1252	-0.0002	-0.0015	-0.002
2012	0.1273	0.1275	0.0002	0.0016	0.008
2013	0.1297	0.1294	-0.0003	-0.0023	-0.017
2014	0.1302	0.1308	0.0006	0.0045	0.005

其次,根据计算结果可发现,级比偏差 $\rho(k) < 0.1$,表明 GM(1,1)灰色预测模型达到较高要求,可以进行县域城镇化发展水平模拟预测。最后,结合表 5-11 中的 GM(1,1)模型参数,通过 GM(1,1)灰色模型对 2015—2025 年安徽皖中地区县域城镇化水平进行模拟预测分析,其具体预测结果如表 5-12 所示。

表 5-12　　2015—2025 年皖中地区县域城镇化水平预测值

年份	预测值	年份	预测值
2015	0.1334	2021	0.1553
2016	0.1356	2022	0.1596
2017	0.1388	2023	0.1655
2018	0.1409	2024	0.1721
2019	0.1449	2025	0.1786
2020	0.1496	均值	0.1674

通过表 5-12 可以发现，2015—2025 年安徽皖中地区县域城镇化发展水平总体以缓慢上升趋势为主，具体数值上表现为：2015 年皖中地区县域城镇化发展水平均值为 0.1334，到 2020 年县域城镇化均值为 0.1496，而到 2025 年皖中地区县域城镇化发展水平均值达到 0.1786，2015—2025 年近 10 年皖中地区县域城镇化发展水平整体提升 0.0452，年均提速达到 2.95%。未来近 10 年，皖中地区县域城镇化发展水平总体上要低于安徽及皖南地区县域城镇化发展综合水平，但是皖中地区的合肥、滁州等地县（市）单元的经济发展实力也相对较雄厚，这就造成皖中地区县域城镇化发展水平相对也较高；另外，伴随国家政策倾斜和良好区位交通优势不断显现，也会进一步促使未来皖中地区县（市）城镇化得到更大程度的发展、提升，缩小与安徽皖南地区县域城镇化发展之间的差距，从而提升转型期整个安徽县域城镇化发展综合水平。

4. 皖北地区县域城镇化水平预测

根据 GM（1，1）灰色预测理论模型的基本步骤，对 2000—2014 年皖北地区县域城镇化发展水平进行定量的、科学的模拟与预测，从而得到 GM（1，1）灰色预测模型中的相关参数：$a = -0.01562$，$b = 42.8729$。其中，皖北地区县域城镇发展水平模拟预测的 GM（1，1）模型的具体参数如表 5-13 所示。

表 5-13　　　　　　　皖北地区 GM (1, 1) 模型检验

年份	原始值	模型值	残差	相对误差（%）	级比偏差
2000	0.0667	0.0665	-0.0002	-0.0031	0.004
2001	0.0692	0.0689	-0.0003	-0.0043	-0.012
2002	0.0705	0.0708	0.0003	0.0042	0.008
2003	0.0711	0.0712	0.0001	0.0014	0.001
2004	0.0723	0.0724	0.0001	0.0013	0.002
2005	0.0729	0.0728	-0.0001	-0.0013	-0.004
2006	0.0732	0.0735	0.0003	0.0040	0.014
2007	0.0748	0.0753	0.0005	0.0066	0.023
2008	0.0763	0.0766	0.0003	0.0039	0.029
2009	0.0775	0.0773	-0.0002	-0.0025	-0.011
2010	0.0783	0.0785	0.0002	0.0022	0.007
2011	0.0789	0.0786	-0.0003	-0.0038	0.005
2012	0.0792	0.0795	0.0003	0.0037	0.003
2013	0.0799	0.0798	-0.0001	-0.0012	-0.004
2014	0.0805	0.0802	-0.0003	-0.0033	0.002

根据计算结果可发现，级比偏差 $\rho(k) < 0.1$，表明 GM (1, 1) 灰色预测模型达到较高要求，可以进行皖北地区县域城镇化发展的灰色模拟预测分析。结合表 5-13 中 GM (1, 1) 灰色模型相关参数，依据 GM (1, 1) 灰色模型对 2015—2025 年安徽皖北地区县域城镇化发展水平进行模拟预测，其预测结果如表 5-14 所示。

表 5-14　　　2015—2025 年皖北地区县域城镇化水平预测值

年份	预测值	年份	预测值
2015	0.0809	2021	0.0911
2016	0.0825	2022	0.0955
2017	0.0843	2023	0.0993
2018	0.0861	2024	0.1043
2019	0.0873	2025	0.1085
2020	0.0892	均值	0.1009

通过表 5-14 可知，2015—2025 年安徽皖北地区县域城镇化发展总体水平呈现出一种相对缓慢的提升态势，具体数据表现为：2015 年安徽皖北地区县域城镇化发展水平均值为 0.0809，到 2020 年皖北县域城镇化均值为 0.0892，到 2025 年皖北县域城镇化发展水平均值达到 0.1085，未来 2015—2025 年近 10 年安徽皖北地区县域城镇化发展水平仅仅提升 0.0276，年均增速仅为 1.75%。通过 GM（1，1）灰色模拟预测可发现，未来近 10 年安徽皖北地区县域城镇化发展水平总体上要低于安徽县域城镇化发展均值水平，并且在安徽三大地区中处于最低的发展状态。总体而言，1978 年改革开放以来，皖北地区县（市）经济发展基础较低，远离经济发达地区，且地理位置相对偏僻，皖北地区县域城镇化发展总体上受到的人才、资源及资金等制约因素较多，因此县域城镇化发展快速提升的难度相对较大；但是，伴随着京沪高铁建设，促使高铁沿线的淮北、宿州等县（市）的交通可达性有效改善，与外界联系、交流程度大大提升，人才、资源及资金等要素的流动也促进了皖北沿线县（市）城镇化得到了发展。另外，我国"商—合—杭"高铁正在积极开工、建设，未来这必将也会在一定程度上推进"商—合—杭"高铁沿线的亳州、阜阳及淮南等地县（市）经济社会及城镇化得到发展。总体上，会进一步地缩小与转型期皖南地区、皖中地区县域城镇化发展之间的总体差距。

综上所述，运用 GM（1，1）灰色理论模型模拟预测了未来 2015—2025 年安徽、皖南地区、皖中地区及皖北地区县域城镇化发展水平（如图 5-11 所示），通过图 5-11 模拟预测结果可以看出：①2015—2025 年，安徽县域城镇化发展综合水平总体上呈现出上升演化态势；但到 2025 年安徽县域城镇化水平仍处在"S"形城镇化发展曲线的初级阶段，表明了未来一段时间内安徽县域城镇化发展总体水平仍位于低水平状态上，发展提升的空间相对较大。②三大区域对比上，未来近 10 年间安徽县域城镇化"南高北低"的发展态势仍将维持，具体表现为：2015—2025 年皖南地区县域城镇化发展水平最高，皖中地区其次，而皖北地区县域城镇化一直保持着低水平的发展演化态势。

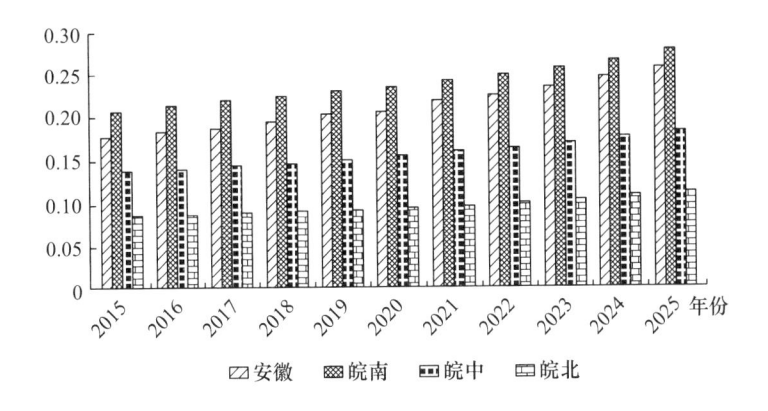

图 5-11　2015—2025 年皖南、皖中及皖北县域城镇化水平模拟预测

六　小结

1978 年转型期以来，安徽县域城镇化发展整体呈现上升态势，但县域城镇化水平总体相对较低；安徽县域城镇化发展表现出南北显著梯度递减分布格局形态；安徽县域城镇化呈正偏态分布，表明城镇化水平较低的县（市）比重略大。安徽县域城镇化水平随着时间演变呈现逐渐增长发展态势，其长期变化趋势是逐渐增长，而短期波动却呈现一定的周期性。转型期以来，安徽县域城镇化发展表现出明显"阶段性"特征，可划分为Ⅰ缓慢上升阶段（1978—1990 年）、Ⅱ加速上升阶段（1990—2002 年）、Ⅲ高速上升阶段（2002—2014 年）三个基本阶段。

通过对 1978—2014 年皖南、皖中及皖北三大区域层面上县域城镇化发展特征具体分析可发现：发展水平上，近 36 年皖南地区、皖中地区及皖北地区县域城镇化发展水平总体以上升为主要趋势，发展水平表现为皖南地区＞皖中地区＞皖北地区。发展速度上，1978—2014 年安徽县域城镇化表现为皖南地区＞皖中地区＞皖北地区。内部差异上，1978—2014 年安徽三大区域内部县域城镇化发展的差异呈现从南向北不断递增趋势，即皖南地区＜皖中地区＜皖北地区，这就表明转型期区域内部差异与县域城镇化发展水平的强弱有着密切正向关联性，县域城镇化发展水平高的地区，其内部差异也相对较小。

根据构建的县域发展基本类型划分理论模型，科学划分为农业主导型、工业主导型及服务业主导型三种安徽县（市）发展基本类型。通过分析安徽三种类型县域城镇化可知，总体上，1978—2014年研究期间三种基本发展类型县域城镇化水平以上升为主要趋势，其中农业主导型县域城镇化水平在［0.0488，0.1124］之间波动，工业主导型县域城镇化水平在［0.0743，0.1657］范围变化，而服务业主导型县域城镇化水平在［0.0919，0.1724］范围幅动。差异上，1978—2014年工业、服务业主导型县域城镇化水平总体高于农业主导型县域城镇化，并且工业、服务业主导型县域城镇化发展提升速度明显高于农业主导型县（市）。

基于GM（1，1）灰色理论模型科学预测未来2015—2025年安徽县域城镇化发展趋势分析可以发现，未来2015—2025年安徽县域城镇化呈现出上升演化态势，到2025年安徽县域城镇水平达到0.2524，仍处在诺瑟姆城镇化曲线初级阶段；三大区域上，未来2015—2025年，皖南县域城镇化水平在［0.2014，0.2735］范围变化，皖中县域城镇化水平在［0.1334，0.1786］之间幅动，而皖北县域城镇化水平在［0.0809，0.1085］范围波动，进一步说明了未来安徽县域城镇化发展"南高北低"分异格局仍将一直存在，并保持相对稳定的分布态势；因此，未来缩小安徽南北县域城镇化发展差距的任务仍较艰巨。

第三节　县域城镇化空间差异演变

前面重点分析1978年改革开放以来县域城镇化时间维度上变化特征，研究表明县域城镇化发展总体上以提升为主要态势，同时也表现出显著的发展差异性特征；然而转型期以来县域城镇化发展差异表现在空间上将呈现出何种格局与分异特征？深化对空间维度上县域城镇化发展分异探究，可进一步了解转型期以来我国县域城镇化空间维度上格局现状及其演变特征。在具体描述县域城镇化空间格局分异特征上，主要结合传统数理分异指数和GIS空间分析模型等方法探索

1978 年改革开放以来县域城镇化格局空间分异及其演变规律。

一 县域城镇化格局空间总体特征

借助 ArcGIS10.2 空间分析平台，运用空间显示表达工具试图将 1978—2014 年安徽县域城镇化水平值进行空间显示化处理，形成县域城镇化空间分布点状密度图，将县域城镇化划分为五个密度等级，从而得到 1978—2014 年县域城镇化水平空间分布基本格局（如图 5-12 所示）。通过图 5-12 可以清晰地看出：①总体上，1978—2014 年安徽县域城镇化高值区空间地域上主要分布在当涂县、芜湖县、繁昌

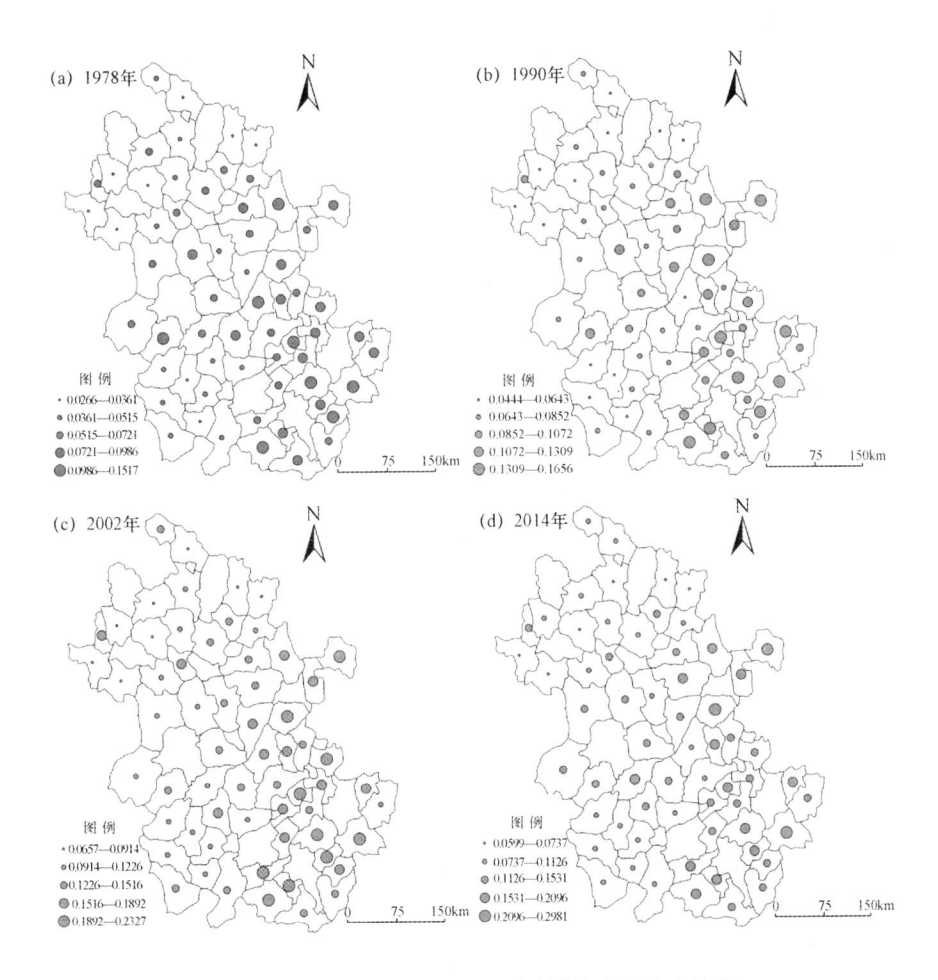

图 5-12 1978—2014 年县域城镇化空间分布格局

县、泾县、宁国市、肥东县、巢湖市、天长市等县（市）；②县域城镇化较高值区空间地域上主要集中在旌德县、祁门县、黟县、郎溪县、南陵县、含山县、全椒县、明光市、肥西县、来安县、桐城市等县（市）；③县域城镇化中值区空间分布主要集聚在休宁县、歙县、广德县、东至县、和县、长丰县、无为县、庐江县、定远县、凤台县、界首市、凤阳县等县（市）；④县域城镇化较低值区空间地域上主要分布在怀宁县、太湖县、潜山县、岳西县、枞阳县、望江县、金寨县、舒城县、霍邱县、寿县等县（市）；⑤县域城镇化低值区空间地域上主要分布在萧县、灵璧县、泗县、蒙城县、利辛县、涡阳县、颍上县、阜南县、临泉县、太和县等县（市）。通过对1978—2014年研究期间安徽县域城镇化GIS空间显示表达分析，可从全局层面上把握1978年转型期以来安徽县域城镇化"南高北低"空间差异总体分布特征，并且通过1978—2014年4个时间断面的剖析可以看出县域城镇化发展空间差异分布格局总体保持相对稳定的态势，总体空间格局的变化幅度相对不大。

考虑到转型期以来县域城镇化发展区域差异显著特征，本书试图通过对县域城镇化趋势面空间分析，从而有利于揭示转型期县域城镇化空间总体格局特征及演变趋势。运用ArcGIS10.2软件中的趋势分析模块，将1978—2014年安徽各县（市）城镇化值看作高度属性值（Z轴），安徽省各县（市）单元空间地理坐标（X轴、Y轴），通过旋转到合理的透视角度，并对两面上空间投影分布趋势分别进行拟合分析，形成1978—2014年安徽县域城镇发展的趋势面空间演化图（如图5-13所示）。通过图5-13可知：①从总体上来看，安徽县域城镇化的空间分异格局较显著，1978—2014年均表现出县域城镇化水平的东—西向递减，南—北向递减的空间分布格局形态；②从具体方向上来看，东—西向上县域城镇化从安徽西部地区的岳西县、金寨县、宿松县等县（市）不断向皖江地区的铜陵县、繁昌县、含山县等地递增，而南—北向上县域城镇化由皖南地区的宁国市、芜湖县、当涂县等县（市），逐步过渡到皖中地区的长丰县、定远县、明光市等县（市），进而到皖北地区的怀远县、蒙城县、砀山县等县（市），皖北县域的城镇化水平最低,通过 GIS 趋势面分析印证安徽县域城镇化南北空间分异的基本特征;③通过 1978—2014 年安徽县域城镇化趋势面演化图来看,随着时间不断推移,安徽县域城镇化的南—北向分布上的弯曲幅度呈现出增大的演化态势。

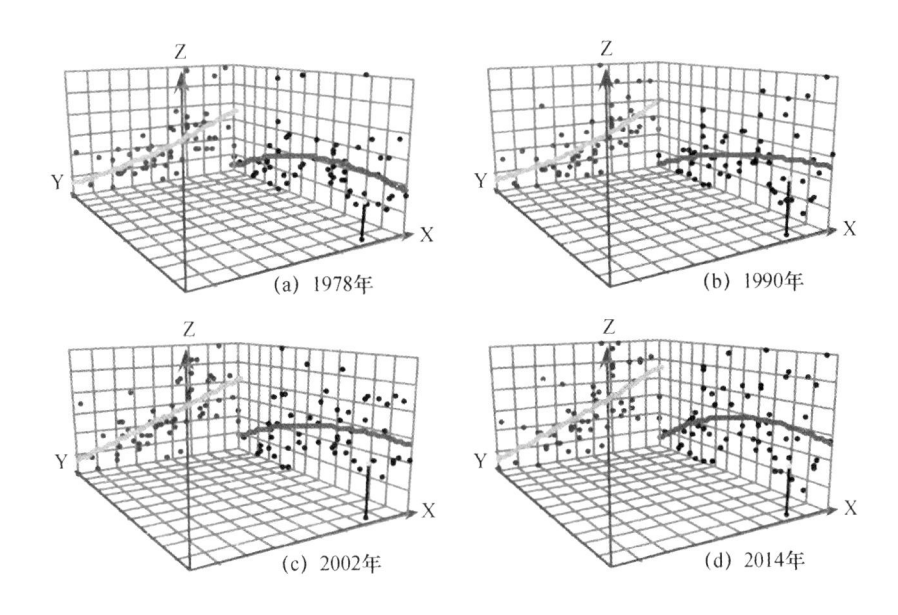

(a) 1978年

(b) 1990年

(c) 2002年

(d) 2014年

图 5-13　1978—2014 年县域城镇化趋势面演化

二　县域城镇化空间差异程度指标

通过国内外文献梳理可总结描述区域差异指标分为两大类型:①绝对指标。这一类指标有量纲,即绝对指标大小与单位有关,如方差、标准差等指标。②相对指标。相对指标与单位无关,只与数值有关,如基尼系数、Theil 指数等指标。鉴于此,本书就主要从这两大类型出发,选取标准差、变异系数、空间基尼系数、空间分异指数、泰尔指数五个具体分析指标对 1978—2014 年县域城镇化发展区域空间差异展开具体论述。

(一) 标准差 S 和变异系数 CV

标准差 S 表示一个地理现象的离散程度指标,标准差 S 越大,表示地理现象的分布较分散;反之则空间集中。理论公式如下(郝拉

娣,2005):

$$S_t = \sqrt{\sum_{i=1}^{m}(N_{ti}-\overline{N_t})^2/m}$$

当两个数值单位不同或均值相差较大时,用标准差 S 来比较分析数据之间的离散程度差异就显得明显不足,需要进一步通过标准差与均值比值来进行衡量,即变异系数 CV。CV 理论公式如下(张荣天,2014):

$$CV_t = S_t/\overline{N_t} = \sqrt{\sum_{i=1}^{m}(N_{ti}-\overline{N_t})/m}/\overline{N_t}$$

式中,S_t 为县域城镇化标准差;CV_t 为县域城镇化变异系数;N_{ti} 为第 t 时点第 i 个县域城镇化水平;$\overline{N_t} = \sum_{i=1}^{m} N_{ti}/m$ 为第 t 时点县域城镇化均值;m 为县(市)单元总数。

(二)空间基尼系数 G

空间基尼系数一般用于衡量地理现象在区域内的集中程度,反映地理现象在空间上的不均衡分布状态。理论公式如下(克鲁格曼,1991):

$$G = \sum_{i=1}^{n}(Q_i - P_i)^2$$

式中,G 为空间基尼系数;n 为县(市)单元数量;Q_i 为人均 GDP 高于等于平均值的县域数占全部人均 GDP 高于等于平均值的县(市)单元比例;P_i 为县域 i 数量占县(市)总数比重。理论上,G 值在 0—1 之间波动,若 G 值越大,表明县域城镇化集聚程度越高,空间差异越大;反之亦然。

(三)空间分异指数 ID

空间分异指数(Index of Dissimilarity, ID),用来衡量地理现象在空间上分异程度指标。理论公式如下(Messey, 1988):

$$ID = \frac{\sum_{i=1}^{n} T_i |P_i - P|}{2TP(1-P)}$$

式中,ID 为县域城镇化分异指数;T 为县(市)人口数量;T_i 为

i 县（市）年末人口数；P 为人均 GDP 大于等于平均值的县（市）占县（市）总数比重；P_i 为人均 n 大于等于平均值的县（市）占县（市）总数比重；n 表示县（市）数。理论上，ID 值在 0 与 1 间变化，若 ID 值越大，表明空间分异程度越大；反之亦然。

（四）泰尔指数 T

泰尔指数又称泰尔熵、泰尔系数，是一种已经被广泛应用的不平衡系数。该指标重要意义在于可将区域总体差异分解成不同空间尺度的区内差异（T_{WR}）和区间差异（T_{BR}）。理论公式如下（Theil, 1967）：

$$T = \frac{1}{n}\sum_{i=1}^{n} \log \frac{\bar{y}}{y_i} = T_{WR} + T_{BR}$$

$$T_{WR} = \sum_{g=1}^{m} P_g T_g T_{BR} = \sum_{g=1}^{m} P_g \log \frac{P_g}{V_g}$$

式中，y_i 为第 i 个县（市）人均 GDP；$\bar{y}$ 为安徽县（市）人均 GDP；n 为县（市）数量；P_g 为第 g 组人口县（市）总人口比重；V_g 为第 g 组 GDP 总量占县（市）GDP 总量比重；g 为分组个数。理论上，泰尔指数 T 的取值范围在 [0, 1]，若泰尔指数 T 值越大，表示县域城镇化发展不均衡程度越高；反之亦然。

三 县域城镇化空间差异格局演变

（一）县域城镇化空间差异呈波动扩大趋势

图 5-14、图 5-15、图 5-16、图 5-17 分别显示的是 1978—2014 年研究期间安徽县域城镇化为指标的标准差 S、变异系数 CV、空间基尼系数 G、空间分异指数 ID 的年际变化分异。

（1）通过图 5-14 可知：1978 年县域城镇化标准差 S 为 0.0289，1982 年标准差 S 为 0.0324，到 1990 年标准差 S 达到 0.0376，继而到 1998 年县域城镇化标准差 S 达到 0.0337，这一阶段，县域城镇化标准差 S 上升了 0.0158，总体上县域城镇化标准差 S 呈现出缓慢上升趋势，但总体上升幅度不大。到 2002 年县域城镇化标准差 S 为 0.0489，2010 年标准差 S 为 0.0623，进而上升到 2014 年的 0.0689，总体上，转型期县域城镇化的标准差 S 上升幅度达到 0.0242，表明这一阶段县域城镇化发展的空间差异显著性加剧。总体来看，转型期县域城镇化发展差异正在日益凸显。

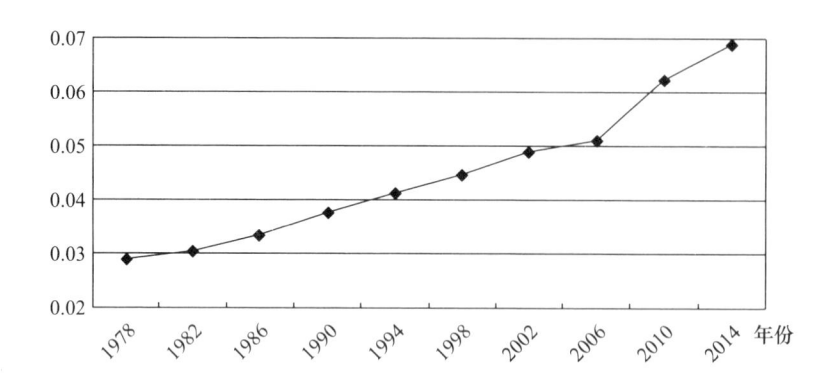

图 5－14　1978—2014 年县域城镇化标准差 S 变化趋势

（2）变异系数 CV 上（如图 5－15 所示），CV 没有量纲，同时又按照其均数大小进行标准化，具有显著的客观性，可以反映县域城镇化发展的空间离散程度。基于 CV 理论公式，计算出 1978—2014 年县域城镇化变异系数 CV，可以看出近 36 年间县域城镇化变异系数 CV 在 [0.6522，1.3876] 区间波动，并且 CV 值表现出持续上升趋势，从 1978 年的 0.6522，一直上升到 1990 年的 0.7212，到 2002 年已经

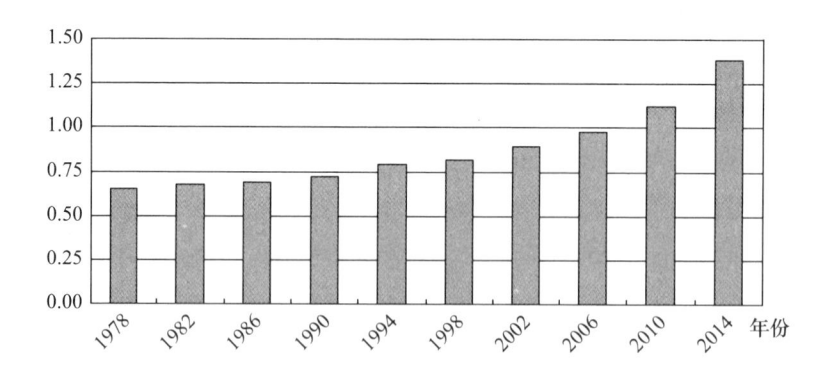

图 5－15　1978—2014 年县域城镇化变异系数 CV 变化趋势

达到 0.8926，进而到 2014 年县域城镇化的变异系数 CV 为 1.3876，总体上 1978—2014 年县域城镇化变异系数 CV 值提升了 52.99%，变异系数 CV 指数演变进一步印证了转型期县域城镇化发展空间差异日趋显著的基本演化特征。

（3）通过图 5-16 可知：空间基尼系数 G 可有效判断县域城镇化水平在区域内空间分布的不均衡状态。计算出 1978—2014 年县域城镇化空间基尼系数 G 值，结果表明 1978 年县域城镇化空间基尼系数 G 为 0.3553，到 1990 年空间基尼系数仅为 0.3807，上升了 0.0295，提升幅度相对较小。从 1990 年开始，到 2002 年县域城镇化空间基尼系数 G 上升了 0.1591，年均上升幅度为 2.46%，说明这一阶段县域城镇化空间分异程度呈现增强趋势；从 2002 年后，县域城镇化空间基尼系数 G 增长幅度变大，到 2014 年达到了最大值 0.6975，表明 1978 年转型期以来县域城镇化发展空间分异日益加剧。

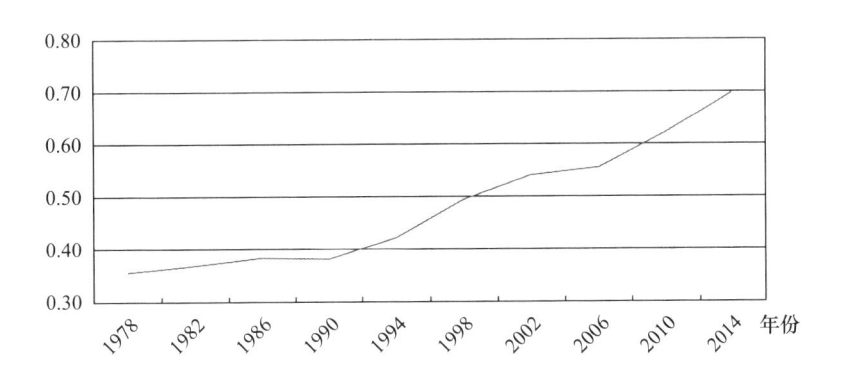

图 5-16 1978—2014 年县域城镇化空间基尼系数 G 变化趋势

（4）空间分异指数上（如图 5-17 所示）：1978 年县域城镇化的空间分异指数 ID 为 0.1128，到 1986 年空间分异指数 ID 仅为 0.1212，这一段时间变化幅度相对不大；从 1990 年开始到 2002 年，空间分异指数 ID 呈现出一定上升态势，近 12 年县域城镇化 ID 指数增加了 46.84%，而从 2002 年到 2014 年这 12 年空间分异 ID 指数继续保持着上升趋势，总体上升了 0.1016，这一时期增加幅度最大。1978—

2014 年县域城镇化的空间分异指数 ID 持续提高，也进一步佐证了 1978 年转型期以来县域城镇化发展的空间分异特征显著规律性。因此可见，空间分异指数 ID 的分析结论与前面标准差 S、变异系数 CV、空间基尼系数 G 的研究结论基本保持一致。

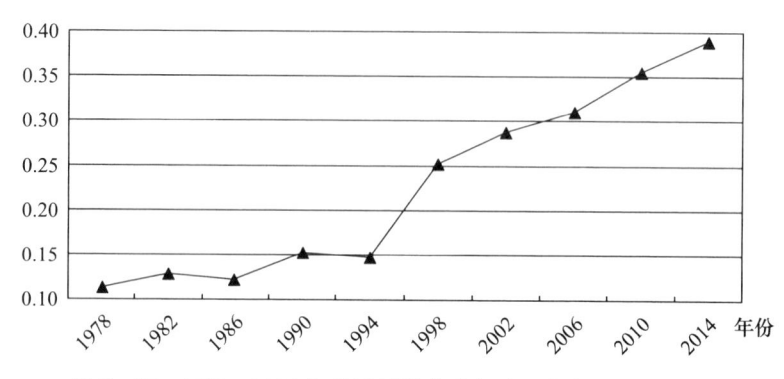

图 5-17　1978—2014 年县域城镇化空间分异指数 ID 变化趋势

综上所述，1978 年转型期以来县域城镇化发展空间差异呈现波动扩大趋势。2002 年前，县域城镇化标准差 S 及变异系数 CV 曲线变化较缓和；2002 年后曲线曲率开始增大，爬升速度也显著加快。整个转型期间，县域城镇化空间基尼系数与空间分异指数变化趋势也大体相似，整体走向由小变大，大致可划分为三大阶段：①1978—1990 年曲线起伏幅度较小阶段，②1990—2002 年曲线起伏幅度增强阶段，③2002—2014 年曲线起伏幅度最大阶段。总体上看，1978—2014 年研究期间县域城镇化发展的空间差异呈现出不断扩大态势，这就表明转型期县域城镇化发展的空间发散程度日益加深。

（二）县域城镇化空间差异多角度分解

前面主要分析了 1978—2014 年县域城镇化发展绝对性区域差异，而转型期以来县域城镇化发展相对差异如何？鉴于此，通过泰尔指数 T 分析 1978—2014 年县域城镇化发展区域相对差异（如表 5-15 所示）。根据泰尔指数 T 公式计算得出 1978—2014 年安徽县域城镇化的泰尔指数 T，总体上县域城镇化泰尔指数 T 在 [0.1331，0.1495] 范围变化波动，以上升态势为主；1978—2014 年县域城镇化泰尔指数 T

变化趋势与空间基尼系数、空间分异指数总体保持相对一致，说明了1978年以来安徽县域城镇化空间差异处于波动扩大状态。在此基础上，本书从省内差异与区域分异两个主要方面进行分解转型期县域城镇化发展总差异特征。

（1）总体趋势上。1978—2014 年县域城镇化发展总差异泰尔指数 T 值从1978年的0.1331上升到2014年的0.1495，表明1978年以来安徽县域城镇化发展总差异逐渐不断地在显著；同时，转型期以来，安徽县域城镇化发展总差异可以分解为皖南地区（马鞍山、芜湖、铜陵、池州、黄山、宣城6个地级市）、皖中地区（合肥、滁州、六安、安庆4个地级市）、皖北地区（宿州、淮北、亳州、阜阳、蚌埠、淮南6个地级市）三大区域间差异以及三大区域内部的差异。总体上而言，1978—2014年安徽县域城镇化发展的空间差异是由三大部分共同作用所导致的，并且转型期这三大部分的影响程度大小各异。

表 5 – 15　　　1978—2014 年县域城镇化区域差异泰尔指数

年份	总差异	区域间差异	区域内差异	皖南内部差异	皖中内部差异	皖北内部差异
1978	0.1331	0.0486	0.0845	0.0249	0.0265	0.0344
1982	0.1339	0.0494	0.0845	0.0245	0.0269	0.0355
1986	0.1375	0.0498	0.0877	0.0246	0.0273	0.0359
1990	0.1424	0.0499	0.0925	0.0241	0.0277	0.0404
1994	0.1437	0.0506	0.0931	0.0238	0.0304	0.0409
1998	0.1455	0.0511	0.0944	0.0233	0.0311	0.0411
2002	0.1462	0.0512	0.095	0.0231	0.0316	0.0419
2006	0.1466	0.0519	0.0947	0.0226	0.0328	0.0427
2010	0.1487	0.0512	0.0975	0.0223	0.0334	0.0433
2014	0.1495	0.0515	0.0980	0.0215	0.0342	0.0439

（2）区域分异上。区域内差异对安徽县域城镇化发展总差异的影响最为显著，区域内总差异比重从1978年的0.0845，不断上升到2014年的0.0980，转型期呈现出直线式提升态势；并且区域内差异对安徽县域城镇化发展总差异的贡献率从1978年的63.49%上升到

2014年的65.55%。因此可见，区域内差异是1978—2014年安徽县域城镇化发展总差异的最为重要的组成部分。

另外，区域间差异对转型期安徽县域城镇化发展总差异也具有一定的影响，但是相对于区域内差异而言，影响贡献度相对较小。区域间差异比重从1978年的0.0486提高到2014年的0.0515；但是，区域间差异对安徽县域城镇化发展总差异的贡献率却由1978年的36.51%下降到2014年的34.45%，说明转型期总体上表现出了影响下降的演化趋势（如表5-16所示）。

表5-16　　　1978—2014年县域城镇化区域差异贡献率　　　单位:%

年份	区域间贡献率	区域内贡献率	皖南贡献率	皖中贡献率	皖北贡献率
1978	36.51	63.49	18.71	19.91	25.85
1982	36.89	63.11	18.30	20.09	26.51
1986	36.22	63.78	17.89	19.85	26.11
1990	35.04	64.96	16.92	19.45	28.37
1994	35.21	64.79	16.56	21.16	28.46
1998	35.12	64.88	16.01	21.37	28.25
2002	35.02	64.98	15.80	21.61	28.66
2006	35.40	64.60	15.42	22.37	29.13
2010	34.43	65.57	15.00	22.46	29.12
2014	34.45	65.55	14.38	22.88	29.36

（3）内部差异上。转型期三大区域内部差异对县域城镇化发展总差异的影响不一，其中皖南地区内部差异从1978年的0.0249下降到2014年的0.0215，其贡献率也由1978年的18.71%降低到2014年的14.38%；皖中地区内部差异从1978年的0.0265上升到2014年的0.0342，其贡献率也由1978年的19.91%提高到2014年的22.88%；皖北内部差异也从1978年的0.0344上升到2014年的0.0439，其贡献率也由1978年的25.85%提高到2014年的29.36%。因此可见，1978年转型期以来安徽皖北、皖中内部差异贡献率总体呈现增大的趋势，而皖南地区内部差异贡献率却呈现出一定的下降趋势，影响逐渐减弱（如图5-18所示）。

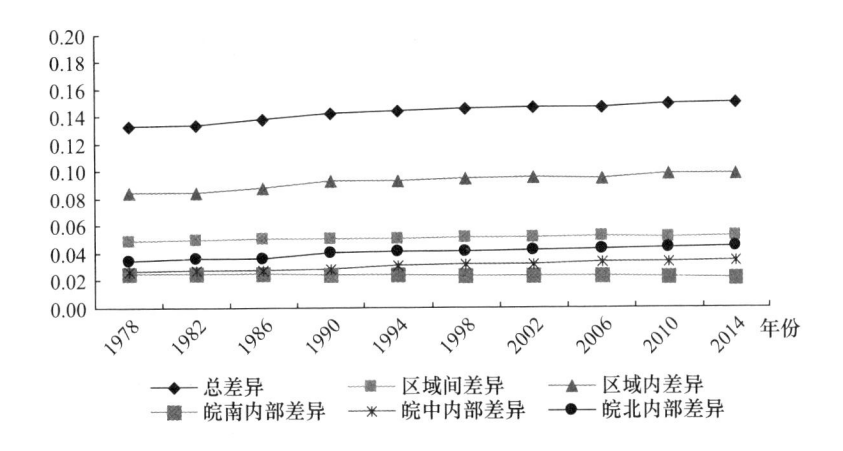

图 5-18　1978—2014 年县域城镇化区域差异泰尔指数变化趋势

(三) 县域城镇化区域内部空间差异格局

1. 皖南地区县域城镇化空间差异格局

首先，测算出 1978—2014 年皖南地区县域城镇化变异系数 CV，结果表明皖南县域城镇化变异系数 CV 在 [0.2563, 0.6862] 区间变化，表明 1978—2014 年皖南县域城镇化发展的空间差异存在显著性；另外，皖南地区县域城镇化变异系数 CV 从 1978 年的 0.2563 提升到 2014 年的 0.6862；同时，计算出 1978—2014 年皖南县域城镇化的空间分异指数 ID，ID 值在 [0.1537, 0.3874] 间波动上升，说明 1978 年转型期以来皖南地区县域城镇化发展内部空间差异逐渐拉大。

其次，基于 ArcGIS10.2 软件分析平台，运用 Jenks 自然断裂点将 1978—2014 年皖南县域城镇化发展划分为四大类区：高值区、较高区、中值区、低值区，将 1978—2014 年皖南县域城镇化进行空间显示处理分析，从空间上明晰皖南地区县域城镇化内部具体差异表征（如图 5-19 所示）。通过图 5-19 可以看出：①高值区：1978 年皖南县域城镇化高值区域主要分布在宁国市、繁昌县；1990 年泾县演化成高值区；2002 年当涂县、黟县继续演变成高值区；到 2014 年皖南县域城镇化高值区分布在当涂县、繁昌县、宁国市及黟县。②较高区：1978 年皖南县域城镇化较高区主要分布在含山县、泾县、绩溪县、黟县、祁门县；1990年当涂县从中值区演变为较高区，而泾县从较高区变成了高值区；2002年分布在含山县、芜湖县、铜陵县、旌德县、绩溪县、石台县、祁门县；到2014年最终演变为含山县、和县、芜湖县、南陵县、铜陵县、旌德县、绩溪县、祁门县及黟县。因此可见，1978—2014年整个研究期间，皖南地区县域城镇化较高区的数量总体呈现出了一定的增长态势。③中值区：1978年皖南地区县域城镇化中值区主要分布在和县、当涂县、芜湖县、郎溪县、青阳县、旌德县、石台县，总体空间分布较为分散；1990年当涂县演变成了较高区，南陵县从低值区演化成中值区；2002年芜湖县进一步成为较高区，旌德县及石台县演变成了较高区；到2014年无为县从低值区演变成中值区，郎溪县及青阳县维持格局不变，总体上1978年以来皖南县域城镇化中值分布呈现不断锐减发展态势。④低值区：1978年皖南县域城镇化低值区主要分布在无为县、广德县、南陵县、歙县、休宁县、东至县；1990年仅南陵县从低值区演变成中值区；2002年分布在无为县、广德县、歙县、休宁县、东至县；到2014年无为县进一步演化成中值区。总体上看，1978—2014年皖南地区县域城镇化内部差异上，较高值空间分布主要集聚在芜湖、马鞍山地区县（市），而低值空间分布主要集中在池州、黄山地区县（市）单元。

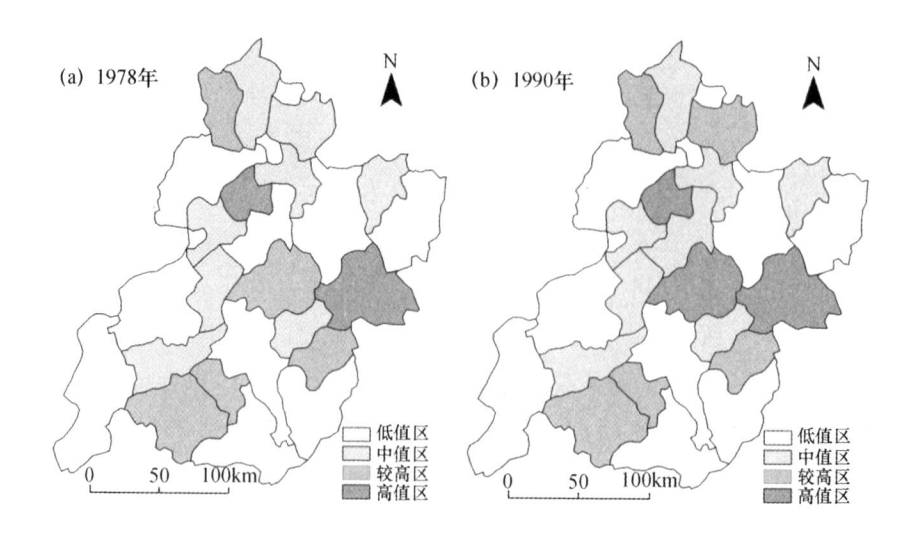

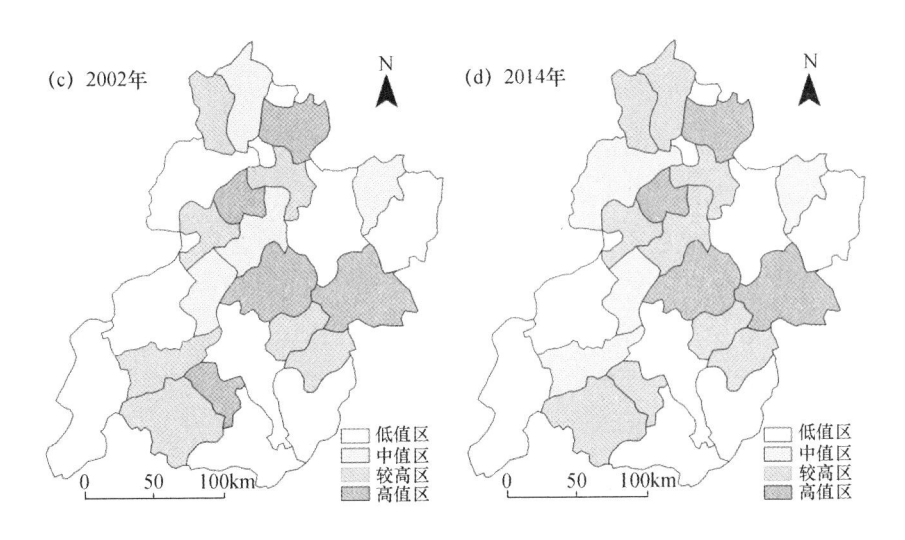

图 5-19 1978—2014 年皖南地区县域城镇化空间差异

2. 皖中地区县域城镇化空间差异格局

通过变异系数 CV 理论公式测算出 1978—2014 年皖中地区县域城镇化变异系数 CV 值,得到 1978 年以来皖中地区县域城镇化变异系数 CV 在 [0.3123,0.5687] 区间变化,皖中地区县域城镇化的空间分异指数 ID 值在 [0.2034,0.3772] 之间波动,并且县域城镇化的 ID 数值演变趋势以提升为主,说明 1978 年以来皖中地区县域城镇化发展内部空间差异也正逐渐拉大,尤其是合肥地区县(市)凭借良好的地理区位、综合交通便捷及优惠政策倾斜等,促使县(市)城镇化发展总体水平较高,总体上领先于皖中地区其他县(市)城镇化发展水平,其内部存在一定的差异性。

另外,基于 ArcGIS10.2 软件分析平台,通过自然断裂点将 1978—2014 年皖中地区县域城镇化划分为四大类区:高值区、较高区、中值区、低值区,将 1978 年以来的皖中县域城镇化空间显示表达,揭示转型期皖中地区县域城镇化内部空间差异具体表现。通过图 5-20 可看出:①高值区:1978 年皖中地区县域城镇化高值区主要分布在巢湖市、肥东县及明光市;1990 年维持之前的空间格局未发生变动;2002 年肥西县从较高区演变成为高值区;到 2014 年天长市进一步演化成高值区。②较高区：1978 年较高区县（市）主要集聚在天长市、来安县、全椒县、肥西县、桐城市及庐江县；1990 年霍山县从中值区演变成较高区；2002 年寿县、凤阳县从中值区演变为较高区，且肥西县演变成为高值区；到 2014 年长丰县成为较高区，而寿县、霍山县演变成中值区。③中值区：1978 年主要分布在凤阳县、定远县、长丰县、寿县、霍邱县、金寨县、霍山县、舒城县，空间分布县域单元数量相对较多；1990 年枞阳县从低值区演变成中值区，而霍山县发展成为较高区；2002 年凤阳县、寿县及霍山县进一步演变为较高区；到 2014 年县域城镇化中值区集聚在定远县、寿县、霍邱县、金寨县、霍山县、舒城县及枞阳县。④低值区：1978 年皖中地区县域城镇化低值区主要分布在枞阳县、岳西县、潜山县、怀宁县、望江县、太湖县、宿松县；1990 年枞阳县演变成为中值区；2002—2014 年皖中地区县域城镇化低值空间分布格局未发生较大调整，维持稳定态势。综合来看，1978—2014 年皖中地区县域城镇化内部差异上具体表现为：县域城镇化高值区集聚在合肥、滁州地区县（市），而县域城镇化低值区主要集聚在六安、安庆地区县（市）。

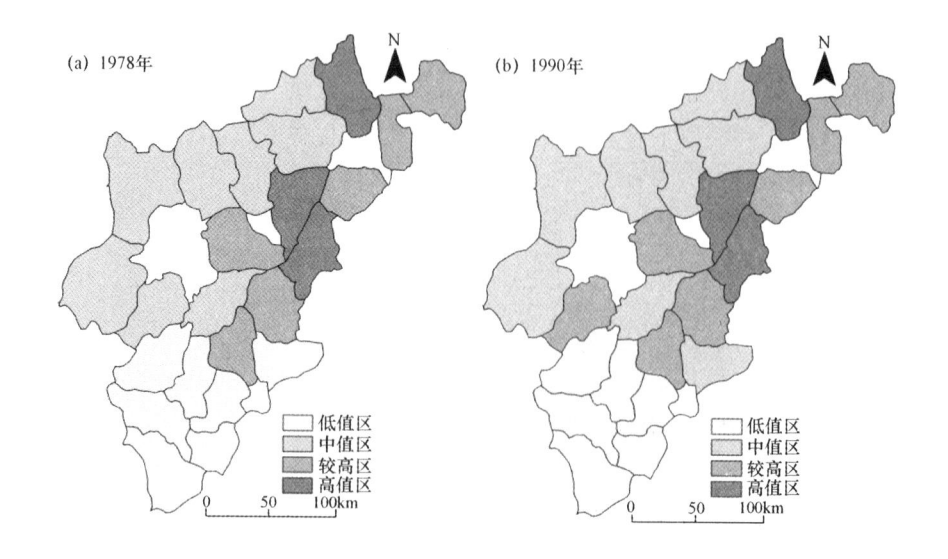

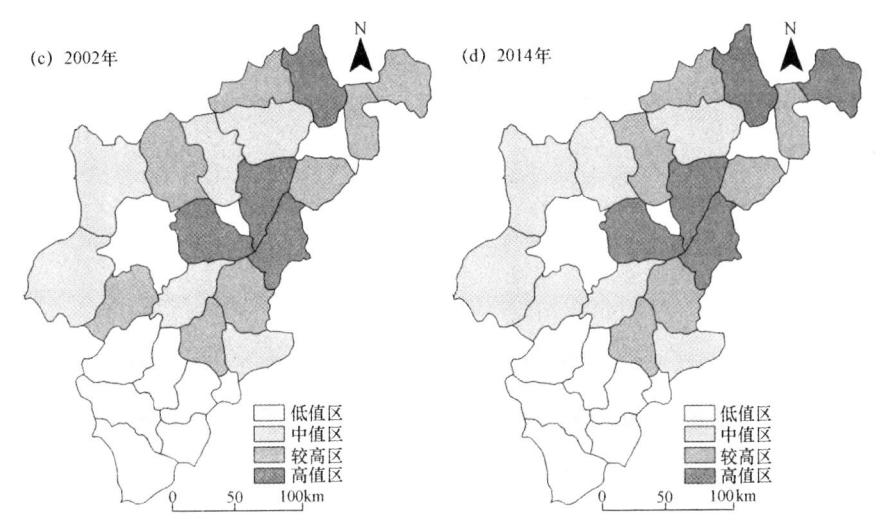

图 5-20　1978—2014 年皖中地区县域城镇化空间差异

3. 皖北地区县域城镇化空间差异格局

首先，计算出 1978—2014 年皖北地区县域城镇化变异系数 CV，皖北县域城镇化的变异系数 CV 大致在 [0.1023, 0.3476] 范围内波动，并且 1978 年改革开放以来的研究期间，其皖北地区县域城镇化的变异系数呈现持续上升态势；另外，皖北县域城镇化空间分异指数 ID 值在 [0.1965, 0.4056] 之间持续上升，这也进一步说明 1978 年改革开放以来皖北地区县域城镇化发展空间差异呈现逐年递增演化趋势。

其次，基于 ArcGIS10.2 软件分析平台，运用 Jenks 自然断裂点将 1978—2014 年皖北县域城镇化划分为四大类区：高值区、较高区、中值区、低值区，通过对 1978—2014 年皖北地区县域城镇化空间显示表达，从而具体揭示转型期皖北地区县域城镇化内部空间差异特征（如图 5-21 所示）。通过图 5-21 可以看出：①高值区：1978 年皖北县域城镇化高值区主要集聚在界首市、怀远县及凤台县；到 1990 年高值空间分布格局维持稳定态势；2002 年固镇县从较高区演化成高值区；到 2014 年进而五河县演变成高值区类型，数量上呈现出一定增长，但空间集聚显著。②较高区：1978 年皖北县域城镇化较高区分布在濉溪县、蒙城县、五河县及固镇县；1990 年涡阳县从中值区演变成较高区；2002年固镇县从较高区成为高值区；到2014年五河县也演化成高值区。③中值区：1978年皖北县域城镇化中值区主要分布在萧县、砀山县、灵璧县、涡阳县及颍上县；1990年泗县从低值区演变成中值区；2002年砀山县及涡阳县演变为较高区；到2014年主要集中在萧县、灵璧县、泗县、太和县及颍上县。④低值区：1978年皖北县域城镇化低值区主要集中在泗县、太和县、利辛县、阜南县及临泉县；1990年泗县进一步发展成中值区；2002年维持着稳定分布格局，未发生调整；到2014年太和县演变成中值区，低值分布仅为阜阳地区的利辛县、阜南县及临泉县。总体上看，1978—2014年整个研究期间，皖北地区县域城镇化发展内部差异上具体表现为高值区集聚在蚌埠、淮南地区县（市），而低值区空间上主要集聚在阜阳地区县（市），保持相对稳定的分异格局态势。

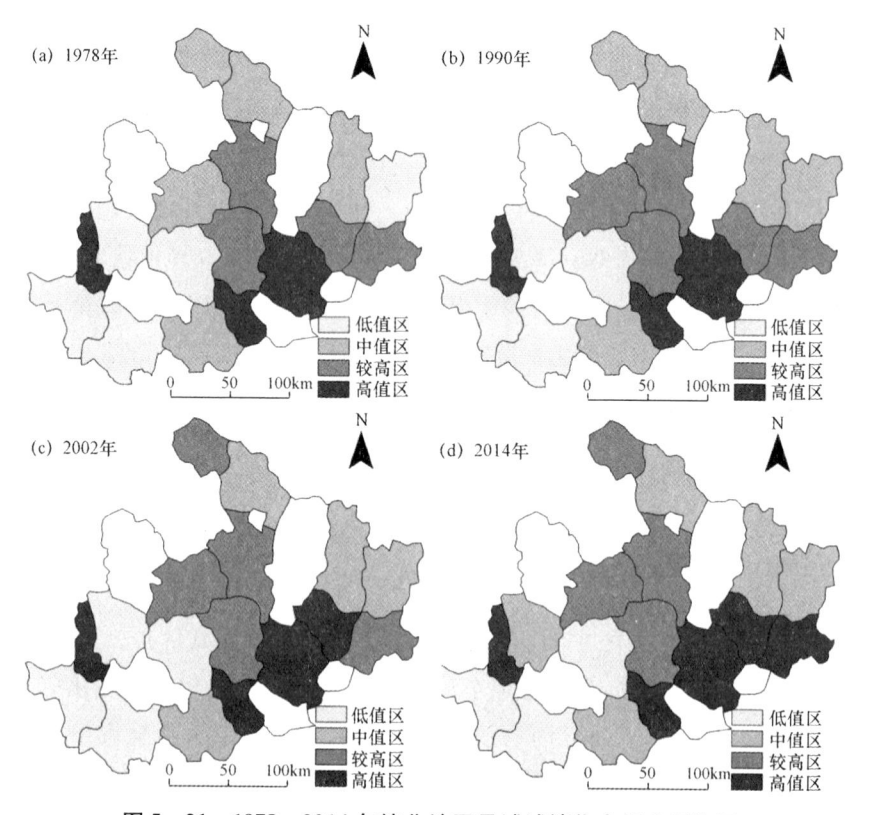

图 5-21　1978—2014年皖北地区县域城镇化空间差异格局

第四节 县域城镇化关联格局演变

地理学第一定律认为空间相近的地理现象相似性高于空间距离远的地理现象（Tobler，1970）。ESDA（Exploratory Spatial Data Analysis），通过将空间关联测度作为分析的核心，对地理现象空间格局进行空间可视化表达，发现地理现象的空间集聚、异常规律，从而解释地理现象空间上的内在机制（张荣天，2015）。目前，该方法模型在区域经济发展（蒲英霞，2005）、城镇空间结构（尚正永，2011）、乡村性空间格局（张荣天，2013）等领域得到了较为广泛的应用研究，ESDA 分析模型也为研究转型期安徽县域城镇化发展的空间分异及其演化特征提供了可行方法和理论依据。

一 ESDA 理论模型基本原理

（一）空间权重矩阵的构建

空间自相关的分析需要构建空间权重矩阵，空间权重矩阵是定量表达地理现象空间邻接关系的指标，这也是进行空间自相关分析的基础。目前，空间权重矩阵的定义常用构建方法主要有"空间相邻"和"空间距离"两种基本类型。本书研究中采用空间邻接权重矩阵（如图 5-22 所示）。

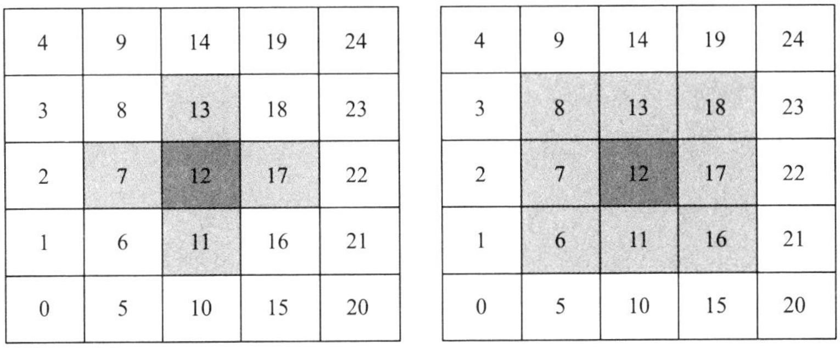

图 5-22 空间邻接关系示意

其中，空间邻接权重的数学理论表达式如下所示：

$$W_{ij} = \begin{cases} 1, & 区域\ i\ 和\ j\ 相邻 \\ 0, & 区域\ i\ 和\ j\ 不相邻 \end{cases}$$

（二）全局空间自相关分析

全局空间自相关是对县域城镇化在整个区域的空间特征描述，对空间邻近县域城镇化的相似程度具体反映，本书采用全局空间自相关模型对1978年转型期以来安徽县域城镇化全局空间自相关格局特征进行论证，主要采用 Global Moran's I 指数来具体分析描述（Getis，1992）。

$$\text{Global Moran's I} = \frac{\sum_{i=1}^{n}\sum_{j=1}^{n}(X_i - \overline{X})(X_j - \overline{X})}{S^2 \sum_{i=1}^{n}\sum_{j=1}^{n} W_{ij}}$$

式中，N 为研究地区县（市）单元；W_{ij} 为空间权重；x_i 和 x_j 分别为县（市）i 和 j 的属性；$\overline{x}$ 为属性均值。Global Moran's I 指数取值在 $[-1, 1]$，I 值接近1表明相似县域城镇化空间聚集；I 值接近 -1 表明相异县域城镇化空间聚集。

（三）局部空间自相关分析

局部空间自相关分析主要重点是识别县域城镇化不同空间上可能存在的局域空间自相关模式及其空间结构。本书通过局部自相关模型分析1978年转型期以来安徽县域城镇化局部空间自相关格局特征，具体分析指标包括：局域 G^* 指数、Moran 散点图、空间变差函数（Anselin，1995）。

1. 局域 G^* 指数

$$G_i^*(d) = \sum_{j=1}^{n} W_{ij}(d) X_j \Big/ \sum_{j=1}^{n} X_j$$

为方便解释和比较，对 $G_i^*(d)$ 进行标准化处理：

$$Z(G_i^*) = \frac{G_i^* - E(G_i^*)}{\sqrt{Var(G_i^*)}}$$

式中，W_{ij} 为空间权重矩阵，空间相邻为1，不相邻为0。$E(G_i^*)$ 和 $Var(G_i^*)$ 分别为 G_i^* 的数学期望和变异数。若 $Z(G_i^*)$ 为正且显著，表明县（市）i 周边县域城镇化水平相对较高，属县（市）城镇化高值"热点"空间集聚分布；反之，若 $Z(G_i^*)$ 为负且显著，则表明县（市）i 周边县域城镇化水平相对较低，属县（市）城镇化低值"冷点"空间集聚分布。

2. Moran 散点图

依据各县（市）城镇化变量 Z 与空间滞后向量 W_z 关系，可以构成县域城镇化 Moran 散点空间分布图，通过可视化方式来表现县域城镇化发展空间差异性。转型期县域城镇化 Moran 散点图划分为 4 个基本象限，分别对应 4 种不同县域城镇化发展的局部空间差异类型：H-H 型、L-H 型、L-L 型、H-L 型（如表 5-17 所示）。

表 5-17　　　　县域城镇化 Moran 散点图类型及其特征

象限分布	基本特征	局域 Moran's I 统计量
右上象限（H-H）	县（市）自身和周边地县（市）城镇化发展水平均较高，空间差异程度较小	$I_i > 0$，$Z_i > 0$
左上象限（L-H）	县（市）自身城镇化水平较低，而周边县（市）较高，空间差异程度相对较大	$I_i < 0$，$Z_i < 0$
左下象限（L-L）	县（市）自身和周边县（市）的城镇化发展水平均较低，空间差异程度较小	$I_i > 0$，$Z_i < 0$
右下象限（H-L）	县（市）自身城镇化发展水平较高，而周边县（市）较低，空间差异程度较大	$I_i < 0$，$Z_i > 0$

3. 空间变差函数

空间变差函数也称半变异函数，是一个关于数据点的半变异值与数据点间距离的函数，是描述区域化变量随机性、结构性的重要手段。假设 $Z(x_i)$ 和 $Z(x_i + h)$ 分别是 $Z(x)$ 在空间位置 x_i 和 $x_i + h$ 上的观测值（$i = 1, 2, \cdots, N(h)$），计算公式可表示为（靳诚，2009）：

$$\gamma(h) = \frac{1}{2N(h)} \sum_{i=1}^{n} [Z(x_i) - Z(x_i + h)]^2$$

理论上，空间变差函数是一定滞后变量 h 的变差函数值 $\gamma(h)$ 与该变量 h 的对应图 (如图 5-23 所示)。

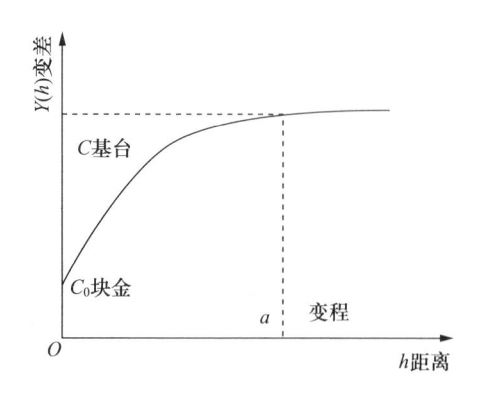

图 5-23 空间变差函数理论方差

式中，C_0 为块金值；C 为结构方程；$C+C_0$ 为基台值；a 为变程；分维数 D 表示变异函数曲率，由 $2y(h)=h^{(4-2D)}$ 来计算得到，理论上分维数 D 值越接近 2，表明县域城镇化发展空间分布相对越均衡。

二 县域城镇化全局关联格局

全局空间自相关分析是对 1978—2014 年研究期间安徽县域城镇化在整个区域空间特征的总体描述，可以衡量出 1978 年改革开放以来安徽各县（市）单元间整体空间关联及其差异程度特征。鉴于此，本书采用 Global Moran's I 指数来分析 1978 年改革开放以来安徽县域城镇化发展总体全局空间自相关格局的分异规律。基于 GeaDA095 分析软件平台，根据构建的安徽省各县（市）之间的空间邻接关系，结合 Queen 空间权重方法来确定基于邻接的空间权重值，并根据全局 Moran 指数理论公式测算出 1978—2014 年研究期间安徽县域城镇化 Global Moran's I 估算值。通过 Z 统计量检验，1978—2014 年研究期间安徽县域城镇化 Global Moran's I 指数均在 0.1% 的显著水平上呈现出正的空间自相关性特征，也就是表明 1978 年以来安徽县域城镇化发展水平高值县（市）单元与低值县（市）单元都在空间上呈现出了一定的地域空间聚集特征；总体上表现为：1978—2014 年安徽县域城镇化发展高水平县（市）与高水平县（市）空间相近邻，而县域城镇化发展低水平县（市）与低水平县（市）空间相互近邻。因此，1978年转型期以来安徽县域城镇化高（低）空间集聚分布格局充分验证了Tobler地理学第一定律基本内容。

另外，1978—2014年研究期间安徽县域城镇化水平的Global Moran's I值呈现出不断提升态势，数值上Global Moran's I从1978年的0.2034，到1990年的0.3874，进而到2002年的0.5024，最后到2014年Global Moran's I值达到最高值0.6528，近36年安徽县域城镇化Global Moran's I值总体上升了0.4494，研究期间增幅达到了68.84%，这也就充分说明了1978年转型期以来安徽县域城镇化全局空间自相关显著性不断增强，安徽县域城镇化空间自相关分布集聚态势日益凸显，安徽县域城镇化空间格局变化在全局上表现出相对平稳性基本特征。与此同时，1978—2014年研究期间安徽县域城镇化Global Moran's I指数的观测值和期望值变化不大，检验均较为显著，这也就进一步印证了1978年转型期以来安徽县域城镇化空间分异格局呈现出相对稳定的分布规律（如表5-18所示）。

表5-18　1978—2014年安徽县域城镇化Global Moran's I指数

年份	Global Moran's I	$E(I)$	$Z(I)$	$P(I)$
1978	0.2034	-0.1435	1.235	0.001
1982	0.2453	-0.1435	1.386	0.001
1986	0.3129	-0.1435	1.553	0.001
1990	0.3874	-0.1435	1.729	0.001
1994	0.4427	-0.1435	1.832	0.001
1998	0.4883	-0.1435	2.021	0.001
2002	0.5024	-0.1435	2.284	0.001
2006	0.5791	-0.1435	2.369	0.001
2010	0.6114	-0.1435	2.467	0.001
2014	0.6528	-0.1435	2.618	0.001

三　县域城镇化集聚格局演化

Global Moran's I值只是总体上分析了1978年转型期以来安徽县

域城镇化全局空间自相关的基本态势,仅从全局上分析安徽县域城镇化是否存在空间自相关特征,无法有效地揭示研究期间安徽县域城镇化局部存在空间关联类型及其分布基本模式;因此,转型期安徽县域城镇化空间格局研究除了要了解全局上的自相关演变基本特征外,还有待进一步挖掘研究期间内安徽县域城镇化发展局部集聚格局分异规律。鉴于此,本书为了更清楚地明晰1978—2014年研究期间安徽县域城镇化局部空间集聚格局及集聚高(低)值分布演变基本情况,有针对性地对转型期以来安徽县域城镇化发展局部集聚分异特征进行深入探究,这一部分本书主要通过局域G^*指数、Moran散点图及LISA集聚图等进行具体的论证。

(一) 局域G^*指数演变

基于局域G^*指数理论测算公式,通过GeaDA095软件计算得到1978—2014年研究期间安徽县域城镇化局域G^*指数值(如图5-24所示),并对1978年改革开放以来安徽县域城镇化局域G^*指数演变特征进行具体描述。通过图5-24可知:1978年安徽县域城镇化局域G^*指数为0.3113,到1990年局域G^*指数达到0.3764;到2002年县域城镇化局域G^*指数为0.4423;另外,经过12年发展,2014年安徽县域城镇化局域G^*指数达到0.5623,总体上1978—2014年研究期间安徽县域城镇化局域G^*指数呈现出上升的趋势,上升幅度达到0.251;通过局域G^*指数的时序变化分析,进一步论证了安徽县域城

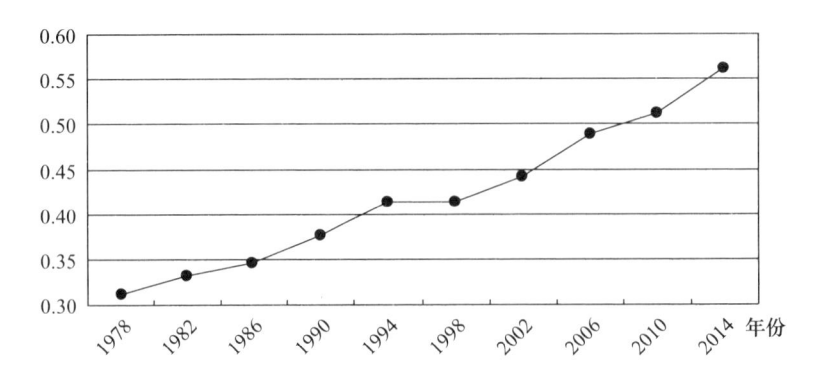

图5-24 1978—2014年县域城镇化局域G^*指数演变趋势

镇化局部空间集聚的程度不断强化的态势，表明了1978年转型期以来县域城镇化局部空间自相关性特征呈现出日益显著规律。

同时，基于 ArcGIS10.2 软件空间统计模块（Spatial Statistics Tools）计算出1978—2014年研究期间安徽各县（市）单元的城镇化局域 G^* 指数，运用 Jenks 断裂点法将局域 G^* 指数数值由低到高划分为四类：ⅰ热点区、ⅱ次热区、ⅲ次冷区、ⅳ冷点区，基于局域 G^* 指数四大类型的基本划分，并绘制出1978—2014年安徽县域城镇化空间格局热点区演变图（如图5-25所示）。通过图5-25可发现：

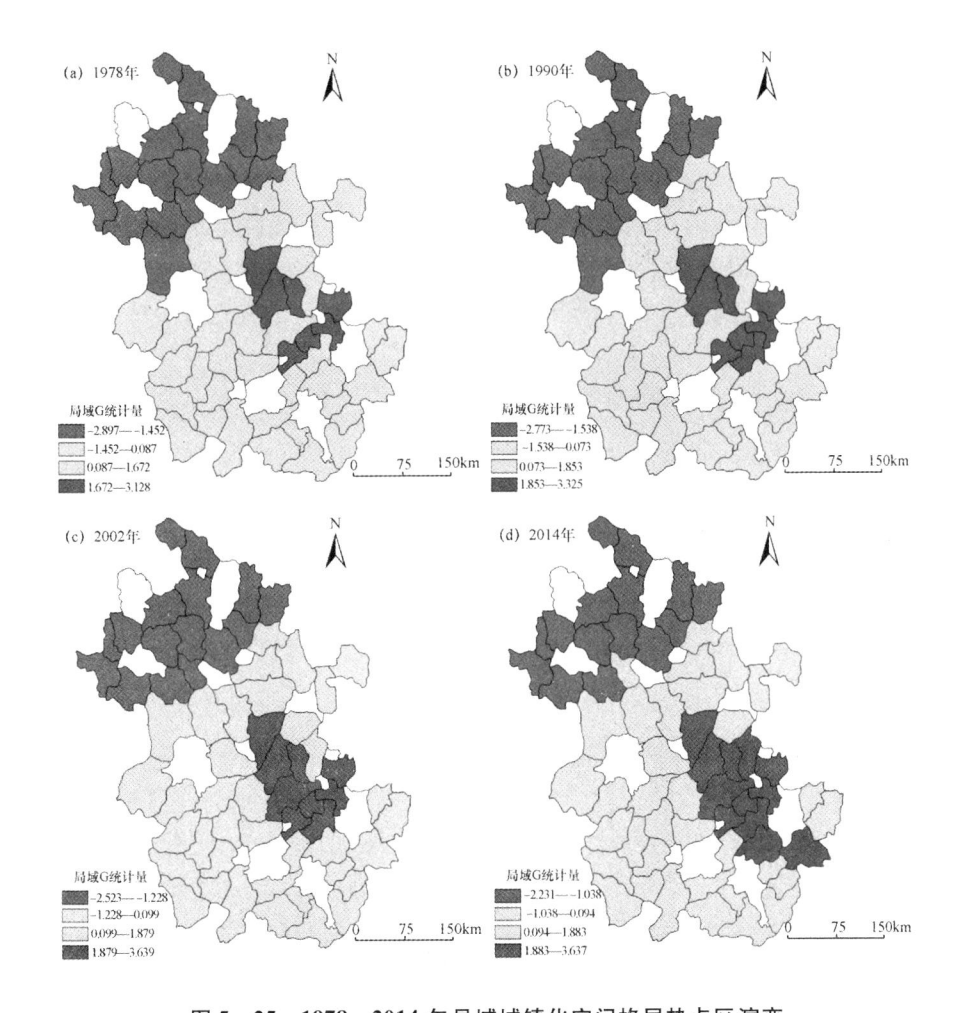

图5-25　1978—2014年县域城镇化空间格局热点区演变

(1）从整体上看，自1978年转型期来，安徽县域城镇化空间分异格局总体上保持着相对连续性特征。安徽县域城镇化"热点区"空间格局上，县域城镇化热点区主要集聚在安徽沿江地区的芜湖县、铜陵县、当涂县、巢湖市及肥东县等县（市），总体而言皖江地区经济发展基础较好，交通网络较为发达，积极主动地承接长三角产业转移，并在国家、地方倾向性政策指引下发展迅猛，其地区县域城镇化水平也相对较高，更多表现出县域城镇化"热点"空间分布集聚。1978年以来近36年间，安徽县域城镇化"热点区"空间分布格局未出现大的调整。

（2）县域城镇化"热点区"空间分布格局稳定的前提下，1978—2014年安徽县域城镇化各种类型数量也在发生一定程度变化。安徽县域城镇化"热点区"数量表现出增加趋势，"热点区"比重值由1978年的11.29%增加到2014年的19.35%；而安徽县域城镇化"冷点区"数量却表现出下降趋势，总体上"冷点区"比重由1978年的29.03%下降到2014年的24.66%，但其下降幅度相对较小。因此，1978年转型期以来安徽县域城镇化热点及其冷点区的县（市）数量变动情况，也在一定程度上说明了1978—2014年安徽县域城镇化"热点区""冷点区"呈现出不断演化的空间分异特征。自1978年转型期以来，安徽县域城镇化发展空间集聚态势不断增强，县域城镇化内部差异有所减小，但安徽皖南、皖中及皖北三大地区间县域城镇化发展的空间分异仍相对较为显著。

（3）1978—2014年研究期间县域城镇化4种类型未发生空间格局变动的县（市）单元共38个，占到总数61.29%，这就表明1978年转型期以来，安徽仍有较多县（市）仍保持原先空间分布格局态势。安徽县域城镇化"冷点区"上，1978—2014年一直处于县域城镇化"冷点区"的共有15个县（市），分别为临泉县、阜南县、太和县、萧县、砀山县、蒙城县、涡阳县、利辛县等县（市），空间分布在"阜阳—亳州—宿州"经济欠发达地区；安徽县域城镇化"热点区"上，1978—2014年一直处于"热点区"的县（市）共有7个，分别为巢湖市、肥东县、含山县、当涂县、芜湖县、繁昌县、铜陵县等，空间分布上主要集聚在安徽沿江经济较发达地区。因此，分析进一步印证1978年转型期以来安徽县域城镇化"热点""冷点"类型地域空间分布上呈现出了相对稳定分异态势。

（4）从县域城镇化"热点区"空间结构演化上看，1978—2002年安徽县域城镇化热点区主要以"合肥—芜湖—马鞍山"为核心的圈层分布结构；2002年之后，安徽县域城镇化"热点区"开始呈现出有所增加趋势，逐渐向宣城、铜陵等地县（市）不断空间演化，表明1978年转型期以来安徽县域城镇化"热点区"结构呈现出显著的空间集聚演化态势，这主要归结于受自然环境、原先发展基础、综合交通区位等因素的影响，导致安徽县域城镇化发展存在显著空间差异。总体上，安徽皖江地区受资源禀赋、区位及政策倾斜等因素驱动，其县域城镇化发展水平相对较高，形成连片的县域城镇化的"热点"地域分布格局；另外，伴随着1978年改革开放以来安徽县域城镇化发展之间差距进一步拉大，转型期间安徽县域城镇化"热点区"空间集聚态势将会进一步得到增强。

（二）县域城镇化Moran散点图

将各个县（市）城镇化分析变量Z与县域城镇化空间滞后向量W_z的关系，以Moran散点图的空间形式进行可视化表达，从而构成了1978年转型期以来县（市）城镇化Moran空间散点图，对应着转型期县域城镇化发展4种不同空间分异类型。根据以上基本理论原理，基于GeoDa095分析软件平台，制作出1978—2014年研究期间县域城镇化Moran散点图（如图5-26所示）。

通过1978—2014年研究期间县域城镇化Moran散点图可以发现：①1978年转型期以来，安徽县域城镇化波动比空间滞后量的波动大，尤其当安徽县域城镇化水平为较高值时，空间滞后量却相对较低；而安徽县域城镇化水平为低值时，空间滞后向量却相对较高，因此表现出了相异的对应关系特征。转型期，安徽县域城镇化水平处于0.7—1.0范围内体现出显著离群空间分布格局状态；1978年转型期以来安徽县域城镇化Moran散点主要空间集中在一、三空间象限，这也就说明了1978—2014年研究期间安徽县域城镇化发展水平强（弱）的相对

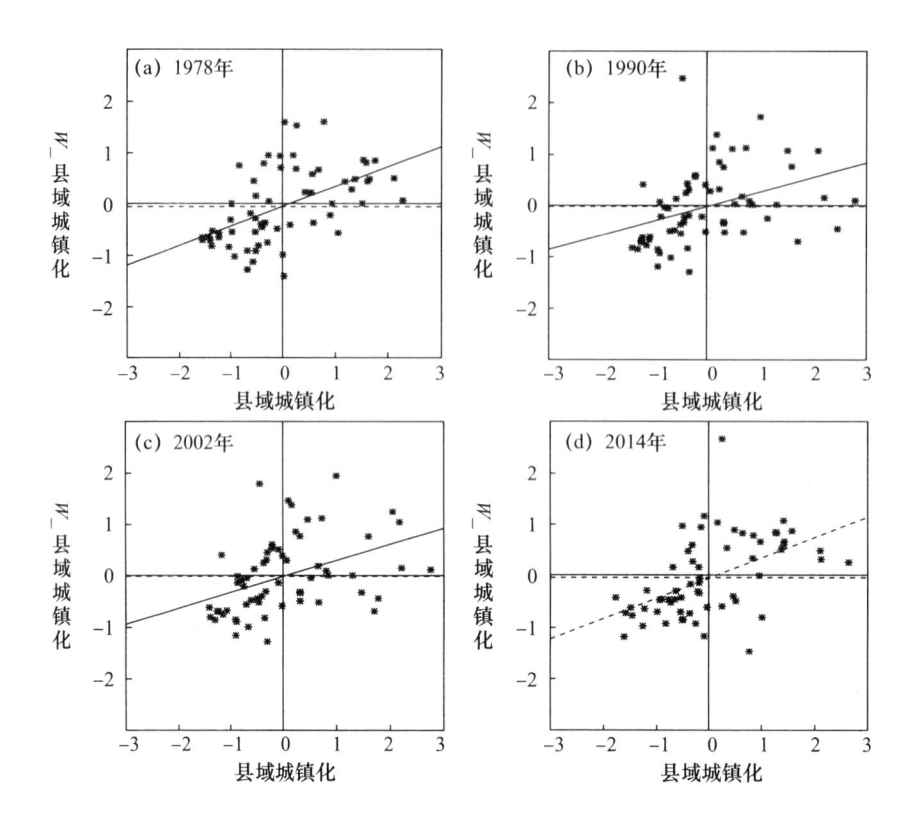

图 5-26　1978—2014 年安徽县域城镇化 Moran 散点图

趋向于与县域城镇化发展水平强（弱）的县（市）空间相毗邻，安徽县域城镇化呈现出自相关的集聚空间分布态势。②安徽县域城镇化水平由低向高递增时，其空间滞后向量 W 逐渐减小，并且空间滞后向量增减幅度大于安徽县域城镇化水平本身，表明了 1978 年转型期以来安徽县域城镇化总体空间差异程度相对较大，并进一步印证了安徽县域城镇化发展空间总体呈现出集聚式分布趋势，这也与 1978 年转型期以来局域 G^* 指数估算值结论基本上保持相对一致。

（三）县域城镇化 LISA 集聚演化

采用 LISA 指标来探测 1978 年转型期以来安徽各县（市）城镇化与周边县（市）城镇化空间格局分异程度。基于 GeoDa095 软件平台，计算出 1978—2014 年研究期间安徽县域城镇化局部 LISA 值，并且在

$p \leq 0.05$ 的基础上,绘制出 1978—2014 年安徽县域城镇化 LISA 集聚分布图(如图 5-27 所示)。通过图 5-27 可看出:

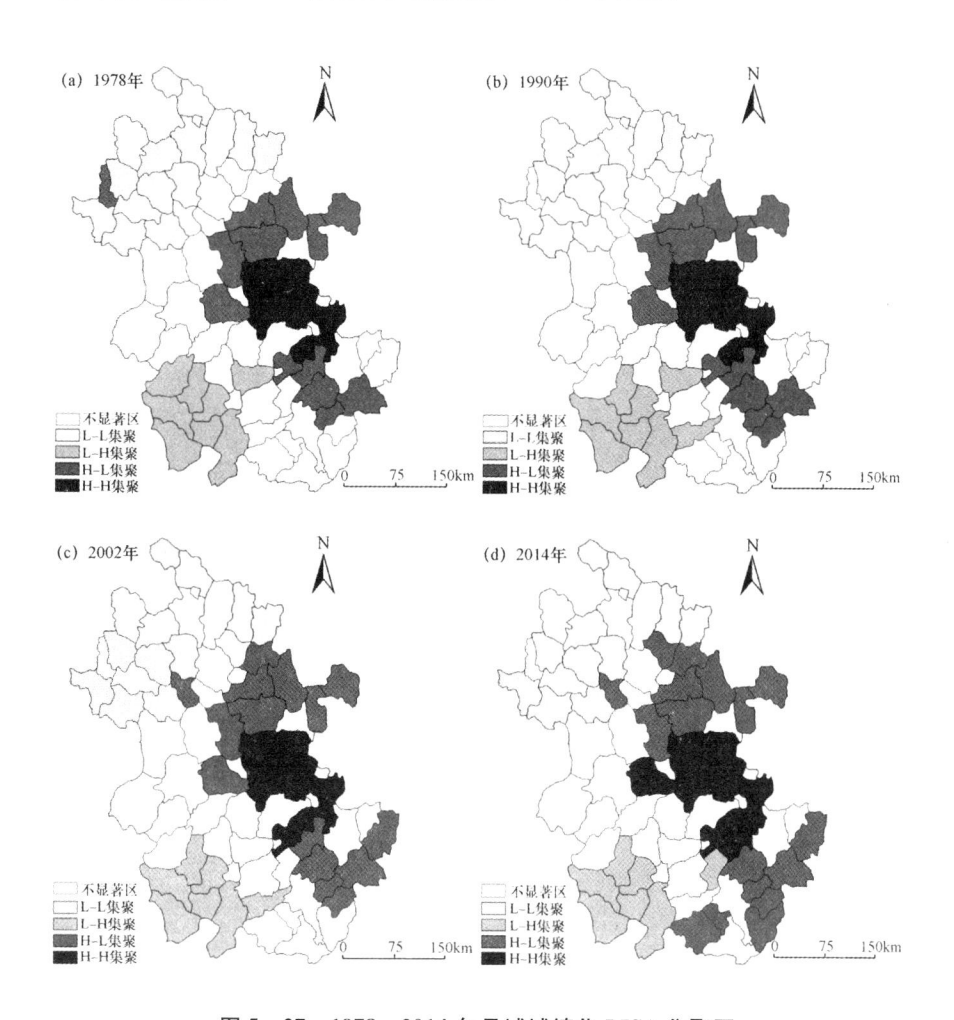

图 5-27 1978—2014 年县域城镇化 LISA 集聚图

(1) H-H 集聚。1978 年县域城镇化 H-H 集聚主要包括肥东县、全椒县、巢湖市、含山县、和县、当涂县、芜湖县、繁昌县;1990 年保持着稳定的 H-H 集聚分布未发生调整;2002 年铜陵县从 H-L 集聚型演化成 H-H 集聚型;到 2014 年肥西县、南陵县进一步从 H-L 集聚型演变为 H-H 集聚型。总体上来看,1978—2014 年研究期间安徽县域城镇化 H-H 集聚区主要分布在"合肥—芜湖—马鞍山"核心区,这一地区资源禀赋优、发展基础好及交通网络发达,在国家及省政府大力支持下,地区经济社会及城镇化得到持续发展,县域城镇化水平在全省处于相对领先地位,地理空间近邻易形成县域城镇化高值集聚分布态势。总体上,转型期安徽县域城镇化 H-H 集聚型县(市)数量相对较少,并且呈现出逐渐向铜陵县(市)空间演化趋势。总而言之,自 1978 年转型期以来,安徽县域城镇化 H-H 集聚分布的现象均较为显著,构成了转型期稳定的"合—芜—马"县域城镇化高值集聚空间分布区。

(2) H-L 集聚。1978 年位于该集聚区县域单元包括:界首市、肥西县、长丰县、定远县、凤阳县、明光市、来安县、天长市、铜陵县、南陵县、泾县、旌德县及宁国市等县(市),总体 H-L 集聚型县(市)相对较多;1990 年界首市演化成不显著区域,绩溪县从不显著区演变成 H-L 集聚型;2002 年铜陵县从 H-L 集聚型演变成 H-H 集聚型,凤台县、五河县、广德县从不显著型变化成县域城镇化的 H-L 集聚型;到 2014 年固镇县、祁门县、黟县成为 H-L 集聚型县(市)。总体上看,1978—2014 年间安徽县域城镇化 H-L 集聚区主要分布在皖中地区滁州的县(市),以及皖南地区宣城、黄山县(市),这些地区县(市)城镇化发展水平相对较高,空间邻近地理分布,并且与其临近的县(市)单元城镇化水平较低,从而在空间上形成这种 H-L 集聚县域城镇化分布态势。1978 年转型期以来县域城镇化 H-L 集聚在空间上保持稳定,并没有发生较显著的变动及转换。

(3) L-H 集聚。1978 年分布在 L-H 类型集聚区县域单元有:枞阳县、岳西县、宿松县、潜山县、望江县、太湖县、怀宁县、东至县等县(市);1990 年石台县从不显著型演变成 L-H 型,而岳西县从 L-H 型演化为不显著区;2002 年枞阳县进一步又从 L-H 型演变为不显著区;到 2014 年青阳县演化为 L-H 集聚型,而石台县变成了不显著区。总体上看,1978—2014 年间安徽县域城镇化 L-H 集聚类型区主要分布在皖西地区六安、安庆等地县(市),这一类型区的县域城镇化发展水平整体相对较低,从空间上在其周围分布着的正是合肥、芜湖等地县域城镇化发展水平的县（市），县域城镇化发展水平差异对比明显，进一步形成显著的空间分异，从而导致1978年转型期以来形成较稳定的县域城镇化L-H空间分布集聚区。

（4）L-L集聚。1978年安徽县域城镇化L-L集聚型单元主要有临泉县、阜南县、颍上县、太和县、利辛县、涡阳县、蒙城县、濉溪县、砀山县、萧县、灵璧县、泗县及凤台县；1990年凤台县从L-L集聚型演化为不显著区；2002年濉溪县也从L-L集聚型演变成不显著区之列。到2014年基本形成了稳定的县域城镇化的L-L集聚分异格局。总体上来看，1978—2014年安徽县域城镇化L-L集聚型主要分布在皖北地区"阜阳—亳州—宿州"的县（市）单元，皖北地区一直以来经济社会发展水平较低，其县域城镇化推进速度相对缓慢，长期缓慢发展的累积，通过循环因果效应导致与合肥、芜湖等地县（市）城镇化发展水平差距日趋拉大；同时，皖北地区县（市）单元在空间上地域相邻，这也就造成了皖北地区形成安徽县域城镇化低值集聚的"塌陷区"，并且1978年转型期以来县域城镇化发展的这种"阜—亳—宿"低值塌陷的分布集聚格局长期保持着稳定演化态势。

通过1978—2014年研究期间县域城镇化LISA集聚分异及其演化结果综合来看：总体上，1978年转型期以来县域城镇化发展4种类型集聚分布空间格局演化过程相对较为稳定，县域城镇化LISA集聚分异格局仅在数量上出现了较微小的调整变动，而总体空间集聚分异格局上置换基本维持平稳演化态势，这为从空间集聚视角上有效解析转型期县域城镇化发展演变的规律；同时，转型期县域城镇化发展空间集聚特征的呈现也进一步有效地印证了Tobler地理学"第一定律"，以及为如何优化调控县域城镇化发展提供重要启示及切入视角。

四 县域城镇化异质格局演化

本书结合空间变差函数进一步探讨1978年以来安徽县域城镇化空间格局演化的异质性特征。基于1978—2014年间安徽各县（市）城镇化发展水平测算值，并赋在安徽省各县（市）地理中心上，采用高斯、指数及对数等不同模型拟合1978—2014年研究期间安徽县域城镇化发展的空间变差函数，选择出研究期间不同时间断面上的拟合效果最好的模型（如表 5-19 所示），进行 Kriging 空间插值，最后模拟生成转型期以来安徽县域城镇化 3D 空间分布图（如图 5-28 所示）。

表 5-19　1978—2014 年安徽县域城镇化变差函数拟合参数

年份	a	C_0	$C_0 + C$	$C_0/(C_0+C)$	Model	R^2
1978	827634	0.0586	0.0353	1.6601	Gaussian	0.828
1982	810026	0.0552	0.0355	1.5549	Gaussian	0.829
1986	782365	0.0538	0.0368	1.4619	Gaussian	0.835
1990	779623	0.0512	0.0377	1.3581	Gaussian	0.852
1994	752851	0.0499	0.0389	1.2827	Gaussian	0.849
1998	729873	0.0472	0.0396	1.1919	Gaussian	0.877
2002	730214	0.0455	0.0412	1.0781	Gaussian	0.889
2006	719129	0.0423	0.0429	0.9860	Gaussian	0.903
2010	703792	0.0379	0.0438	0.8652	Gaussian	0.908
2014	682943	0.0355	0.0443	0.8013	Gaussian	0.915

（1）通过 C_0+C、$C_0/(C_0+C)$ 指标可看出，自 1978 年以来，安徽县域城镇化发展的空间差异不断增大。其中，1978 年的 C_0+C 值为 0.0353，到 1990 年、2002 年分别达到 0.0377、0.0412，最后到 2014 年 C_0+C 值达到了 0.0443，表现出了直线上升趋势；而 $C_0/(C_0+C)$ 总体上呈现出持续下降的演化趋势，由 1978 年的 1.6601 一直降低到 2014 年的 0.8013，这充分表明了 1978—2014 年研究期间安徽县域城镇化发展格局分异演化由空间自相关引起的显著程度在加剧。

（2）通过变程 a 指标可以看出，1978—2014 年研究期间安徽县域城镇化变程 a 总体表现出一定的下降态势，具体数据上从 1978 年的 827634，降低到 1990 年、2002 年的 779623、730214，到 2014 年 a 仅仅为 682943。这就充分表明了：1978 年转型期以来，安徽县域城镇化空间格局演变主要以向"热点区"不断集中为主要发展态势，安徽县域城镇化发展表现出显著的空间集聚分异特征。

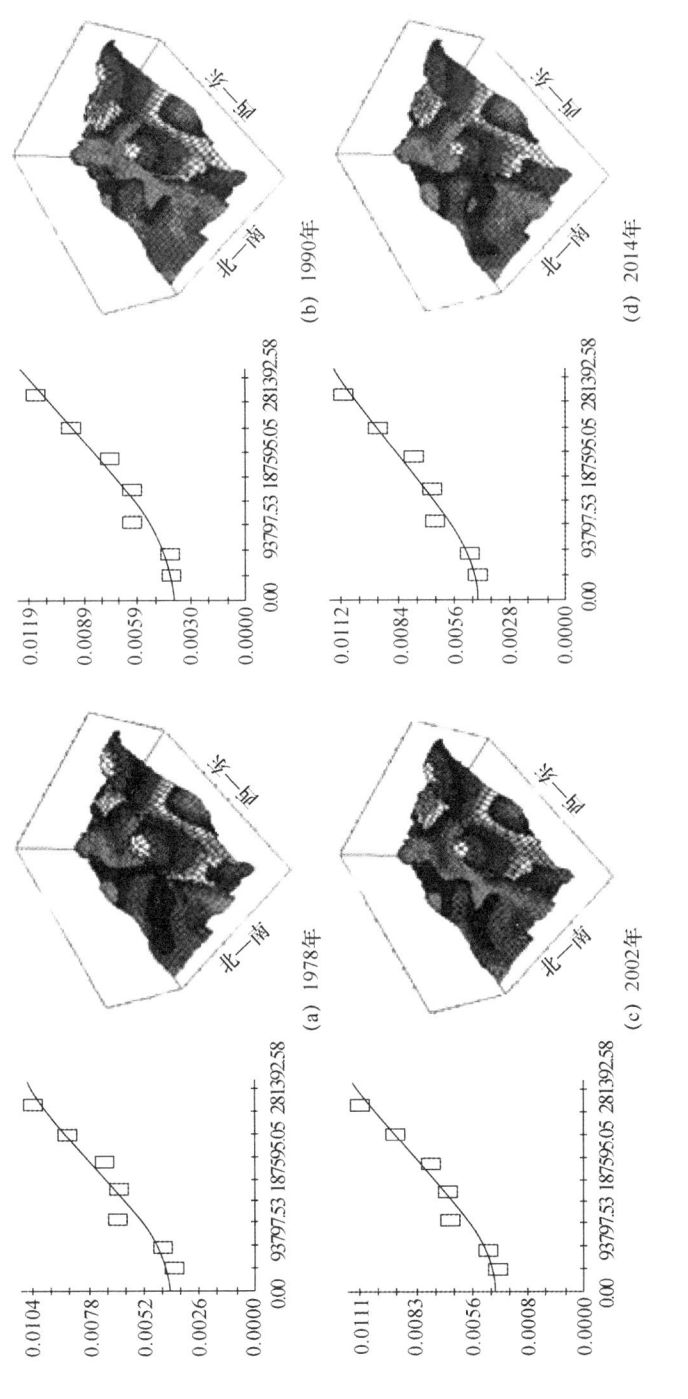

图 5-28 1978—2014 年县域城镇化空间变差函数演化

（3）通过拟合选用模型可以看出，1978—2014年研究期间，运用最小二乘法选择的空间拟合模型均为Gaussian模型，这就表明了：1978年转型期以来安徽县域城镇化空间格局演化相对稳定。总体上，决定系数R^2从1978年的0.828，上升到2002年的0.889，最后到2014年达到了0.915，这也就充分说明了1978—2014年研究期间安徽县域城镇化发展的空间自组织性在增强，这与ESDA空间关联指数分析的结果保持高度一致。

（4）通过分维数D可以看出，1978—2014年研究期间在东北—西南方向上的安徽县域城镇化分维数D值相对较高；反之亦然。这就表明了：1978年转型期以来，安徽县域城镇化东北—西南方向上空间分布的均质性相对较好，但安徽县域城镇化发展在东南—西北方向上空间差异却相对较大（如表5-20所示）。这一结论的得出也就在一定程度上印证了1978年转型期以来安徽县域城镇化发展呈现"南北分异"显著空间分异格局的基本特征。

表5-20　　1978—2014年安徽县域城镇化变差函数分维数

年份	全方向 D	R^2	南—北 D	R^2	东北—西南 D	R^2	东—西 D	R^2	东南—西北 D	R^2
1978	1.232	0.687	1.409	0.698	1.512	0.755	1.023	0.489	1.223	0.523
1982	1.246	0.689	1.411	0.672	1.518	0.759	1.028	0.483	1.229	0.525
1986	1.238	0.702	1.423	0.675	1.526	0.762	1.033	0.492	1.305	0.533
1990	1.249	0.709	1.436	0.681	1.534	0.766	1.035	0.497	1.319	0.539
1994	1.255	0.718	1.433	0.688	1.539	0.765	1.043	0.505	1.315	0.548
1998	1.261	0.714	1.447	0.692	1.544	0.772	1.049	0.523	1.328	0.545
2002	1.278	0.722	1.462	0.695	1.552	0.778	1.045	0.511	1.332	0.558
2006	1.285	0.743	1.469	0.703	1.569	0.784	1.056	0.529	1.337	0.563
2010	1.299	0.748	1.475	0.708	1.565	0.788	1.059	0.533	1.345	0.569
2014	1.306	0.752	1.482	0.705	1.572	0.786	1.066	0.548	1.349	0.565

（5）通过3D拟合图可以看出，1978—2014年研究期间安徽县域城镇化空间结构具有稳定性。这种结构主要突出表现为：1978—2014

年研究期间安徽县域城镇化发展东—南方向表现出"峰形"空间结构,而西—北方向上呈现出"平原"空间结构。总体上来看,转型期以来安徽县域城镇化空间分布"南—北"地域差异还仍较为显著,说明了1978年以来安徽县域城镇化发展呈现出空间发展不均衡性。另外,对比1978—2014年研究期间不同时间断面上的3D空间分布图来看,1978—2014年研究期间安徽县域城镇化发展东—南方向上"峰形"结构高度整体上以上升为主要趋势,且越靠近东—南方向,其县域城镇化发展水平提升速度则相对地越快,这就进一步表明了:转型期以来安徽皖南、皖中及皖北三大地区间县域城镇化发展的空间结构性差异仍表现出十分显著的基本特征。

第五节 县域城镇化重心格局演变

国外经济学家沃尔克(1874)利用物理学上的"重心"概念最早对美国经济发展问题进行深入实证研究,揭示美国经济重心格局演变特征。20世纪80年代初,国内人文地理学家樊杰最早通过"重心"概念模型探讨了我国乡镇工业重心格局演变基本特征。另外,还有学者分析了中国人口、经济及消费等重心格局的演变历程(徐建华,2001;乔家君,2005)。进入21世纪以后,"重心"概念在我国人文经济地理学相关的研究领域得到了较广泛的实践应用。

本书试图将物理学上的"重心"概念引入县域城镇化发展研究之中,其县域城镇化重心概念本质上是指县域城镇化现象空间分布均衡状况,县域城镇化重心反映了城镇化发展合理化程度在县域空间上的分布状态,转型期间县域城镇化重心变迁实质上反映了县域城镇化发展合理化程度空间分布中心的转移基本特征。鉴于此,本书试图构建出县域城镇化重心理论模型,从重心格局演变视角来进一步地分析1978—2014年研究期间安徽县域城镇空间格局变化特征,揭示转型期县域城镇化重心格局演变及空间分异规律。

一 县域城镇化重心测算理论模型

（一）县域城镇化重心理论公式

"重心"概念最早起源于物理学，是指在空间上存在某一点，在该点前后左右各方向上的力量对比保持相对均衡的状态（廉晓梅，2007）。借鉴这一基本原理，将重心作为研究地理现象空间变化的分析工具，从而引入县域城镇化重心概念之中，构建出县域城镇化重心理论模式（如图5-29所示）。假设一个地区由n个县（市）单元组成，其中第i个县（市）单元中心地理坐标为(x_i, y_i)，M_i为该县（市）单元城镇化水平的属性值，理论公式如下：

$$\bar{x} = \sum_{i=1}^{n} M_i x_i / \sum_{i=1}^{n} M_i$$

$$\bar{y} = \sum_{i=1}^{n} M_i y_i / \sum_{i=1}^{n} M_i$$

式中，$\bar{x}$、$\bar{y}$为县（市）单元城镇化重心坐标；x_i、y_i为各县（市）单元地理经纬度坐标；M_i为各县（市）单元城镇化发展水平。

（二）县域城镇化重心空间移动方向

县域城镇化重心空间移动方向主要指示引起空间结构均衡改变的板块，可判断出引起均衡变化空间主体分布，指明了空间结构演变的基本方向。鉴于县域城镇化重心存在时间演化特征，可进一步考量不同时期县域城镇化重心的变化方向及移动距离。理论公式如下（廉晓梅，2007）：

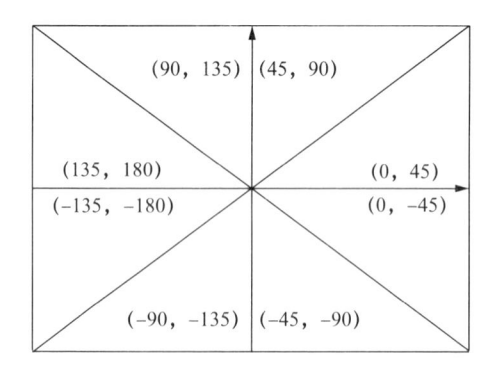

图5-29 重心移动方向坐标系

$$\theta_{i-j} = \frac{n\pi}{2} + arctg(\frac{y_i - y_j}{x_i - x_j})(n = 0, 1, 2)$$

式中，θ为重心移动的角度（-180°＜θ＜180°），规定正东方向为0°，逆时针旋转为正，顺时针旋转为负。

式中，第一象限：重心向东北方向移动时，0°＜θ＜90°；第二象限：重心向西北方向移动时，90°＜θ＜180°；第三象限：重心向西南方向移动时，-180°＜θ＜-90°；第四象限：重心向东南方向移动时，-90°＜θ＜0°。

（三）县域城镇化重心空间移动距离

县域城镇化重心空间移动距离是指某县（市）某年份城镇化重心与随后年份的县（市）城镇化重心之间直线距离D，主要反映了研究期间县域城镇化空间结构均衡变化的幅度大小。理论公式如下（廉晓梅，2007）：

$$D_{ij} = R \times \sqrt{(y_i - y_j)^2 + (x_i - x_j)^2}$$

式中，D_{ij}为重心移动距离；R为地理坐标单位转化为平面距离（km）系数，一般取$R = 111.111$；县域城镇化重心从i时期到j时期在经度和纬度上移动的实际距离则分别为$R \times (x_i - x_j)$、$R \times (x_i - x_j)$。

（四）县域城镇化标准差椭圆

标准差椭圆主要用于分析点集中与离散分布趋势，它主要是通过转角θ、主半轴长、辅半轴长来反映（赵媛，2012），理论公式如下：

$$x_i^* = x_i - x_m; y_i^* = y_i - y_m$$

$$\tan\theta = \frac{[\sum_{i=1}^{n} u_i^2 x_i^{*2} - \sum_{i=1}^{n} u_i^2 y_i^{*2}] + \sqrt{[\sum_{i=1}^{n} u_i^2 x_i^{*2} - \sum_{i=1}^{n} w_i^2 y_i^{*2}]^2 + 4[\sum_{i=1}^{n} u_i^2 x_i^{*2} y_i^{*2}]^2}}{2\sum_{i=1}^{n} u_i^2 x_i^* y_i^*}$$

$$\alpha_x = \sqrt{\frac{\sum_{i=1}^{n}(u_i x_i^* \cos\theta - u_i y_i^* \sin\theta)^2}{\sum_{i=1}^{n} u_i^2}}; \beta_x = \sqrt{\frac{\sum_{i=1}^{n}(u_i x_i^* \sin\theta - u_i y_i^* \cos\theta)^2}{\sum_{i=1}^{n} u_i^2}}$$

式中，x_i^1和y_i^1分别为各节点坐标与集合重心坐标在X轴和Y轴上的相对距离；δ_x和δ_y分别为各要素坐标X轴方向和Y轴方向上标准差。本书通过标准椭圆差分析 1978 年转型期以来县域城镇化空间格局演化的基本特征。

二 县域城镇化重心区位及移动趋势

本书以安徽省 62 个县（市）为基本统计空间尺度，根据构建的县域城镇化重心测算理论模型，计算出 1978—2014 年间安徽各县（市）城镇化重心点坐标。为进一步解读 1978 年转型期以来安徽县域城镇化重心格局空间移动趋势，基于 Excel 分析软件，绘制出 1978—2014 年研究期间安徽县域城镇化重心经纬度的平滑线散点图（如图 5-30 所示）；同时，利用 ArcGIS10.2 软件分析平台，输出 1978—2014 年研究期间安徽县域城镇化重心变化分布图及县域城镇化重心主要落入区移动局部轨迹图（如图 5-31 所示）。本书试图通过重心总体变化、差异及经纬度上演变等方面内容，并结合标准椭圆差模型来揭示 1978 年改革开放以来安徽县域城镇化重心格局的区位特征及其空间移动趋势基本规律。

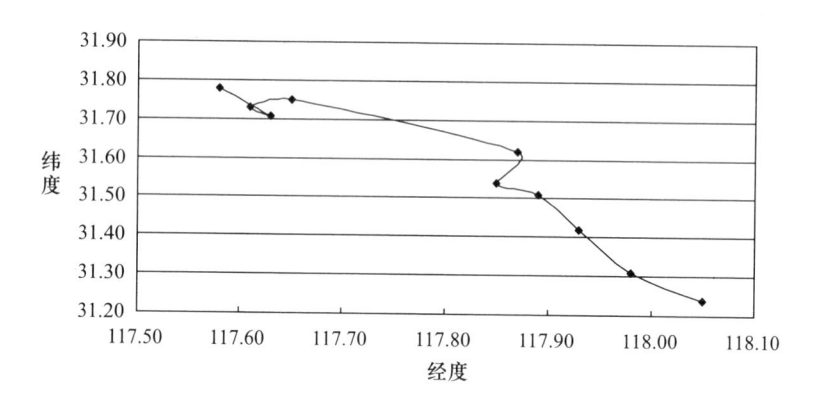

图 5-30　1978—2014 年县域城镇化重心演变轨迹

（1）从总体上看，1978—2014 年研究期间安徽县域城镇化重心一直位于东经 117°58′—118°05′和北纬 31°78′—31°24′范围区间变化波动，在空间地域上主要分布在合肥的巢湖市、肥西县及芜湖市的无为县、繁昌县空间范围之内。

（2）从差异上看，1978—2014 年间安徽县域城镇化重心变动过程具有显著"阶段性"特征,具体表现为:①1978—1990 年间安徽县域城镇化重心位于东经 117°58′—117°65′和北纬 31°78′—31°71′,主要空间分布在肥东县、巢湖市地域内,基本呈现北—南方向分布态势;②1990—2002 年间安徽县域城镇化重心位于东经 117°65′—117°89′和北纬 31°75′—31°51′,主要空间分布在巢湖市地域内,基本呈现西—东方向分布态势;③2002—2014 年间安徽县域城镇化重心位于东经 117°89′—118°05′和北纬 31°51′—31°24′,主要空间分布在芜湖市的无为县、繁昌县地域范围内,呈现出西北—东南方向分布态势。

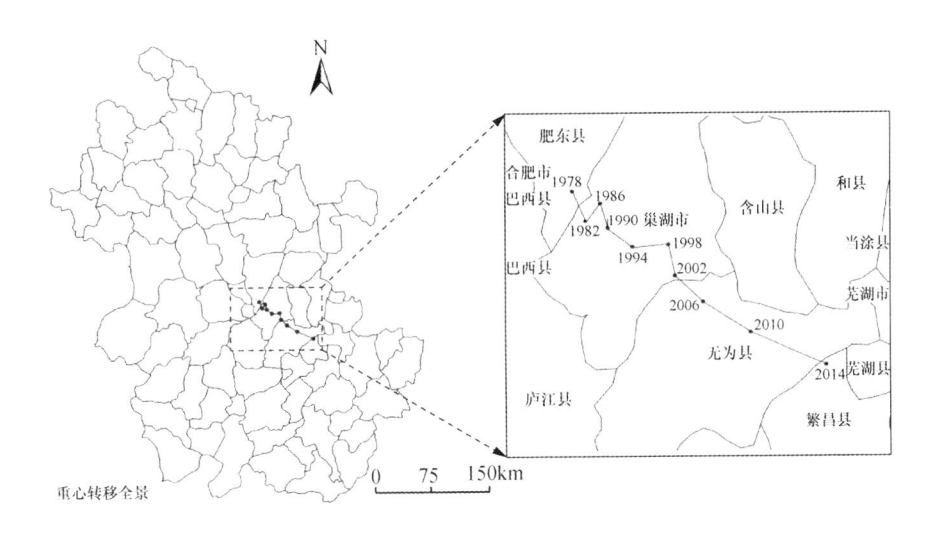

图 5-31 县域城镇化重心变化分布及主要落入区放大图

(3)从经纬度上看,1978 年转型期以来安徽县域城镇化经度移动演化过程表现出"不等速"基本特征(如图 5-32 所示),1978—1990 年安徽县域城镇化经度在 117°58′—117°65′范围波动,主要向东移动;1990—2002 年安徽县域城镇化经度在 117°65′—117°89′范围变化,主要向东移动;2002—2014 年安徽县域城镇化经度在 117°89′—118°05′范围变化,主要也向东移动。另外,转型期安徽县域城镇化纬度移动演化过程也表现出"不等速"基本特征(如图 5-33 所示),1978—1990 年安徽县域城镇化纬度在 31°78′—31°71′范围变化,主要向南移动；1990—2002 年安徽县域城镇化纬度在 31°75′—31°51′范围波动，主要向南移动；2002—2014 年安徽县域城镇化纬度在 31°51′—31°24′范围变化，也主要向南移动。

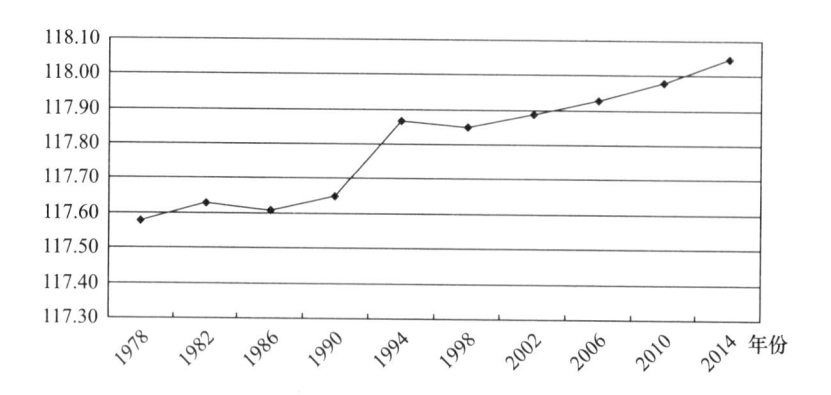

图 5-32　经度方向上县域城镇化重心演变轨迹

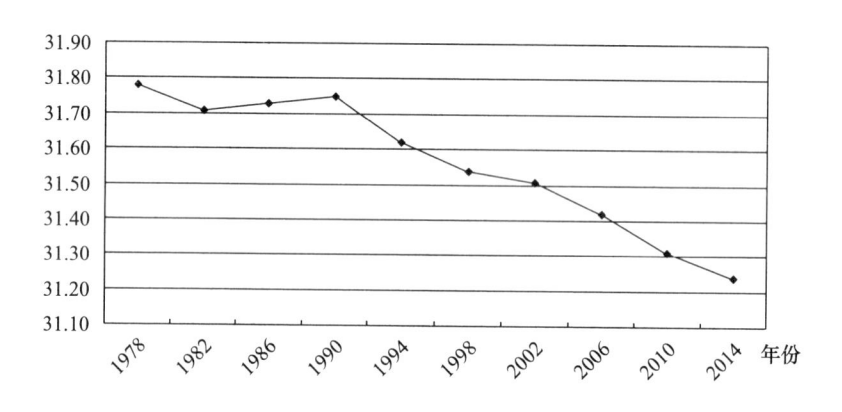

图 5-33　纬度方向上县域城镇化重心演变轨迹

（4）总体而言，与全省县（市）几何中心相比较而言，安徽县域城镇化重心分布相对接近于几何中心，但随着时间不断推移，安徽县域城镇化重心存在逐渐远离地理几何中心演化趋向，这在一定程度上说明了 1978 年转型期以来安徽县域城镇化发展空间不平衡趋势在逐渐加剧。

三 县域城镇化重心移动方向和距离

首先，从转型期安徽县域城镇化重心格局移动方向上来看，1978—2014 年研究期间安徽县域城镇化重心在移动方向上呈现出明显的"第三象限""第四象限"空间分布特性，且顺时针方向只占 25.8%，而逆时针方向则占了 74.2%，这就充分表明了 1978 年改革开放以来，安徽县域城镇化发展重心移动具有一定的规律性，具体表现为：1978—2014 年研究期间安徽县域城镇化重心整体不断向东南方向空间移动的基本演化态势，并且转型期安徽县域城镇化重心格局空间转移趋势相对较为稳定（如表 5-21 所示）。

表 5-21 1978—2014 年安徽县域城镇化重心移动方向和距离

时间段	方向/°	距离/km
1978—1982 年	7.25	10.873
1982—1986 年	18.63	9.552
1986—1990 年	15.57	9.826
1990—1994 年	12.86	11.034
1994—1998 年	13.59	11.359
1998—2002 年	20.71	11.297
2002—2006 年	10.29	11.895
2006—2010 年	9.75	15.091
2010—2014 年	9.89	21.288

其次，从转型期安徽县域城镇化重心移动距离上来看，总体来说 1978—2014 年研究期间安徽县域城镇化重心移动由相对"缓和"走向"剧烈"；同时，1978 年转型期以来安徽县域城镇化重心移动距离也表现出一定"阶段性"规律：①1978—1990 年间，安徽县域城镇化重心共移动距离为 30.251 千米，占总移动距离比重 26.96%，表明这一时期安徽县域城镇化重心演变整体处于相对缓和的状态。②1990—2002 年间，安徽县域城镇化重心移动距离仅为 33.690 千米，

占总移动距离比重30.02%，相对于前一阶段而言，安徽县域城镇化重心移动开始变得剧烈起来。③2002—2014年，安徽县域城镇化重心共移动距离为48.274千米，占总移动距离比重的43.02%，可见这一时期安徽县域城镇化重心演变整体发展又进入一个相对高度竞争阶段，特别是沿江县（市）在政策大力扶持下，以及安徽省作出"推进东向发展、加速融入长三角"重大决策战略，并且皖江地区县（市）依靠区位优势积极承接长三角地区产业转移，促使该地区县（市）城镇化发展进入快速期，1978—2014年转型期以来安徽县域城镇化重心也持续不断地向这一地区空间转移。

四 县域城镇化标准差椭圆分析

结合标准差椭圆进一步分析1978年转型期以来安徽县域城镇化重心空间格局分异特征，基于沿X轴标准差和沿Y轴标准差、转角θ以及重心坐标三大要素，绘制出1978—2014年研究期间安徽县域城镇化标准差椭圆（如图5-34所示）。本书主要从这三大要素层面上分析1978—2014年研究期间安徽县域城镇化重心空间格局演化及其分异规律。

（1）从转型期安徽县域城镇化标准差椭圆分布范围来看，最北端到达蚌埠的固镇县，最西端位于六安金寨县，最南端达到黄山黟县，最东端位于滁州的天长市；因此，标准差椭圆空间范围基本上覆盖了安徽县域经济社会发展较为发达的县（市）单元，这就表明了1978年转型期以来安徽县域城镇化与县域经济发展水平具有相对同步性特征，也进一步验证了安徽县域城镇化重心与县经济发展重心空间上表现出了高度的一致性特征。

（2）转型期安徽县域城镇化转角θ大小变化上，1978年安徽县域城镇化转角θ为12.345°，到2014年转角θ达到了16.937°，总体上1978年转型期以来安徽县域城镇化重心空间分布格局呈现出东南—西北走向转移趋势。其中，安徽县域城镇化转角θ变化呈现出了"阶段性"特征：①1978—1998年，安徽县域城镇化转角θ由12.345°上升到了14.229°，表明这一阶段安徽县域城镇化东南—西北空间分布逐渐得到强化；②1998—2014年，安徽县域城镇化转角θ从

14.229°继续提高到16.937°,这也就表明1978年转型期以来安徽县域城镇化发展东南—西北的空间分布格局强化态势进一步得到显现。

(3)转型期安徽县域城镇化主轴方向上,1978年安徽县域城镇化的主半轴标准差为37.229千米,到2014年下降到了32.718千米,表明1978—2014年研究期间安徽县域城镇化发展的东南—西北格局上出现了空间极化的发展趋势;其中:①1978—1998年研究期间,安徽县域城镇化的主轴标准差由37.229千米下降到了34.869千米,表明这一阶段安徽县域城镇化发展东南—西北空间格局上开始呈现出极化趋势;②1998—2014年研究期间,安徽县域城镇化的主半轴标准差由34.869千米继续下降到32.718千米,表明这一阶段安徽县域城镇化发展在东南—西北空间格局上空间极化的分异态势进一步强化(如表5-22所示)。

表5-22 1978—2014年县域城镇化标准差椭圆的参数变化

年份	转角/°	沿 y 轴标准差/km	沿 x 轴标准差/km
1978	12.345	37.229	20.128
1982	12.014	36.658	20.435
1986	11.935	36.187	21.092
1990	13.832	35.532	20.668
1994	12.368	36.032	20.832
1998	14.129	34.869	21.226
2002	15.343	35.835	22.993
2006	14.947	33.093	21.889
2010	15.890	33.383	22.234
2014	16.937	32.718	23.421

(4)转型期安徽县域城镇化辅轴方向上,1978年安徽县域城镇化辅半轴标准差为20.128千米,到2014年辅半轴标准差达到了23.421千米,表明了1978年改革开放以来安徽县域城镇化发展在西

南—东北方向表现出一定的微弱空间分散态势；其中，①1978—2002年研究期间，安徽县域城镇化辅半轴标准差从 20.128 千米提升到 22.993 千米，说明这一阶段县域城镇化在辅轴方向上开始出现相对分散空间趋势；②2002—2014 年研究期间，安徽县域城镇化辅半轴标准差由 22.993 千米继续上升到 23.421 千米，表明这一阶段县域城镇化发展在辅轴上继续保持着空间分散基本态势。

综上所述，通过标准差椭圆分析模型，深化了 1978—2014 年研究期间安徽县域城镇化重心分布格局及演化分异特征有效解析，从而也进一步佐证了构建的重心理论模型研究得出转型期县域城镇化重心格局演化相关规律的结论。

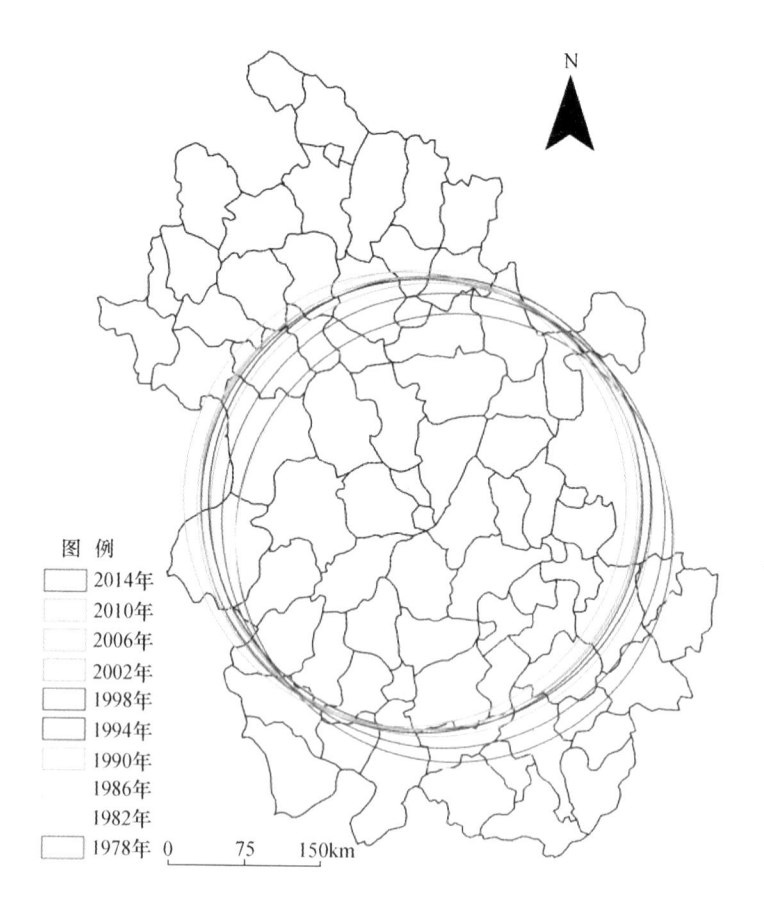

图 5-34 1978—2014 年县域城镇化标准差椭圆

第六节 转型期县域城镇化演变框架构建

本章借助传统数理统计模型、空间自相关分析及物理学中"重心"理论模型,以安徽省为典型案例地,综合定量研究 1978—2014 年研究期间县域城镇化空间格局分异及其演化特征;同时,基于 GIS 空间分析平台,对 1978—2014 年研究期间县域城镇化空间分异特征空间显示处理,进而有效解读了 1978 年转型期以来县域城镇化时空演变的基本规律。定量化研究克服了传统地理描述的模糊性、不确定性,并且得到了一些基本可靠的研究结论。综合县域城镇化时间和空间两大基本维度上分异特征有效整合,总体上 1978 年转型期以来县域城镇化时空演变的规律可从时间效应、地域效应、空间集聚、空间方向四个方面进行总结与归纳(如图 5-35 所示)。

(1) 时间效应。1978—2014 年研究期间安徽县域城镇化表现出持续上升发展态势,总体上安徽县域城镇化发展处于较低水平,位于诺瑟姆"S"形城镇化曲线理论的"初级阶段",从"初级阶段"迈向"中级阶段"存在一定的提升空间;同时,安徽县域城镇化发展表现出显著的"阶段性"特征,可划分为Ⅰ缓慢上升期、Ⅱ快速上升期、Ⅲ高速上升期三大基本阶段;并且未来一段时间县域城镇化发展仍表现出上升态势。

(2) 地域效应。1978—2014 年研究期间安徽县域城镇化在安徽皖南、皖中及皖北三大地区上差异显著,总体上 1978 年转型期以来皖南、皖中地区县域城镇化发展水平远远高于皖北地区;安徽县域城镇化发展的南北地域差异长期存在,并且这种发展差异趋势愈演愈烈。

(3) 空间集聚。1978—2014 年研究期间安徽县域城镇化全局上呈现空间自相关特征,具体表现为县域城镇化高(低)与高(低)值之间表现出空间集聚分布态势;转型期县域城镇化局部 H-H 集聚主要区分布在"芜湖—合肥—马鞍山"核心区县(市),而 L-L 集聚区主要分布在"阜阳—亳州—宿州"塌陷区县（市）；并且转型期县域城镇化发展呈现空间异质性规律。

（4）空间方向。1978—2014年研究期间县域城镇化重心移动轨迹具有一定规律性，1978年转型期以来安徽县域城镇化重心格局总体上向东—南方向发生偏移。转型期县域城镇化时空演变框架构建为我国县域城镇化演变过程的研究提供了重要的分析视角。

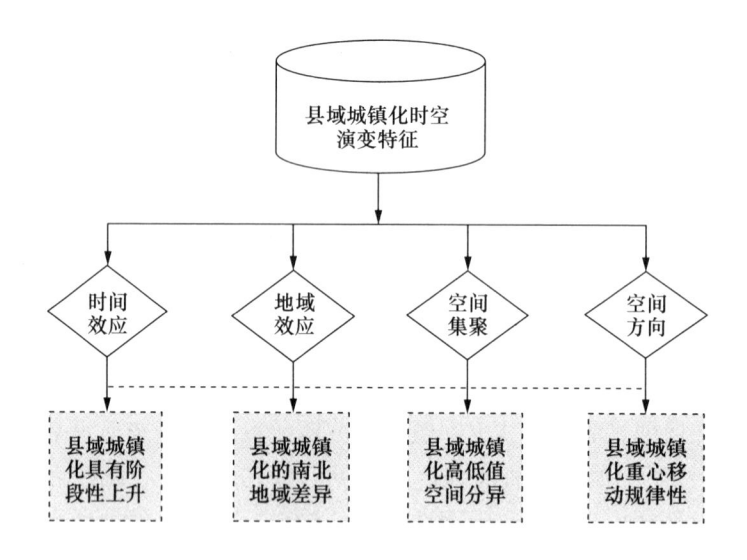

图5-35 县域城镇化时空演变特征研究框架

第六章　转型期县域城镇化发展影响机理分析

"格局—过程—机理"是地理学研究地理现象和规律的基本范式，格局是研究地理现象的空间分布特征；过程是研究地理现象的时间和空间维度上变化规律；机理是研究地理现象发生、演变的主要原因（张荣天，2012）。前面本书已着重对1978—2014年研究期间安徽县域城镇化时空格局分异演变的基本特征进行了初步的分析，还需要进一步分析安徽县域城镇化发展、演变的主要影响因素。综观而言，国内外学术界关于城镇化发展动力机制的研究主要有社会分工说、农业推动说、工业拉动说及综合机制说等一些基本观点与看法。实际上，在不同时期、不同区域及不同类型上，城镇化发展的影响因素及动力机制都存在较大差异。因此，深入分析县域城镇化发展影响因素及其动力机制，对转型期安徽县域城镇化发展模式重构及路径选择具有重要的现实意义。

县域城镇化发展是在特定地理环境与一定经济社会发展阶段中，人类经济社会活动与自然地理因素相互作用的综合结果。总体上看，县域城镇化发展是一个复杂的人—地关系相互作用的动力学过程，受到环境、人口、产业、政策及制度等多种因素的综合影响及相互作用。1978年改革开放以来，我国县域城镇化发展总体呈现出上升趋势，但区域间、类型间县域城镇化发展、演变的不平衡性仍相对显著。如何科学剖析转型期以来县域城镇化发展、演变的影响因素？这些因素是如何具体影响县域城镇化发展及演变过程的？以及这些影响因素之间相互关系如何？鉴于此，本章重点研究转型期以来县域城镇化发展、演变的影响因素及综合驱动机制。首先，本书重点分别从制度变迁、经济增长、产业演进及主体迁移四个方面阐述它们是如何影响转型期县域城镇化发展及演变的；其次，试图构建宏观—中观—微观多维度上的县域城镇化发展、演变的综合驱动机制分析框架。通过探索转型期以来的影响县域城镇化发展、演变的各种主导因素，明确各主导因素之间的相互作用内在关系与机理，对于认知与梳理转型期县域城镇化发展的动力机制具有一定的基础性作用；同时也对转型期我国县域城镇化发展优化调控提供了有益的理论参考。

第一节　制度变迁对县域城镇化发展影响

20世纪80年代后，以R.H.科斯为代表的新制度经济学派出现，将制度因素分析引进经济学理论范畴，指出制度因素是经济社会发展关键因素，有效率制度安排能够促进其增长。城镇化作为社会结构变迁的重要表征现象，其城镇化发展与制度因素之间也必然存在十分密切的关系，不同制度对城镇化发展的影响作用相异，表现为有效率制度会积极加速推进城镇化发展，而无效率制度则会阻碍城镇化发展进程；另外，制度因素会直接或间接影响不同地区或同一地区不同时期人力、资本及资源等要素在不同空间地域上的流动及重组，进而影响到一定时期之内地区城镇化发展水平及基本进程。

城镇化实质上就是一个资源重新配置的基本过程，劳动力从农村转移到城镇，投资从农业部门转移到第二、第三产业部门，技术由传统农业技术向先进农业、第二、第三产业技术提升。伴随转型期以来，我国社会各项政策制度也处于变革调整之中，尤其是与城镇化发展直接相关的户籍、土地、就业、社保，以及市镇设置标准、设市设镇模式等城市管理制度的不断优化调整，对城镇化进程产生了极大的影响。制度因素对城镇化发展的影响主要包括两大方面：①直接影响，涉及户籍、土地、社保及市镇建设的有关法律制度；②间接影响，涉及民间资本投资、企业、投融资及财税制度等（叶裕民，2001）。总体来说，1978年转型期以来县域城镇化发展与制度因素之间存在十分密切的关系，制度因素是转型期以来县域城镇化发展、演变的宏观大背景。

一 制度变迁对县域城镇化发展影响理论分析

县域城镇化进程就是由农村逐步向城镇变迁的一种制度安排，制度构成县域城镇化发展重要的"推—阻"机制，并且这种制度因素是县域城镇化动力机制中居于最为核心作用因素之一（朱文静，2011）。理论上，主要通过以下三个方面影响着转型期县域城镇化发展及其演变过程：①制度变迁通过影响农民主体迁移进城行为进而影响县域城镇化发展。城镇化各种制度设计与安排某种意义上直接决定着县域范围之内的农民主体的迁移方式、方向及所产生迁移效益差异对比，直接关系到转型期县域城镇化发展进程及其质量。②制度变迁通过资源配置影响县域城镇化发展。随着我国市场经济在资源配中逐渐确定了决定性地位，市场经济条件下各种制度安排形成了有效激励约束机制，一定程度上大大激发了农民迁移进城积极性，从而有效地提高了县域城乡资源配置效率，进而推动转型期县域城镇化发展。③制度变迁通过改变宏观环境影响县域城镇化发展。县域城镇化发展都是在特定的自然、经济、生态及政治等环境中展开的，这些因素会对县域城镇化进程带来深刻影响及其作用。整体上来看，1978年改革开放之后，伴随着政治上的稳定和经济改革深入，县域城镇化发展面临着更加良好的制度环境作保障，这为转型期县域城镇化可持续发展奠定了良好的宏观环境。

二 制度变迁对县域城镇化影响定量分析

樊纲（2003）用PCA法为计量方法构建中国各地区市场化进程相对指数，是用来分析各地区体制改革进程相对关系的一个有用分析工具。市场化经济体制改革对我国城镇化发展具有决定性作用，市场化指数从本质上反映的是制度变迁定量测度真实水平，可以通过市场化指数来分析制度变迁对县域城镇化发展影响的程度大小。鉴于此，本书运用相关数据来分析区域制度变迁与县域城镇化发展水平间的内在关系，以及制度变迁因素对转型期县域城镇化影响大小差异。本书选用县域城镇化率来表示县域城镇化发展水平测度指标，而市场化进程相对指数作为地区制度变迁程度测度指标。综上所述，本书综合考虑到分析指标获取实际性，在分析中采用安徽省 1998—2010 年市场化指数与 1998—2010 年研究期间县域城镇化发展水平来进行计量经济实证解析（如图 6-1 所示）。由于研究目的在于分析制度变迁因素与县域城镇化发展之间的内在作用关系；因此，本书采用对数形式理论函数，构建出制度变迁因素对县域城镇化发展影响的理论计量模型，具体公式如下：

$$\ln URBAN_i = \alpha + \beta \ln I_i + \varepsilon$$

式中，$URBAN_i$ 为第 i 年县（市）城镇化水平；I_i 为第 i 年地区市场化指数。

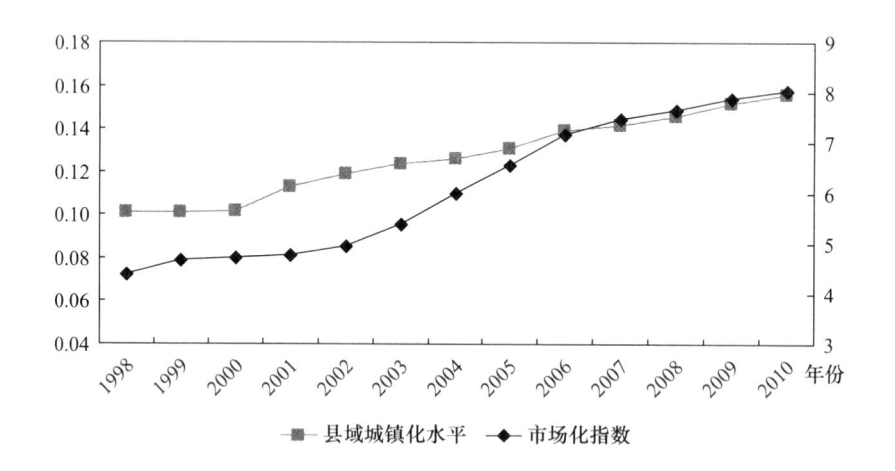

图 6-1　地区市场化指数及县域城镇化发展水平

基于 1998—2010 年研究期间县域城镇化发展水平及地区市场指数原始分析数据，进行面板数据的回归分析。通过对回归方程进行 Hausman 检验，通过计算结果得到 $P=0.8955$，表示不能拒绝原先的假设。因此，本书中确定选择固定效应模型进行实证分析。依据截面加权（Cross – Section Weights）定量回归分析，得到计算结果如下所示：

$$\ln URBAN_i = 5.8825 + 1.4235 \ln I_i$$

$$F = 295.1125, \overline{R}^2 = 0.9502$$

通过对数理论模型计量回归分析可以发现，回归方程常数项与回归系数均显著不为0，充分地表明了转型期以来制度变迁因素对县域城镇化发展具有十分显著的影响；同时，通过回归方程模型系数 R^2 可知：研究期间内地区市场化指数每增长1%，其县域城镇化发展水平就会相应增长1.42%，这就说明了制度变迁能对县域城镇化发展水平产生正向驱动效应。通过对数形式计量理论模式测算结果，可以看出转型期以来制度变迁对促进县域城镇化发展产生积极影响，具体表现为地区制度有效合理调整就会相应地促使县域城镇化发展朝着更好、更科学的方向演化。因此，制度变迁是转型期县域城镇化发展的重要驱动因子。

三　不同制度对县域城镇化发展影响解析

县域城镇化作为涵括经济、社会及生态的综合发展过程，在其过程中有着多方面制度安排，总体可将其划分为两大部分：①非正式制度。非正式制度是人们在长久交往、历史文化影响之下形成的，主要包括习惯及道德等。县域城镇化中非正式制度安排包括对城镇生活认可、传统思想观念及各种意识形态。农民是否作出迁移到城镇的决策，他们会根据社会对城镇生活的价值及自身综合条件来判断选择行为，这就是非正式制度在县域城镇化发展进程中发挥着十分重要的作用。②正式制度。正式制度是指一系列法律、法则及政策，城镇化进程中的正式制度主要涉及户籍、就业、土地及社会保障制度等，还包括城镇投资、招商引资政策和其他城镇管理政策等方面的规定，这种正式制度安排则构成了转型期以来我国县域城镇化发展的制度体系。因此，本书所涉及的制度安排、改革及创新等相关的内容主要是针对转型期以来我国县域城镇化发展的正式制度。

基于我国县域城镇化制度体系构成解析，主要涉及正式制度与非正式制度两大主要部分，其中户籍制度、土地制度及社会保障制度等体制性框架已成为转型期以来我国县域城镇化发展的影响因子，这些正式制度是否能合理安排与设计直接关系到未来县域城镇化发展的可持续性程度；因此，制度因素已日益成为保障转型期以来县域城镇化发展的重要核心驱动因素。这些具体的正式制度是如何影响1978年转型期以来县域城镇化发展及其演变的？鉴于此，本书这一部分重点剖析户籍、土地及社保等正式制度变迁，以及它们与转型期我国县域城镇化发展、演变的内在驱动机理（如图6-2所示）。

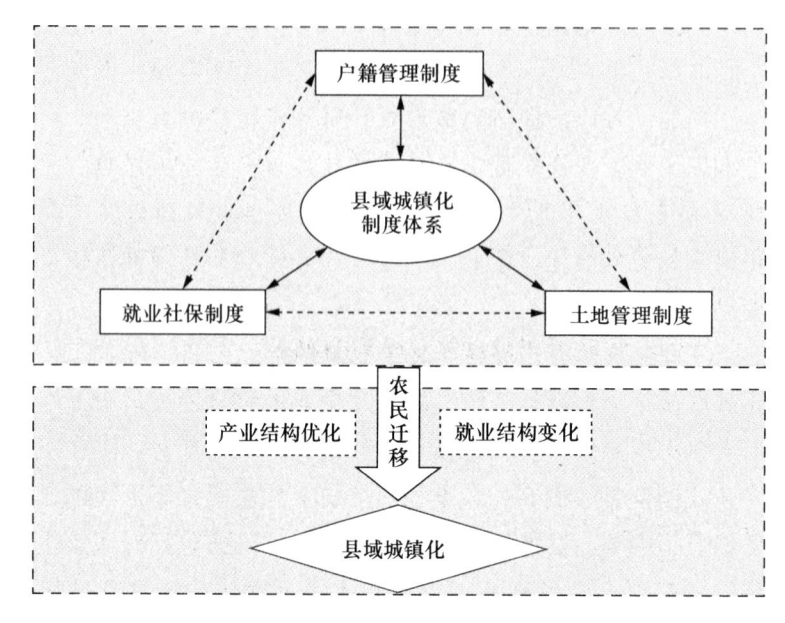

图6-2 县域城镇化制度体系构成及影响机理

（一）户籍制度对县域城镇化发展影响

小城镇化户籍制度演变可划分为四大阶段：①计划经济时期——"二元"户籍制度形成强化，②改革开放初期——出台自理口粮进镇落户政策，③20世纪90年代——开始小城镇综合改革试点，④21世纪以来——全面改革小城镇户籍制度。总体而言，改革开放40年来，小城镇户籍制度改革对加快县域农民市民化，推动转型期县域城镇化发展起到了十分重要的驱动影响（如表6-1所示）。

1. 二元户籍制度对县域城镇化短暂积极影响

县域城镇化发展进程之中，户籍制度对缓解城镇在市场经济体系下社会就业压力，通过严格"二元"户籍制度控制了县域城乡人口自由迁移，抑制盲目县域城乡人口随意变动，从而对县域城乡劳动组织分配产生了一定影响。因此，城乡二元户籍制度对稳定改革初期县（市）

表 6-1　　　　　　　　　　小城镇户籍管理制度演变

时期	特征	政策
计划经济时期（第一阶段）	二元户籍制度形成强化	◆1951 年《城市户口管理暂行条例》，是中国首部户籍管理的正式法规 ◆1955 年《关于建立经常户口登记制度的指示》规定全国城市、集镇、乡村都要建立户口等级制度 ◆1963 年公安部将户口划分为"农业户口"和"非农业户口"两种，城乡二元户籍制度逐渐形成 ◆1977 年《公安部关于处理户口迁移的规定》第一次正式提出严格控制"农转非"
改革开放初期（第二阶段）	出台自理口粮进镇落户	◆1984 年《关于农民进入集镇落户问题的通知》规定只要在集镇有固定住所，有经营能力，或在企事业单位长期务工农民及家属可申请集镇落户，标志着我国户籍管理制度改革拉开序幕
20 世纪 90 年代（第三阶段）	开始小城镇综合改革试点	◆1993 年《关于建立社会主义市场经济体制若干问题的决定》提出改革小城镇户籍管理制度 ◆1997 年《小城镇户籍管理制度改革试点方案》提出允许已经在小城镇就业、居住农村人口办理城镇常住户口，范围限制在县（市）、建制镇建成区
21 世纪以来（第四阶段）	全面小城镇户籍制度改革	◆2000 年《关于促进小城镇健康发展的若干意见》规定将一部分基础较好的小城镇建设成具有较强辐射能力的农村区域性经济文化中心 ◆2001 年《关于推进小城镇户籍管理制度改革的意见》规定合法固定的住所、稳定的职业或生活来源的人员，根据本人意愿可办理城镇常住户口 ◆2014 年《国务院关于进一步推进户籍制度改革的意见》规定全面放开建制镇和小城市落户限制

资料来源：笔者根据我国相关的法律法规归纳整理。

经济社会发展起到过一定的积极作用；但是，随着我国市场经济发展水平不断提升，这种积极影响仅仅是暂时的，并且所起到的作用是极其微小的，未来为了适应市场经济环境下的县域城镇化可持续发展，需要对"城乡二元"户籍制度进行有效改革创新。

2. 二元户籍制度对县域城镇化长期负面效应

现阶段户籍制度是从新中国成立初期就一直延续至今的，虽然1978年改革开放后对户籍管理制度不断完善，但户籍制度本身性质却没发生太大改变；同时，伴随着城乡人口流动显著加快，现有户籍管理与城镇化发展的矛盾冲突日益突出，对县域城镇化进一步发展产生了相当大的阻碍效应。迁移进城农民在城镇化建设中作出重要贡献，但这部分人在城市往往得不到应有尊重，甚至遭到歧视，这主要归结于户籍制度的限制、"身份"不同，不能享受城镇居民医疗、教育及社保等各项平等待遇，导致农民进城后最基本的生存权利难以得到应有保障。农民进城既离开了自己土地，同时未能融入城镇文化，导致大量进城农民工长期处在城市边缘，成为典型"钟摆式"人口。长期城乡二元户籍制度体制性障碍的存在，大大增加了农民转移进城成本，一定程度上延缓了转型期县域城镇化发展。

3. "二元"向"一元"转型为县域城镇化发展创造空间

长期以来，城乡二元户籍制度对县域农村农业人口向城镇地域迁移形成了政策性阻拦，并对农业人口城镇化产生了不利影响。随着中国改革开放不断深入，以及城镇化向纵深推进，户籍制度与城镇化发展不适应程度日益凸显，推进户籍制度改革，实现"二元"向"一元"转型是实现县域城镇化发展的重要保障。在国家户籍制度深化改革的大背景之下，省也正在积极探索户籍管理制度改革，逐步实现户籍管理制度从"二元化"向"一元化"转变，国务院颁布《关于进一步推进户籍制度改革的意见》（以下简称《意见》，国发〔2014〕25号）规定今后省居民办理户口登记取消"农业户口"与"非农业户口"的性质区分，统一登记为"居民户口"；另外，《意见》还要求调整户口迁移政策，依据省城市规模划分了四个不同档次（建制镇和小城市、中等城市、大城市、特大城市）的迁移政策，但这仅仅是全省层面的宏观指导意见，具体实施什么样的迁移落户实施政策，还需要各县（市）政府根据城镇规模、经济社会发展水平制定具体可操作的实施保障意见，并且要逐步建立起与统一城乡户口登记制度相适应的教育、就业、住房及社保等相关配套制度，从而进一步吸引和促进县域农业转移人口在就业地城镇落户，从而为转型期我国县域城镇化可持续发展创造更大的动力空间。

（二）土地制度对县域城镇化发展的影响

土地资源是生产、生活的最为重要的要素资源，目前土地管理制度上，主要涉及城镇土地管理制度和农村土地管理制度两个方面，它们均对1978年改革开放以来我国县域城镇化发展基本进程产生了重要的作用与积极影响（闫循涛，2008）。

1. 城镇土地制度对县域城镇化发展的影响

城镇土地制度改革对1978年改革开放以来我国县域城镇化发展产生了积极推动作用，其中特别是城镇土地有偿使用制度推动着转型期各县（市）城镇房地产建设，大大增强了中、小城镇对农村农业发展的吸引拉力，从而加速了转型期县域城镇化发展基本进程。具体上，城镇土地有偿使用制度通过保障农民基本住房需求、工业城镇集聚及拓宽城镇融资渠道三个主要方面有效地推进转型期县域城镇化可持续发展。

另外，目前由于诸多原因开发商获得城镇土地使用权后，未进行有效的开发，出现城镇土地资源闲置浪费的现象；同时，高额城镇土地出让金，使得开发商将土地出让金成本加到商品房价格中去，使城镇房地产价格不断攀升，高额的城镇房地产价格超过农民实际购买能力，增加了农民转移进城成本。因此，一定程度上城镇土地制度不完善也限制了农民向城镇空间转移集聚的步伐，对转型期县域城镇化发展产生了不利的负面效应。

2. 农村土地制度对县域城镇化发展影响分析

总体上看，当前我国农村土地家庭承包责任制（发源于安徽省凤阳县凤梨公社小岗村），解放了农村生产力，对各县（市）农业生产、农村经济发展发挥了积极的促进效应，有利于农民增加对农村土地资源的各种要素的投入，一定程度上有助于提高各县（市）农业生产的综合效率，从而为转型期县域工业化、县域城镇化的发展提供了良好的物质保障与要素基础。

另外，农村土地家庭承包责任制实行的是"按劳动力平均分配""单个农户小规模经营"的模式，不利于市场化耕作，这种方式不利影响在市场经济条件下越来越明显。①缺乏界定农村土地使用权，特别是"地界不清""土地权属紊乱"等问题一定程度上阻碍了各县（市）土地资源非农转化；②城乡土地流转市场不健全。由于城乡土地流转市场不健全因素，造成农民无法彻底脱离"土地"依附，获得社会保障进入城镇成为真正意义上的"城里人"，这在一定程度上阻碍了转型期县域城镇化发展基本进程。

3. 土地制度改革为县域城镇化发展冲破束缚

长期以来，各县（市）城镇政府对土地资源只重视管理，而不善于有效经营。城镇土地资源作为县域城镇化发展过程之中最大有形资产，是保障转型期县域城镇化可持续发展推进的重要空间载体。因此，进行城镇土地制度有效的改革与创新，并对城镇土地资源进行有效的开发、利用与经营，才能在最大效益上发挥城镇土地制度对县域城镇化发展的积极促进效应，才能持续地推动转型期县域城镇化科学、合理发展。

土地资源作为重要的生产要素，在一定程度上会引发人力、资本及技术等其他要素的合理流动，进而影响和激励着农民的其他各种行为。目前，现行的农村土地管理制度已不能很好地适应农村非农业对土地产权、所有权及转让权等方面的新要求，更不能适应当前县域城镇化发展过程中对土地管理制度的新要求。未来，应该通过积极尝试从土地产权、土地流转及城乡土地市场化等方面进行有效改革及其创新，为我国县域城镇化发展冲破土地制度束缚与约束，为县域城镇化发展营造一个良好的制度环境，从而为转型期我国县域城镇化发展提供更大的促进动力和保障力。

（三）就业社保制度对县域城镇化发展影响分析

就业社会保障制度是直接关系到转型期县域城镇化发展是否能够

稳定、持续推进的重要影响因素之一。通过改革开放以来我国就业、社会保障制度的嬗变，以及其对县域城镇化发展的作用影响分析，从而揭示出转型期以来就业、社保制度影响我国县域城镇化发展的内在作用驱动机理。

1. 就业制度对县域城镇化发展影响分析

1978 年改革开放之前，我国实行严格的"城乡二元"就业制度，由于当时面临特殊环境，城镇实现"统配"制度，而农村人口无法转移到城镇进行就业。1978 年改革开放后，开启了中国市场经济发展模式，市场经济推动着城镇化发展，吸引大量农村剩余劳动力转移进城务工、生活；同时，省各县（市）也出台了鼓励农民进城就业的政策，这在一定程度上有利于加快县域农村剩余劳动力转移进城，形成了"拉力"效应；另外，长期城乡"二元"就业制度影响及农民自身素质各种限制，转移进城农民也主要从事着劳动强度大、环境污染大工种，城镇就业方式制约性十分显著。另外，农民获取城镇就业信息多来自老乡、亲朋好友等有限获取渠道，农民职业技能培训等方面的支持政策相对较薄弱。因此，总体上当前就业制度还相对不完善，这也在一定程度上成为转型期县域城镇化可持续发展的制约性影响因素。

2. 社会保障制度对县域城镇化发展影响分析

总体上看，社会保障制度对县域城镇化发展的影响主要是起到"稳定器"作用效应。目前，农村地区社会保障供给方面严重不足，另外进城务工农民仅作为城镇企业临时工、合同工等被排斥在城镇社会保障对象之外，导致进城务工农民普遍缺失医疗、养老及失业等社会保险，农民进城后续生计问题得不到有效的基本保障，导致城镇对农民吸引力不足，使农民很难愿意放弃农村土地，进而难以彻底实现农村人口向城镇人口身份转变，影响着县域城镇化健康发展，在提升转型期县域城镇化发展质量上起到一定的阻碍作用。

3. 就业社保制度改革为县域城镇化发展提供引力

当前，户籍管理制度改革已在逐步地放宽农民进入城镇的基本条件，但户籍管理制度改革仅为转型期县域城镇化发展提供必要条件，而就业社保制度才是保障县域城镇化可持续发展关键之所在，将进城务工农民积极纳入城镇社会保障体系之中，有效保障转移进城后农民的长久生计，从而大大增强了农民转移进城的"拉力"效应。另外，户籍、土地等制度改革最终成功也必须要以完善就业社保制度作为前提；因此，改革县域城镇化发展中的就业及社会保障政策，完善当前就业、社保体系，增强县域城镇化发展吸引力，从而形成转型期我国县域城镇化发展的重要保障驱动力。

综上所述，制度因素对转型期我国县域城镇化发展的影响具有一定刚性、持久性效应。目前，我国正处于县域城镇化发展的加速阶段，构建合理的制度体系框架，形成县域城镇化发展的持续制度性保障动力；同时，随着我国新型城镇化战略推进，县（市）在我国经济社会发展格局中的地位越来越重要，县域城镇化作为城镇化体系重要基础层级作用日益凸显出来，县（市）也将成为我国改革、发展的主战场，积极探索我国县（市）城镇化发展中的相关制度改革、创新，保障转型期县域城镇化的发展制度驱动力，形成县域城镇化发展良好的宏观制度环境，从而推动转型期我国县域城镇化可持续发展进程。

第二节 经济增长对县域城镇化发展影响

县域城镇化与县域经济增长存在一定的关系，理论上一般县域经济发展水平越高，其县域城镇化水平也就越高，县域城镇化发展很大程度上受到县域经济增长水平的重要影响。国外学者诺瑟姆（1971）基于城镇化发展与经济增长的正向相关性特征，绘制出著名的"S"形城镇化演化曲线。国内学者周一星（1997）基于城镇人口比重、人均国民生产总值的两大指标，对世界157个国家或地区进行统计分析得到对数曲线关系研究结论。可见，实证上也表明了经济增长对城镇化发展产生积极正向影响。因此，基于上述分析论述说明也需要通过理论与实证上的相结合揭示县域经济增长对转型期县域城镇化发展的影响作用机制。

一 经济增长影响县域城镇化发展的理论机制

县域经济增长是如何推动县域城镇化发展的？理论上，经济增长是决定城镇化进程和水平的基本宏观条件，伴随着县域经济增长，城乡居民消费需求也将得到提升，进一步带动县域产业结构不断发生变动，表现为：县域第一产业不断地向第二、第三产业的转型、升级，从而导致县域城镇化水平持续提升（张敦富，2011）。另外，县域产业结构发生变动，又进一步地促使了县域就业结构发生重构，表现为：县域农业劳动力不断向城镇工业、服务业等部门进行转移，从而也推动了县域城镇化发展水平不断地提升（程开明，2007）。综上所述，县域经济增长为县域城镇化发展奠定了重要基础；因此可见，理论上县域经济增长是转型期县域城镇化不断发展的基础性动力（如图6-3所示）。

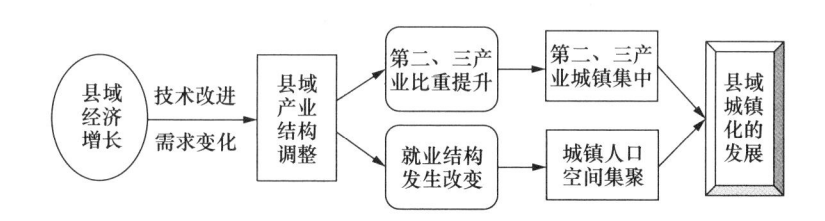

图6-3 县域经济增长促进县域城镇化理论机制

二 经济增长对县域城镇化影响定量分析

理论上，一般经济发展好的县（市），其县域城镇化水平也相对较高。根据《安徽省统计年鉴》，统计出2014年繁昌县、肥西县、宁国市、当涂县、铜陵县5个县（市）单元的人均GDP分别为73354元、60849元、57089元、55863元、42550元，而其同年份的县（市）城镇化水平分别为0.2392、0.1898、0.2077、0.2055、0.1813，远远超过2014年县域城镇化水平均值0.1699；与此同时，2014年灵璧县、利辛县、太和县、阜南县、临泉县5个县（市）单元人均GDP分别为12422元、9377元、9496元、7202元、5992元，而其同年份的县（市）城镇化水平分别为0.0730、0.0777、0.0898、

0.0716、0.0657，整体低于 2014 年县域城镇化水平均值 0.1699（如图 6-4 所示）。通过这一组具体典型县（市）对比数据可以较为直观地发现，县域城镇化发展水平与县域经济增长之间存在一定的关系，并暗示着这种关系是一种正向相关关系。这一结论只是直观初步判断，而县域经济增长是如何影响转型期县域城镇化发展的？以及县域城镇化与县域经济增长关系是否存在区域差异特征？

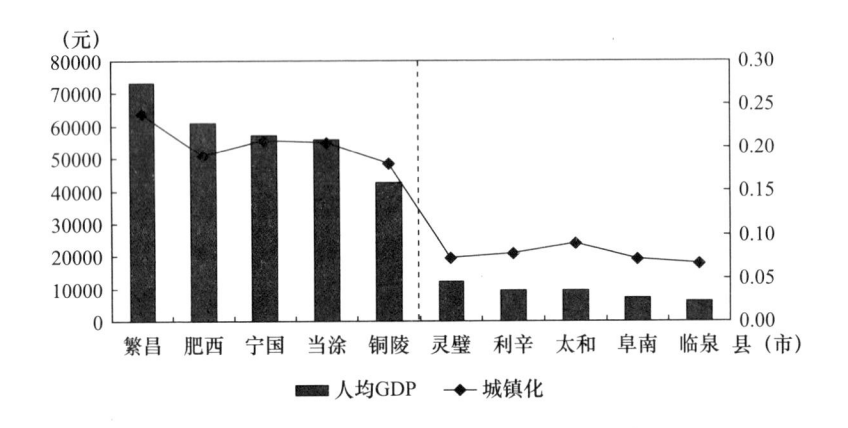

图 6-4 2014 年典型县（市）人均 GDP 与城镇化对比

（一）理论模型构建

回归分析是计量经济学重要工具，也是估计理论的重要方法。这一部分主要考察转型期以来县域城镇化水平与县域经济增长之间相关性及其相互影响程度。因此，本书通过构建县域城镇化与县域经济增长的线性回归方程形式理论函数模型进行定量分析，从而得到县域经济增长影响县域城镇化发展的一些科学研究结论。其具体理论分析过程如下（李苗，2011）：

（1）建立县域城镇化与县域经济增长函数模型：$Y = a + bX + \mu$，其中，Y 为县域城镇化水平；X 为县域人均 GDP，人均 GDP 反映县（市）经济发展水平；a、b 均为待定参数；μ 为随机扰动项。

（2）估计模型参数。对一元线性回归模型的参数进行估算最常用的方法有 OLS（普通最小二乘法）、ML（最大或然法）两种，选用

OLS，理论公式如下：

$$\begin{cases} \hat{b} = \dfrac{\sum(x_i - \bar{x})(y_i - \bar{y})}{\sum(x_i - \bar{x})^2} \\ \hat{a} = \bar{y} - b\bar{x} \end{cases}$$

求出参数 a、b 的估计值，得出回归方程。

在模型 $y = a + bx + u$ 中的 u_i 正态性和独立性假定成立前提下，可证明：

$\hat{a}$ 和 $\hat{b}$ 分别是参数 a、b 的无偏估计；$\hat{a} \sim N\left(\beta_0, \sigma^2\left(\dfrac{1}{n} + \dfrac{\bar{x}^2}{S_{xx}}\right)\right)$，$\hat{b} \sim N\left(\beta_1, \dfrac{\sigma^2}{S_{xx}}\right)$；$\dfrac{S_u}{\sigma^2}$ 服从自由度为 $n - 2$ 的 χ^2 分布，且 $\hat{\sigma}^2 = \dfrac{S_u}{n-2}$ 为总体方差 σ^2 的无偏估计。

(3) 回归模型检验。得到回归模型参数估算量后，该模型是否具有意义，是否能揭示模型所表征的各变量间关系，还必须经过检验以判断其合理性。本书采用拟合度检验，其理论公式如下：

$$R^2 = \dfrac{(n-1)\sum(y_i - \hat{y})^2}{(n-k-1)\sum(y_i - \bar{y})^2}$$

理论上，R^2 范围在 [0, 1] 之间，其值越接近 1 表明该回归模型拟合程度越好；反之亦然。

(二) 影响机制定量实证分析

考虑到转型期县域城镇化发展过程中存在显著地域、类型及发展水平差异的特征，本书有代表性地选取皖南地区（当涂县）、皖中地区（定远县）及皖北地区（临泉县）典型 3 个县（市）单元进行实证案例分析论证。基于 SPSS 17.0 分析平台，对转型期以来典型县（市）单元城镇化水平与县域经济增长进行回归定量剖析，通过皖南、皖中及皖北地区典型县（市）实证案例分析，科学揭示转型期以来县域经济增长对县域城镇化发展影响机制。

(1) 首先皖南地区当涂县实证分析。当涂县位于安徽省东部，地处长三角经济圈与皖江城市带交汇处，是安徽省重要的沿江县、东向发展的桥头堡，国土总面积 1002 平方千米。自 2003 年起，连续八年位居全省"十强县"。截至 2014 年年底,当涂完成 GDP 总值 264.51 亿元,其人均 GDP 却高达 55863 元,县域经济发展水平在全省县(市)中处在领先位置。基于 Excel 软件绘制出 2000—2014 年皖南地区当涂县经济发展及城镇化统计分析数据(如图 6-5 所示)。

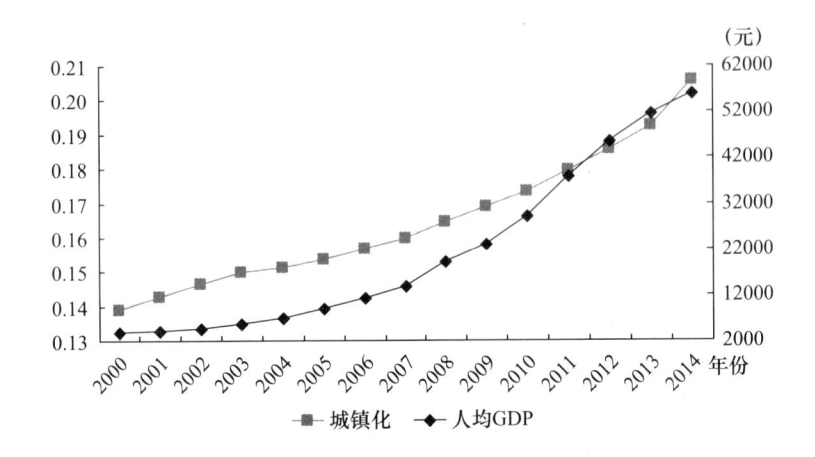

图 6-5　皖南当涂县城镇化水平与人均 GDP 演变

通过图 6-5 可以清楚地看出,皖南地区当涂县域生产总值从 2000 年的 25.65 亿元一直持续提升到 2014 年的 264.51 亿元,增长 9.31 倍;更能代表县域经济发展水平的人均 GDP 也从 2000 年的 3859 元增长至 2014 年的 55863 元,增长了 13.47 倍。伴随着县域经济水平提高,其当涂县域城镇化水平也不断地显著提升,从 2000 年的 0.1388 一直上升到 2014 年的 0.2056,上升了 6.68%,年平均增长 0.4 个百分点。基于上述分析,可清晰地判读出转型期以来皖南地区当涂县域经济增长与县域城镇化水平基本呈现出同步上升趋势。

基于构建的理论回归模型,将县域人均 GDP 用 x 表示,县域城镇化水平用 y 表示,并对两者进行回归分析,得到以下基本方程式:$y = 923205x - 130512$,即当涂县域城镇化水平与县域经济发展水平之间的线性回归定量方程。通过该线性回归模型,可以发现当涂县域城镇化的实际值,拟合值与其相应的残差值存在一定差距,但残差值大小基本围绕零值进行着上下波动,表明该回归方程模型具有实际意义;另外,基于 SPSS 17.0 计量软件分析可知,回归定量方程模型的 R^2 值高达了 0.9684,这就充分地表明了转型期以来皖南地区当涂县域城镇化水平与县域经济增长之间存在显著的、高度的正向相关关系;因此,县域经济增长是推动当涂县域城镇化发展的重要驱动力(如图 6-6 所示)。

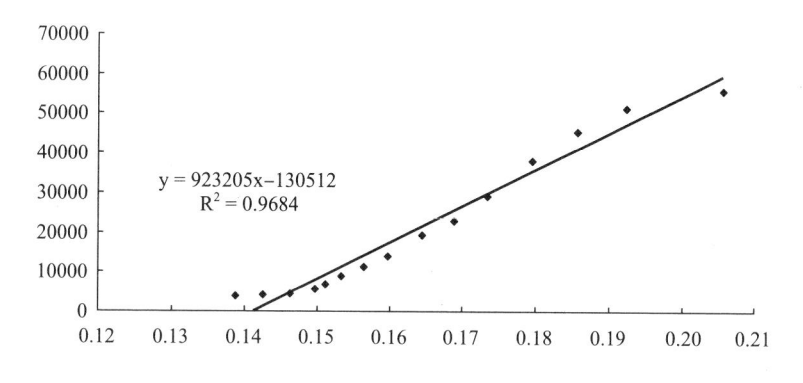

图 6-6　皖南当涂县城镇化与经济发展回归分析

(2) 其次皖中地区定远县实证分析。定远县地处安徽省中部,是皖中地区人口最多、面积最大的县(市),国土总面积 2998 平方千米。定远县享有"境连八邑,衢通九省"之称,1987 年被列为国家瘦肉型猪基地,1996 年以来连续 14 年位于安徽省畜牧生产十强县,2011 年获全国粮食生产先进县。截至 2014 年年底,全县完成 GDP 总值 141 亿元,人均 GDP 为 14645 元,财政收入 105983 万元,县域经济发展、城镇化水平在整个安徽省的县(市)中处于中等位置。基于 Excel 软件,绘制出 2000—2014 年皖中地区定远县经济发展及其城镇化发展统计分析数据(如图 6-7 所示)。

通过图 6-7 清楚可知,对比当涂县而言,定远县发展实力上还是有些悬殊。总体上看,2000 年以来定远县 GDP 总值增速也相对较快,从 2000 年的 38.44 亿元发展到 2014 年的 140.98 亿元,增长了 2.66 倍;其人均 GDP 也从 2000 年的 4324 元上升到了 2014 年的

14645元,增长了2.38倍,这就充分说明了转型期以来定远县域经济总体实力得到提升。与此同时,随着县域经济水平提高,定远县域城镇化水平也略有提升,从2000年的0.0886一直上升到2014年的0.1393,总体上升了5.07个百分点,年平均增长达到0.3个百分点。总体而言,转型期以来,定远县域城镇化发展与县域经济增长水平基本呈现出同步上升演化趋势,县域经济发展对县域城镇化具有正面促进效应。

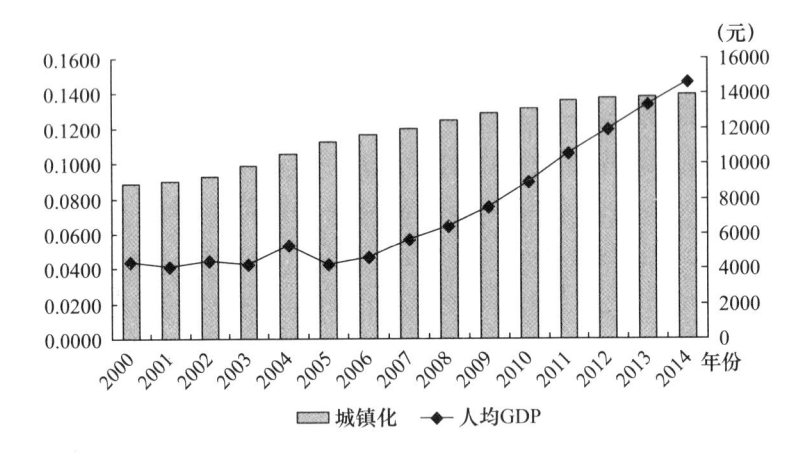

图6-7 皖中定远县城镇化水平与人均GDP演变

基于SPSS 17.0计量分析软件,将县域人均GDP用 x 表示,县域城镇化水平用 y 表示,将此二者进行回归分析,可得到以下方程: $y=152655x-10922$,即为定远县域经济增长与县域城镇化水平之间的线性回归方程(如图6-8所示)。通过线性回归方程可知残差值围绕零值上下波动,且实际值与拟合值差距相对较小,呈现出显著同步趋势,表明所得到回归方程模型经济意义较好;同时,回归定量方程模型 R^2 值也达到了0.8483,说明了研究期间皖中定远县域城镇化水平与县域经济增长之间存在较强的内在正相关性,这就表明转型期以来县域经济增长是推动定远县域城镇化发展的重要驱动力。

第六章 转型期县域城镇化发展影响机理分析 | 161

$y = 152655x - 10922$
$R^2 = 0.8483$

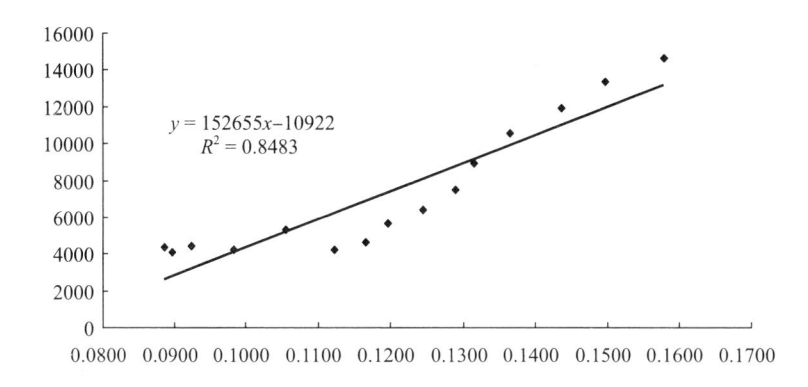

图 6-8 皖中定远县城镇化与经济发展回归分析

（3）最后皖北地区临泉县实证分析。临泉县位于安徽省西北部，国土总面积 1839 平方千米，总人口约 230 万，其中农业人口达到 215 万，占 93.48%。临泉县是中国劳务输出第一大县、省农业产业化示范县等，其县域发展农业主导的特征显著。截止到 2014 年年底，临泉县完成 GDP 总值 134.95 亿元，人均 GDP 仅为 5922 元，临泉县域经济发展水平较低。基于 Excel 软件绘制出 2000—2014 年皖北地区临泉县经济发展及城镇化相关统计分析数据（如图 6-9 所示）。

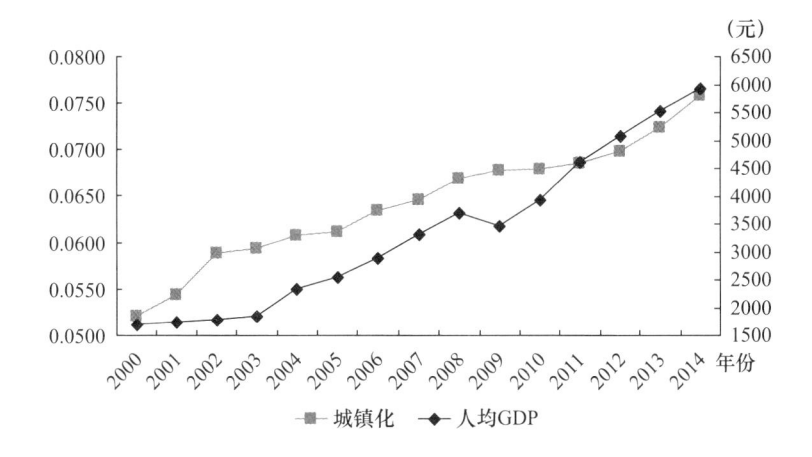

图 6-9 皖北临泉县城镇化水平与人均 GDP 演变

通过图 6-9 清楚可知，相对于当涂县、定远县而言，皖北地区临泉县域经济发展水平最低。2000 年以来临泉县 GDP 总值增长速度相对较慢，从 2000 年的 30.89 亿元发展到 2014 年的 134.95 亿元，增长了 104.06 亿元；人均 GDP 也从 2000 年的 1681 元上升到了 2014 年的 5922 元，仅增长了 4241 元。同时，临泉县域城镇化水平也有所提升，从 2000 年的 0.0521 上升到 2014 年的 0.0758，上升了 2.37 个百分点。总体上看，转型期以来临泉县域城镇化发展与县域经济增长也整体保持一致的上升演化态势，但是上升速度相对较慢（如图 6-10 所示）。

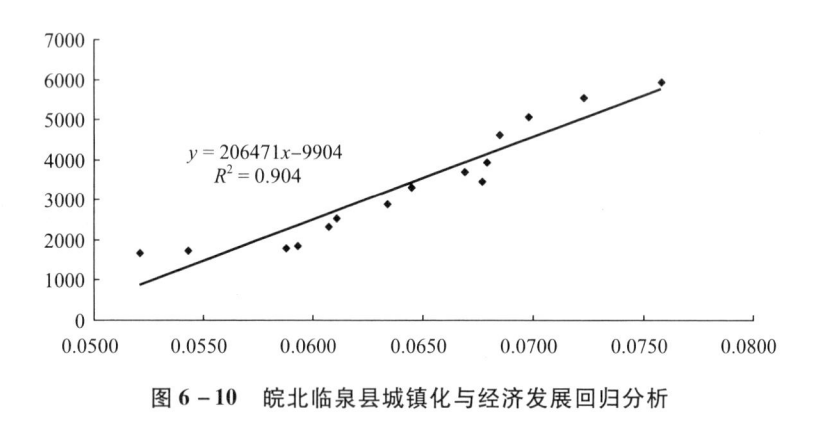

图 6-10　皖北临泉县城镇化与经济发展回归分析

为进一步揭示转型期临泉县域城镇化与县域经济增长之间的内在关系，基于 SPSS 17.0 软件，将县域经济发展水平用 x 表示，而县域城镇化水平用 y 表示，将此二者进行回归分析，可以得到方程：$y = 206471x - 9904$，即转型期以来临泉县城镇化发展与县域经济增长间线性回归模型。通过该线性回归模型，可以得到临泉县域城镇化实际值、拟合值与其相应的残差值，总体上实际值与拟合值的差距相对较小，呈现出显著的同步趋势。另外，该线性回归方程的 R^2 值也高达 0.904，这就表明转型期以来皖北地区临泉县域城镇化水平与县域经济发展水平之间也存在明显的正相关关系，县域城镇化与县域经济增长间保持着相对一致的同步性，即转型期县域经济增长促进临泉县域城镇化发展，也证明了县域经济增长是临泉县域城镇化发展重要的动力因子。

综上所述，本书通过选取皖南地区、皖中地区及皖北地区的三个典型县（市）单元实证分析，并综合对比研究分析可得到如下的基本结论：通过三大区域典型县（市）案例实证分析所得到的线性回归模型方程的 R^2 值分别高达 0.9684、0.8483 和 0.904，表明转型期安徽县域城镇化与县域经济增长间具有高度的正向线性相关性。总体上，基于县域经济增长影响县域城镇化发展的理论分析与实证研究，充分说明了转型期以来县域经济增长是县域城镇化发展的重要因素及驱动力，县域经济增长导致县域人力、资源等要素不断地从农村产业部门转向城镇工业、服务业部门，县域产业结构变动又进一步导致县域就业结构发生调整，人口不断向城镇集聚，有效地推动了县域城镇化的发展及演变；同时，也给我们通过发展县域经济来推动转型期县域城镇化发展提供了重要动力与实践启示。

第三节 产业演进对县域城镇化发展影响

理论上，县域产业演进驱动县域城镇化发展主要通过两种方式进行：①直接方式，县域产业结构演进与县域城镇化发展间直接进行关联，县域产业结构演进直接影响着县域城镇化发展进程。②间接方式，县域产业结构演进首先影响到县域城—乡劳动力在三次产业结构中的布局，然后进而影响到县域城镇化发展水平及其进程（如图6-11所示）。另外，转型期县域产业结构演进过程中三次产业发展分别对县域城镇化发展的影响机制存在显著差异。

一 产业演进对县域城镇化发展影响理论分析

（一）各次产业发展对县域城镇化发展影响

1. 农业是县域城镇化发展的基础

县域农业发展是县域城镇化的"基础动力"。理论上，农业发展对转型期县域城镇化影响是从供给和需求两个层面产生具体驱动作用影响（如图6-12所示）。

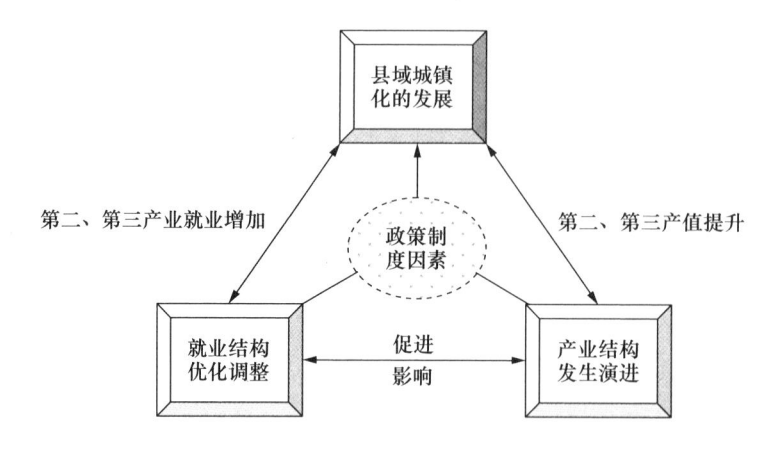

图 6-11 产业结构演进驱动县域城镇化发展的理论机制

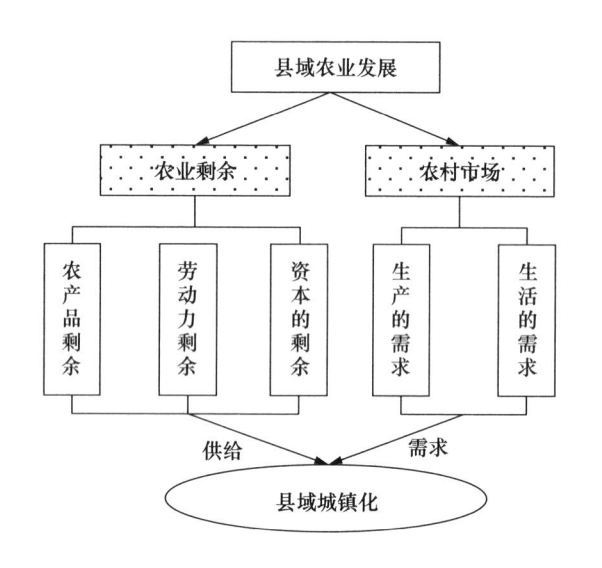

图 6-12 农业发展对县域城镇化发展影响机制

（1）供给方面上，农业剩余（农产品、农业劳动力、农业资本等）是县域城镇化的先决条件。农业发展对县域城镇化的影响就是主要通过这三条路径来具体地展开：①农产品剩余为县域城镇非农劳动力提供了所需供给保障，以及县域部分工业、企业的原材料需求；②农业劳动力剩余则为县域城镇化发展提供人力供给保障；③农业资本剩余则可以为县域城镇化发展提供原始积累。

（2）需求方面上，农村市场是县域城镇化发展的需求来源（生产、生活等）。由于农村市场人口多、生产规模大，农村市场发育在较大程度上取决于农业生产发展水平，如果农业发展水平不足就会影响到县域农村市场水平提高，从而进一步影响到转型期县域城镇化发展水平有效提升。

2. 工业是县域城镇化发展的根本

县域工业化是县域城镇化的"发动机"。理论上，工业生产规模性必然要求资源、资金及人力等发展要素高度向地域空间集聚，从而推动县域城镇空间范围不断扩大，不断地吞食建成区周边农田耕地资源。总体来说，县域城镇化发展水平、速度在很大程度上决定于县域工业化水平及速度，县域工业化是保障转型期县域城镇化发展的根本性动力（如图6-13所示）。

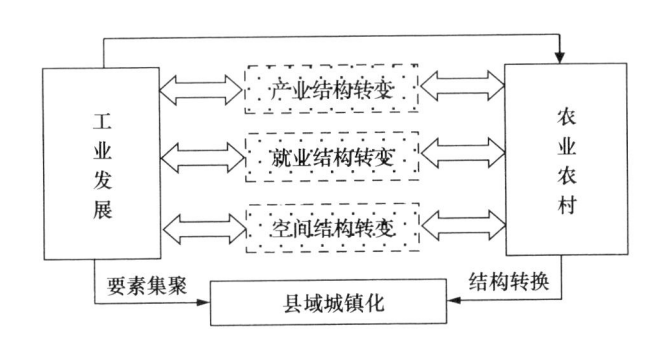

图6-13 工业化对县域城镇化发展影响机制

县域工业化对县域城镇化发展影响主要表现在以下三个方面：①县域工业生产具有空间集聚要求。县域工业倾向于集聚城镇空间地域，使"工业"成为县域经济活动主体；另外，随着"摊大饼"式城镇空间扩展，县域工业也不断在开发区（新区）等空间集聚，促使城镇空间地域持续外围扩张。②县域工业发展创造就业机会。工业企业发展，尤其是劳动密集型产业，对劳动力数量的需求相对较大，吸引了大量农村农业人口转移进城、进厂，导致县域劳动力、产业结构不断逐渐从农业向非农化演变,从而促进县域城镇化发展水平不断地提升。③县域工业发展促进经济结构转化。伴随着县域工业化发展,促使县域农业内部专业化分工,引导县域农业生产组织方式不断向工业化的组织方式发生转变,有效诱导了农村非农产业分离出来,从而推动着转型期县域城镇化发展。

3. 第三产业是县域城镇化发展的后劲

第三产业是保障县域城镇化发展的"后续动力"。理论上,工业就业人口占总就业人口比重呈倒"U"形变化(30%—40%),而服务业就业比重却呈现出持续上升的趋势。因此,服务业发展既为农村剩余劳动力向非农产业部门转化,为其进入城镇就业提供了有利条件,也有效地促进了县域城镇人口持续地增长。因此,县域第三产业发展逐渐成为转型期县域城镇化发展后续重要保障动力(如图6-14所示)。

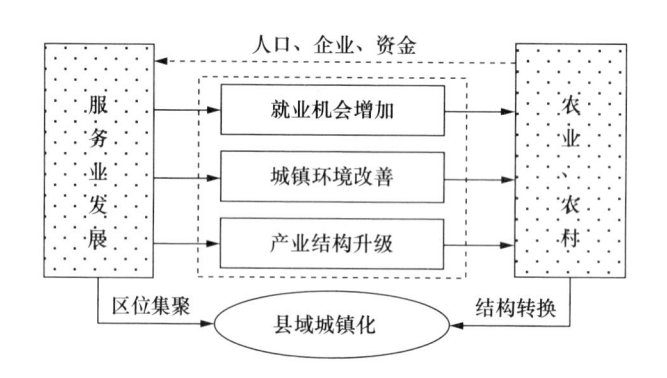

图6-14 服务业对县域城镇化发展影响机制

通过图6-14可知,第三产业发展对县域城镇化影响主要表现在以下三方面:①第三产业在为工业等提供服务的同时,有助于完善城镇基础及社会服务等相关的设施,促使城镇吸引力得到持续增强,成为工业化后期城镇化发展的重要"产业动力"。②第三产业通过高就业弹性推动县域城镇化发展。服务业一般多为劳动密集型产业,吸纳劳动力能力较强;通过发展服务业能够有效吸收大量农村转移进城农民就业安置。③第三产业发展促进农村、农业发展观念转换，导致产业组织方式、经营理念等逐渐地向农村、农业渗透影响，推动了农村经济结构不断发生转换，进而促进了转型期县域城镇化后续发展。

(二) 产业结构演进影响县域城镇化理论探析

前面从理论上主要重点分析了"各次产业"对转型期县域城镇化发展的影响机制，而产业结构演进会对转型期县域城镇化发展产生何种影响？总体上，县域产业结构表现出从农业不断向第二、第三产业动态演变趋势，正是由于县域产业结构存在这种动态演变过程，使产业结构演变与县域城镇化间产生了十分紧密的关联性。理论上，产业结构演进涉及两个维度：一是由于各产业技术进步速度不同引起的县域产业结构横向变化，即县域产业结构合理化；二是在不同发展阶段，伴随着县域经济发展的主导产业更替转换，即县域产业结构高级化。鉴于此，根据这一理论基本思想，本书主要从县域产业结构合理化及县域产业结构高级化两大维度出发，分析转型期以来县域产业结构演进对县域城镇化发展的影响驱动机制（如图6-15所示）。

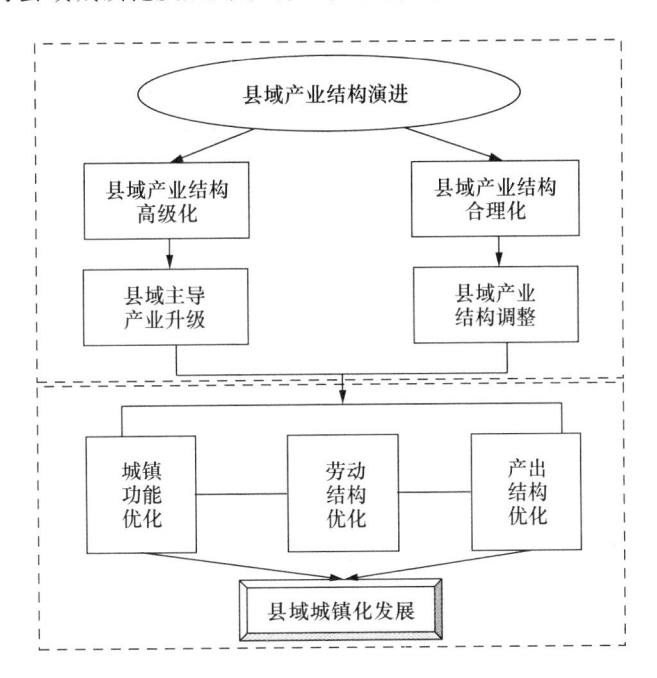

图6-15 产业结构演进对转型期县域城镇化发展影响机制

（1）产业结构合理化上：产业结构合理化主要通过县域产业结构不断调整和优化，导致县域劳动就业结构发生改变，促使农村地区人口向县域城镇地域空间转移（程必定，2003）。伴随着县域产业结构发生变动、重组，促使着县域劳动力不断从农业部门转移到县域城镇工业、服务业等部门，这种县域产业、就业结构的优化有助于推动县域城镇化发展水平提升；因此可见，县域产业结构合理化是转型期县域城镇化发展的重要影响因子。

（2）产业结构高级化上：①县域主导产业向非农产业转移，导致第一产业中剩余劳动力不断向第二、第三产业转移，这种县域劳动力结构非农化转移，促进了县域人口城镇化的发展。②县域工业、服务业等产业持续发展，城镇基础设施不断得到完善，城镇功能不断得到优化，促使非农人口不断向城镇地域空间集聚，从而加速县域空间城镇化的发展。③生活方式、思想观念及价值取向等方面也不断地在发生着城镇化转型，导致县域社会城镇化水平得到了持续的提升。因此可见，县域产业结构高级化是推动转型期县域城镇化发展重要的驱动因素。

二　产业演进对县域城镇化发展影响机制实证

前面本书重点从理论层面上探析产业结构演变对转型期县域城镇化发展驱动机制，而1978年改革开放以来县域产业结构演进是如何影响县域城镇化发展的？以及具体的影响机制过程如何？本书在借鉴前人相关研究基础之上，基于上文关于县域产业结构演变对县域城镇化影响作用机理的理论阐述与剖析，将县域产业结构演进刻画为产业结构合理化和产业结构高级化两个基本维度，以我国新型城镇化试点省份安徽为案例地，依据1978—2014年研究期间县域城镇化、县域三次产业结构相关分析数据，基于 Eviews 8.0 分析软件平台，通过协整检验、误差修正模型及 Granger 因果检验等计量分析数理模型，对1978年改革开放以来县域产业结构合理化和产业结构高级化与县域城镇化发展水平间的关系进行定量实证研究，从而科学揭示转型期以来县域产业结构演变对县域城镇化发展的影响驱动机理。

(一) 县域产业结构合理化和高级化度量分析

产业结构合理化是表示要素投入结构与产出结构的耦合程度的指标，具体通过县域产业结构偏离度来测算衡量。理论公式如下（干春晖，2011）：

$$TL = \sum_{i=1}^{3} \left(\frac{Y_i}{Y}\right) \ln \frac{Y_i}{Y} \bigg/ \frac{L_i}{L}$$

式中，TL 为县域产业结构合理化；Y 为产值；L 为就业；i 为产业，产业结构合理时各产业生产率相同，即 $Y_i/L_i = Y/L$ 或 $Y_i/Y = L_i/L$，此时 $TL = 0$。一般理论上，TL 值越接近 0，表明县域产业结构合理化程度越高。

产业结构高级化是指产业结构从低级向高级转化的基本过程，采用非农产业产值占总产值比重来衡量县域产业结构高级化水平，理论公式如下（李志翠，2013）：

$$TS = \frac{FN}{GDP}$$

式中，TS 为县域产业结构高级化水平；FN 为县域非农产业产值；GDP 为县域国内生产总值。需要说明的是，本书选取原始数据分别为县域城镇人口比重、县域三次产值比重及县域三次就业比重。本书为了减少"异方差"现象，对时间序列三大分析变量数据进行自然对数变换。因此，本书实证分析中用 $\ln URBAN$、$\ln TL$ 和 $\ln TS$ 的三大变量分别代表县域城镇化水平、县域产业结构合理化和县域产业结构高级化。

(二) 变量平稳性检验

进行协整检验分析前，首先需要先检验每个序列的平稳性。基于 Eviews 8.0 软件分析平台，本书采用 AIC 准则来判断滞后阶数，通过 ADF 检验进行变量平稳性分析检验，其单位根滞后期主要根据 SC 原则进行合理判断。通过表 6-2 可以发现：在 5% 显著性水平上，不拒绝 $\ln URBAN$、$\ln TL$ 和 $\ln TS$ 三个变量指标存在单位根的原先假设，说明了 $\ln URBAN$、$\ln TL$ 和 $\ln TS$ 三个分析变量指标都为一阶单整序列。因此，满足进行本书协整检验分析的基本条件要求。

表6-2　　　　　　　　ADF单位根平稳性检验

变量	检验类型（C, T, L）	ADF统计	临界值5%	是否平稳
ln*URBAN*	（C, T, 1）	-1.6078	-3.5529	非平稳
D（ln*URBAN*）	（C, 0, 0）	-4.3831	-2.9541	平稳
ln*TL*	（C, T, 1）	-2.028	-3.5529	非平稳
D（ln*TL*）	（C, 0, 0）	-2.1102	-1.9513	平稳
ln*TS*	（C, T, 1）	-2.3859	-3.5529	非平稳
D（ln*TS*）	（C, 0, 0）	-3.8743	-1.9513	平稳

注：D（*）表示变量序列的一阶差分。

（三）变量Johansen协整检验

经过变量ADF平稳性检验，意味着转型期ln*URBAN*、ln*TL*和ln*TS*的三大分析变量间存在可能显著的协整关系。因此，本书进一步通过Johansen极大似然估计对ln*URBAN*、ln*TL*和ln*TS*的三大分析变量指标展开Johansen协整检验分析。Johansen协整检验是基于VAR（向量自回归模型）检验方法，首先，需要建立VAR模型，本书综合考虑AIC、SC、LR检验结果，将VAR模型滞后期设定为1。通过表6-3可以清楚地看出：1978年转型期以来安徽县域城镇化发展与安徽县域产业结构合理化、县域产业结构高级化间存在显著的协整关系，这也印证了1978年转型期以来安徽县域城镇化发展水平与安徽县域产业结构演进表现唯一长期动态均衡关系。

表6-3　　　　　　　　Johansen协整检验结果

原假设	迹检验（LR）		最大特征值检验	
	统计量	临界值	统计量	临界值
0**	20.7097	18.3977	20.5875	17.1478
1	0.1222	3.8416	0.1222	3.8416

注：**表示在5%水平上显著。

根据变量Johansen协整检验结果，当统计量大于给定显著性水平临界值时，则拒绝原先假设。在5%的显著性水平上，lnURBAN、lnTL和lnTS三大分析变量间有且只有一个协整关系，表达为：lnURBAN = 1.7623lnTL + 7.8734lnTS；通过协整方程可以看出，县域产业结构合理化、高级化的Johansen协整检验具有显著性，表明lnTL和lnTS与lnURBAN间存在长期均衡的协整关系。通过弹性系数可知，县域产业结构合理化（lnTL）、县域产业结构高级化（lnTS）与县域城镇化发展水平（lnURBAN）之间的弹性系数分别为1.7623和7.7834，这说明转型期县域产业结构合理化每增加1个单位，将会促进县域城镇化发展水平提升1.7623个单位；而转型期县域产业结构高级化每增加1个单位，则会促进县域城镇化水平提升7.7834个单位。因此可见，1978年转型期以来县域产业结构合理化及县域产业结构高级化两个方面均对县域城镇化发展产生了积极的、显著的正向推动效应，并且可以看出县域产业结构高级化对转型期县域城镇化发展推动效应比县域产业结构合理化更加显著（如表6-4所示）。

（四）Granger因果关系检验

Granger误差修正模式中误差修正项反映各分析变量偏离长期均衡关系对因变量作用影响，可将其定义为长期的Granger因果关系；模型中滞后各期自变量对因变量作用影响，可将其定义为短期的Granger因果关系。鉴于此，本书依据Johansen变量协整方程及检验结果，设定本书中的误差修正模型，并根据误差修正模型估计进行1978年转型期以来县域城镇化发展的Granger因果关系检验分析与综合评价（如表6-5所示）。

表6-4　　　　　　　　　　误差修正模型

变量	$\Delta \ln URBAN$	$\Delta \ln TL$	$\Delta \ln TS$
误差修正项	-0.0523***	0.0203	0.03587
$\Delta \ln URBAN$(-1)	-0.0885	2.5538***	0.4523
$\Delta \ln URBAN$(-2)	0.6529***	-0.8934	0.0772
$\Delta \ln URBAN$(-3)	0.5298**	-0.9231	0.2265

续表

变量	$\Delta\ln URBAN$	$\Delta\ln TL$	$\Delta\ln TS$
$\Delta\ln TL(-1)$	-0.1143**	0.1872	-0.1729**
$\Delta\ln TL(-2)$	0.1183	0.5283	0.1732**
$\Delta\ln TL(-3)$	-0.0428	-0.0224	-0.0386
$\Delta\ln TS(-1)$	0.2204	0.7729	1.1276**
$\Delta\ln TS(-2)$	-0.8397***	-1.5193	-0.7298
$\Delta\ln TS(-3)$	-0.3025	0.9285*	0.1129
常数项	0.0372**	-0.0725	0.0239
拟合优度	0.6523	0.5998	0.6975
F 统计量	4.1287***	1.2243	2.0385

注：*、**、*** 分别表示在 10%、5% 和 1% 的显著性水平上显著。

表 6–5　　　　　　　　　Granger 因果关系检验

因变量	自变量	χ^2 统计量	P 值	因果关系
$\Delta\ln URBAN$	$\Delta\ln TL$	5.4554	0.1413	$\Delta\ln TL$ 会引致 $\Delta\ln URBAN$
	$\Delta\ln TS$	14.8638	0.0019	$\Delta\ln TS$ 会引致 $\Delta\ln URBAN$

通过 Granger 检验结果可以看出：1978 年改革开放以来，县域产业结构合理化、县域产业结构高级化两个方面均是转型期县域城镇化发展水平提升的 Granger 原因，这就表明县域产业结构合理化和县域产业结构高级化与县域城镇化发展水平之间存在长期显著的正向关系；1978 年转型期以来县域产业结构合理化和高级化均能促进县域城镇化发展水平不断提升，通过实证模型定量分析层面进一步验证了县域产业结构演进是影响 1978 年改革开放以来县域城镇化发展、演变的重要驱动因素。总体上来看，县域产业结构高级化是用县域非农产业产值比重来衡量，是第二、第三产业产值占 GDP 总值不断上升的过程，这一过程正是县域城镇化发展的基本过程，故县域产业结构高级化对于转型期县域城镇化发展带动作用是最直接的，县域产业结构高级化是转型期县域城镇化发展水平提升的 Granger 原因之所在；另外，县域产业结构合理化是用县域三次产业结构偏离度来衡量，由于

"城乡二元"体制以及严格户籍管理制度的存在,使农村农业劳动力向非农产业转移存在一定的限制,导致县域就业结构的调整一般会滞后于县域产业结构的调整速度,造成了转型期以来县域产业结构合理化对转型期县域城镇化发展带动作用效应表现相对薄弱些;但同时,随着户籍制度改革、市场经济不断发展,县域农业人口转向非农产业部门就业的趋势日益增强,这也会导致县域产业结构合理性程度得到不断提升,促使县域产业结构合理化成为县域城镇化发展水平提升的Granger原因也将会不断地得到显著与增强。

综上所述,本书通过协整检验、误差修正模型及Granger因果检验等计量分析数理模型,对1978—2014年研究期间县域产业结构合理化和县域产业结构高级化两个基本维度与县域城镇化发展水平间驱动关系进行了定量化实证研究。通过研究得到基本结论如下:①1978—2014年研究期间县域产业结构高级化、县域产业结构合理化均是转型期县域城镇化发展水平不断提升的Granger原因所在;②但是,1978年改革开放以来县域产业结构高级化相比县域产业结构合理化而言,其对转型期县域城镇化发展促进效应更为显著;③总体而言,从实证模型量化视角上论证了1978年转型期以来县域产业结构演进影响县域城镇化发展的驱动机制;因此,不断优化县域产业结构,实现县域产业结构高级化是保障未来转型期县域城镇化可持续发展的重要驱动力。

第四节 农民迁移对县域城镇化发展影响

城镇化理论与人口迁移理论关系密切(万能,2009)。E. S. – Lee(1966)认为迁移者、迁入地、迁出地、中间环节4个方面因素导致城—乡间人口发生迁移。也有学者基于成本—收益视角探讨城—乡间人口间迁移规律(Schultz,1982;戎建,2008)。人口迁移方式上,主要分为"个人"与"家庭"两种主要类型(盛亦男,2014)。家庭迁移中主要决策者往往是长辈或男户主(Chant,1992),但随着女性就业能力提升,其家庭迁移决策影响力也不断增强(Locke,1993)。迁移影响因素上,周炳林(2005)研究指出个人迁移动力机制受到原居住地、迁入地、中间障碍及个人因素四方面综合影响。王华(2009)基于外在环境和内在自身两大因素层面,构建了我国郊区农民迁移进城意愿理论分析模型。卫龙宝(2003)通过成本—收益法研究了农民、中小企业主迁移决策行为。陆益龙(2014)基于中国综合社会调查数据(CGSS),从实证经验角度来认识当代中国农民与城镇化发展的内在关系。

县域城镇化是我国城镇化体系中的重要层级,伴随着社会经济体制改革及城镇化发展快速推进,县域城镇化发挥作用日益凸显。当前,我国城镇化呈现出"人口城镇化"和"农村城镇化"双重城镇化方向(辜胜阻,2009);农民主体是否愿意迁移,是关系到中国农村城镇化进程能否加快的关键(卫龙宝,2003)。如何从主体迁移角度分析县域城镇化发展内在微观动力机制,对于从"人"的视角上剖析县域城镇化发展的影响机理具有重要意义。鉴于此,本书基于农民主体迁移的微观视角,梳理与总结城市地理学、城市经济学及城市社会学等相关基础理论,考虑到县(市)发展差异显著的基本特征,依据皖南、皖北实地典型案例县(市)的调研数据,采用质性和定量相结合研究方法,剖析影响农民主体迁移进城的主要影响因素,试图构建出转型期以来我国县域城镇化过程中农民主体迁移进城的驱动机制理论分析框架(如图6-16所示)。

一 农民迁移进城理论模型及其研究假设

(一)理论模型

基于舒尔茨人力资本理念,通过成本—收益思路,构建出农村居民迁移决策数学理论模型(卫龙宝,2003),理论公式如下:

$$D(R) = P\{E - C > R\}$$

式中,E为农村居民对迁移后预期收益;C为迁移费用;R为农村居民当前所有收益。模型基本内涵表示为:农村迁移进城决策受到预期收益、迁移成本及当前收益等多因素综合影响。

第六章 转型期县域城镇化发展影响机理分析 175

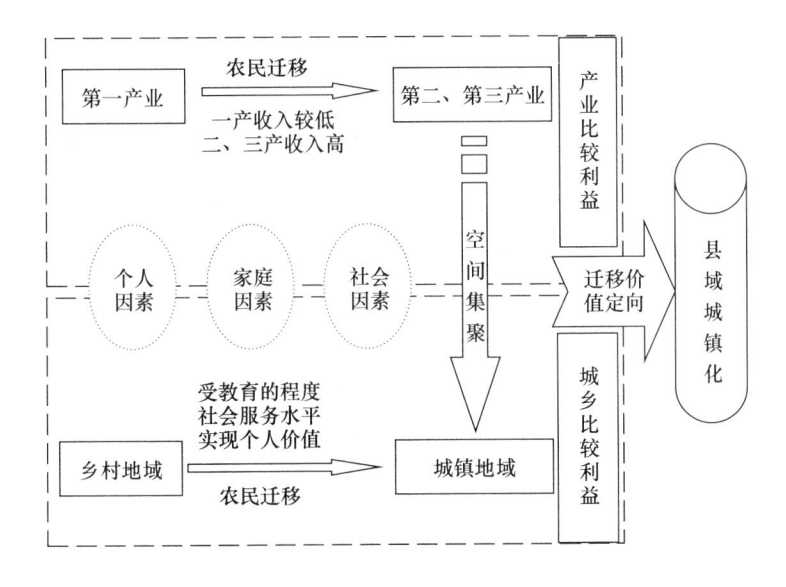

图 6-16 农民迁移与县域城镇化发展理论机制结构

理论模型中农民迁移费用和当前收益都是稳定变量,而预期收益受到农民个体的内在因素及其所处的外部因素综合影响难以确定。理论公式如下（卫龙宝,2003）：

$$E = f\{F(X_i), N\}, \text{约束条件}: \begin{cases} F(X_i) \geq 0 \\ N \geq i \end{cases}$$

式中,F 为外界因素作用农民所产生合力;X 为各种影响因素;N 为农民自身因素;i 为社会对农民的认同。

(二) 研究假设

根据国内外关于农民主体迁移进城研究的相关文献,总结借鉴前人相关研究成果（卫龙宝,2003;周炳林,2005;陆益龙,2014）,本书大致将转型期县域城镇化过程中农民迁移进城影响因素划分为三类:个体因素、家庭因素及社会因素,并从这三个方面作几点理论假设,从而为实证研究转型期县域城镇化发展微观驱动机制奠定理论基础。具体的理论假设如下:

理论假设 1:个人特征因素对县域城镇化发展过程中农民迁移有重要影响。①年龄上。年轻人由于年轻力壮且接受新事物能力较强,因此迁移进城的意愿强烈；相比之下，中老年人安土重迁思想重，迁移进城的意愿相对弱。②受教育程度上。一般受教育程度越高，迁移进城意愿相对越强烈，它们之间具有正向关联。③从事职业上。一般从事非农产业的农民迁移进城意愿强于从事农业生产的农民。④外出务工年限上。一般外出务工时间越长，其农民迁移进城的可能性越大。

理论假设2：家庭特征因素对县域城镇化过程中农民迁移有重要影响。①家庭规模上。家庭规模越大，迁移成本越高，则迁移进城阻力相对也就越大。②学龄儿童上。有义务教育阶段子女的家庭迁移意愿就强，为更好地享受城镇优质教育资源，迁移进城可能性大。③家庭主业上。以农业为主的家庭迁移意愿小；而以非农产业为主的家庭迁移进城意愿大。④家庭收入上。家庭收入水平越高，迁移进城意愿越强。⑤城里关系上。家庭城镇社会关系越多，则迁移进城意愿就会相应地越强。

理论假设3：社会特征因素对县域城镇化过程中农民迁移有重要影响。①户籍管理制度。城镇化过程也是农民失去土地的过程，自古以来，农民对土地都有较强的依赖感和归属感，一定程度上阻碍了农民迁移进城。②教育政策上。政府是否实施平等受教育政策对农民迁移进城有重要影响，若能得到平等的城里受教育机会，其迁移进城意愿大。③工作政策上。政府在迁移农民的工作方面措施得力，能保证其进城以后稳定工作的，其迁移进城愿望大。④住房政策上。地方政府能够积极保障进城农民住房优惠政策，则农民迁移进城可能性大。⑤社保政策上。政府为进城农民提供稳定的社会保障，有效规避农民在城镇生活的各种风险，则农民迁移进城可能性大。

二 农民迁移对县域城镇化影响机制实证研究

(一) 实证研究样本选取

分别选取皖南地区（芜湖县）、皖北地区（灵璧县）两个典型县（市）展开具体的实证案例调研（如图6-17所示），每个县（市）抽取2—3个乡镇，每个镇随机抽取2—3个行政村，每村调查15—20户，基于这一基本的调研原则，设计了本书县域城镇过程中农民迁移进城的实地问卷调研（如附录所示）。

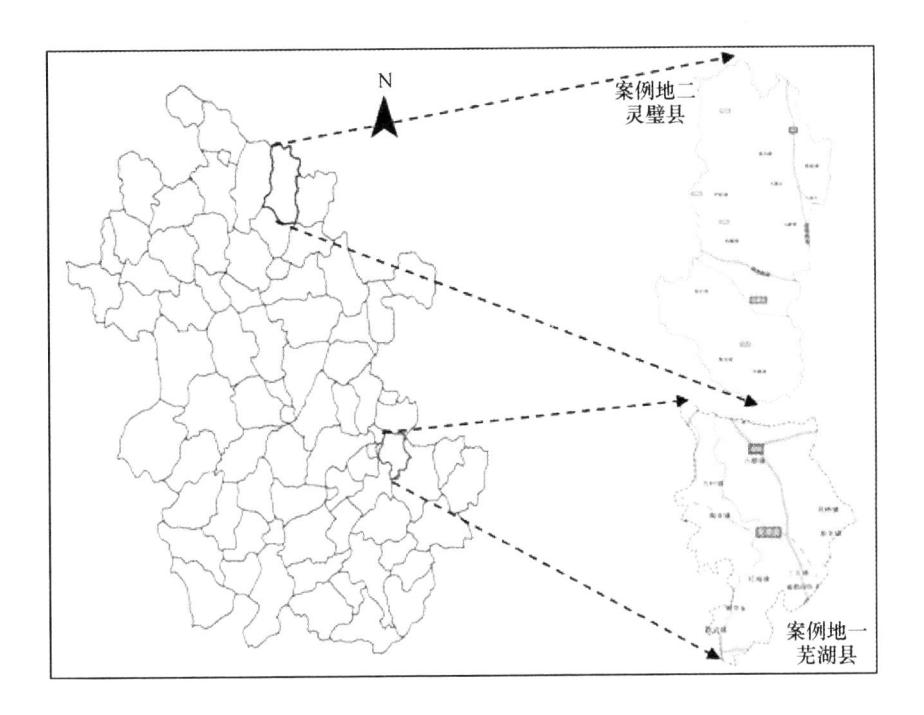

图6-17 实证调研案例地区位分布

案例地1——芜湖县，芜湖县位于安徽省南部地区，长江下游南岸，地理区位优越性强，区域综合交通便捷；截至2014年年底，人均GDP为52135元，排在全省第5位；工业总产值为127.95亿元，人均工业增加值达到35703.77元，排在全省第2位；到2014年县域城镇化水平达到了19.13%。案例地2——灵璧县，灵璧县位于安徽省北部地区，地理位置相对偏僻；截至2014年年底，县域总人口约127万，其中农业人口占比高达92.69%，是皖北劳务输出大县；而工业总产值仅为49.73亿元；人均GDP也仅为12422元，排在全省第56位；到2014年县域城镇化水平也仅为7.31%。通过上述两个典型案例地几组数据对比可见，皖南地区芜湖县与皖北地区灵璧县在地域分布、发展类型及发展水平等方面都存在显著对比性的差异；因此，选择芜湖、灵璧这两大典型县（市）进行实证对比研究具有一定合理性、科学性，能较为全面地反映转型期县域城镇化过程中农民迁移进城的基本规律。

鉴于此，组成问卷调研小组，先后对芜湖县、灵璧县累计发放问卷500份，实际回收有效问卷475份，其有效率达95%。整合皖南、皖北两个典型县（市）的问卷调查得到表6-6，通过表6-6可以看出：总体上，有迁移进城意愿的农民占到一半以上的比重，表明转型期县域城镇化过程中农民迁移进城的意愿相对较显著。愿意迁移进城的农民受到哪些因素影响？而不愿意迁移进城的农民受到哪些因素制约？因此，摸清这些主要问题，可清晰地把握转型期以来县域城镇化发展的微观层面影响机制。

表6-6　　　　　　　　　县域农民迁移进城意愿选择

迁移意愿	人数	比例（%）
愿意	329	69.26
不愿意	146	30.74
总计	475	100.00

资料来源：笔者根据案例地调研整理。

基于案例地问卷调研的数据统计，总结影响县域城镇化过程中农民是否产生迁移进城的主要因素（如表6-7、表6-8所示）。通过研究可以发现：①促进农民迁移进城因素方面，主要涉及迁移到城镇工作机会、收入增加、生活条件改善、子女教育问题等，可见经济因素仍然是农民迁移进城的主要原因，而生活条件也是影响农民迁移进城的重要因素。②阻碍农民迁移进城因素方面，主要是"安土重迁"传统思想、户籍管理制度、社会保障制度等。迁移进城农民能否有效地落实医疗、失业等方面社会保险，很大程度上影响农民离乡迁移进城意愿；另外，城镇就业、教育等政策情况也是影响我国县域城镇化农民迁移进城意愿的重要因素。

表6-7　　　县域城镇化过程中促进农民迁移进城原因

影响因素	选择人次/人	所占比例/%
获取更多的工作就业机会	300	22.46
城里的生活环境条件更好	283	21.18
城里拥有更好的教育资源	255	19.09
来往城镇上班交通的不便	203	15.19
实现个人价值及体现地位	173	12.95
周围人都纷纷去城镇买房	122	9.13
汇总	1336	100.00

资料来源：笔者根据案例地调研整理。

表6-8　　　县域城镇化过程中阻碍农民迁移进城原因

影响因素	选择人次/人	所占比例/%
现在的收入不错、生活稳定	298	22.70
习惯了家里环境及生活方式	273	20.79
城市房价太贵、生活成本高	245	18.66
城市找工作难且无社会保障	229	17.44
城里空气质量不好及环境差	156	11.88
普通话不好怕沟通存在障碍	112	8.53
汇总	1313	100.00

资料来源：笔者根据案例地调研整理。

（二）农民迁移进城的实证分析模型

二元 Logistic 模型是适用于因变量为两分变量的回归分析，在城镇化过程中农民迁移进城意愿研究中得到了一定的实践应用。因变量 y 为农民迁移进城意愿，即 0-1 型因变量，若农民预期迁移纯收益大于农村综合收益，则农民会做出迁移进城的决策，此时因变量取值为 1；反之，农民预期迁移纯收益小于或基本等同于农村综合收益的话，则农民不会做出迁移进城的决策，此时因变量取值为 0。因此，因变量 y 的分布函数理论模型为（虞小强，2012）：

$$f(y) = p^y (1-p)^{(1-y)}$$

可进一步表示为:

$$f(y) = \begin{cases} 1-p, & y=0 \\ p, & y=1 \end{cases}$$

理论上,传统 Logistic 回归模型因变量取值范围为 [-∞, +∞],但本书之中采用的是二元 Logistic 模型,故将因变量 y 取值设定在 [0,1] 范围。二元 Logistic 模型的理论形式模型如下:

$$P_i = F(\alpha + \sum_{j=1}^{m} \beta_j X_{ij}) = 1/\{\exp[-\alpha + \sum_{j=1}^{m} \beta_j X_{ij}]\}$$

式中,P_i 为农户迁移进城意愿概率;i 为农户编号;β_j 为影响因素的回归系数;j 为影响因素编号;m 为影响因素个数;X_{ij} 为自变量,表示第 i 个样本农户第 j 种影响因素;α 为回归截距。

(三) 模型变量设定

基于皖南地区、皖北地区两个典型案例县(市)调研农民迁移进城影响因素分析。结合典型案例地实际情况,本书初步确定影响转型期县域城镇化过程中农民迁移进城的各类影响因素如下:①个人特征因素变量:主要包括户主年龄、受教育程度、务工年限;②家庭因素变量:主要包括学龄儿童、家庭年收入、城里社会关系;③社会因素变量:主要包括政府户籍社保制度、政府就业制度及政府教育制度。其中,转型期县域城镇化发展过程中农民迁移进城二元 Logistic 回归模型变量及其相关的统计性描述如表 6-9 所示。

表 6-9　　　　　　　　模型变量说明及统计性描述

模型变量	变量定义	均值	标准差	最小值	最大值
被解释变量					
是否愿意迁移	是 =1,否 =0	0.65	0.43	0	1
解释变量					
1. 个体因素变量					
农民年龄	29 岁及以下 =1,30—39 岁 =2,40—49 岁 =3,50 岁及以上 =4	2.61	1.12	1	4
受教育程度	小学及以下 =1,初中 =2,高中或中专 =3,大专及以上学历 =4	2.62	1.08	1	4

续表

模型变量	变量定义	均值	标准差	最小值	最大值
务工年限	1 年以内 = 1，2—4 年 = 2，5—7 年 = 3，8 年及以上 = 4	2.58	1.03	1	4
2. 家庭因素变量					
学龄儿童	没有 = 0，有 = 1	0.67	0.35	0	1
家庭年收入	1 万元以下 = 1，1 万—3 万元 = 2，3 万—5 万元 = 3，5 万元以上 = 4	2.55	1.24	1	4
城里社会关系	没有关系 = 0，有关系 = 1	0.58	0.39	0	1
3. 社会因素变量					
户籍社保制度	不了解 = 1，了解一点 = 2，了解 = 3	1.56	0.72	1	3
政府就业政策	不了解 = 1，了解一点 = 2，了解 = 3	1.62	0.85	1	3
政府教育政策	不了解 = 1，了解一点 = 2，了解 = 3	1.53	0.59	1	3

（四）二元 Logistic 模型估计结果

通过对选取皖南地区、皖北地区两个典型县（市）案例点分别展开二元 Logistic 回归模型量化分析，进而确保二元 Logistic 回归计量模型计算结果更为稳健及可信。通过二元 Logistic 回归分析模型测算结果可知，根据表 6-9 中的二元 Logistic 回归模型相关参数设定，具体共包括个体因素变量（农民年龄、受教育程度、务工年限）、家庭因素变量（学龄儿童、家庭年总收入、城里社会关系）、社会因素变量（户籍社保制度、政府教育政策、政府就业政策）等，分别计算得到皖南地区（芜湖）、皖北地区（灵璧）两个典型县（市）二元 Logistic 回归分析模型及其重要参数（如表 6-10、表 6-11 所示）。

表 6-10　模型 1（皖南芜湖县）变量说明及统计性描述

变量	系数	Wald 值
截距	-1.024***	0.552
1. 个体因素变量	—	—
农民年龄	-0.145	0.237
受教育程度	0.553**	2.937
务工年限	0.175	3.892

续表

变量	系数	Wald 值
2. 家庭因素变量	—	—
学龄儿童	0.683**	4.235
家庭年收入	0.187*	2.934
城里社会关系	0.093	1.295
3. 社会因素变量	—	—
户籍社保制度	-0.798**	3.003
政府就业政策	0.436*	5.932
政府教育政策	0.322	2.531
预测准确率	65.35%	
对数似然值	205.385	
卡方检验值	123.739	
Nagelkerke R^2	0.255	
显著性 P	0.005	

注：*、**、***分别表示在10%、5%和1%水平上显著。

表6-11　模型2（皖北灵璧县）变量说明及统计性描述

变量	系数	Wald 值
截距	-1.672**	1.023
1. 个体因素变量	—	—
农民年龄	-0.305	0.427
受教育程度	0.891**	4.032
务工年限	0.229	3.003
2. 家庭因素变量	—	—
学龄儿童	0.707**	4.028
家庭年收入	0.423	3.332
城里社会关系	0.137	0.851
3. 社会因素变量	—	—
户籍社保制度	-0.632**	3.699
政府就业政策	0.436*	5.932
政府教育政策	0.523*	2.028

续表

变量	系数	Wald 值
预测准确率	68.09%	
对数似然值	228.082	
卡方检验值	102.647	
Nagelkerke R^2	0.196	
显著性 P	0.005	

注：*、**、***分别表示在10%、5%和1%水平上显著。

通过表6-10、表6-11模型计算结果可知，总体上皖南地区、皖北地区两个典型案例县（市）二元Logistic回归分析模型中农民年龄、户籍社保制度均对转型期县域城镇化过程中农民迁移进城意愿产生了负向显著影响效应；而受教育程度、家庭年收入、学龄儿童等因素对转型期县域城镇化进程中农民迁移进城意愿产生了积极显著的正向效应。另外，务工年限、城里社会关系等因素也对转型期县域城镇化进程中农民迁移意愿产生了一定正向作用影响。下面基于两大典型县（市）案例地实证分析，从个体因素、家庭因素、社会因素三方面具体解析转型期以来安徽县域城镇化发展的微观层面的影响驱动机制。

第一，个体因素变量对转型期县域城镇化过程中农民迁移进城影响实证剖析。通过两个县（市）实证模型对比可看出：①农民年龄与其迁移意愿呈现出显著的负相关特征，具体表现为模型1系数为-0.145、模型2系数为-0.305。一般而言，若农民年龄越年轻，其迁移进城的意愿相对较强烈；反之，若农民年龄越大，其迁移进城的可能较小。②农民受教育程度对其迁移有重要影响，农民受教育程度与其是否愿意迁移之间呈现出正向相关性，具体表现为模型1系数为0.553、模型2系数为0.891，即受教育程度相对越高，农民就业能力越强，因而其迁移进城的可能性越大；反之，受教育程度越低，迁移进城的可能性相对越小。③务工年限与农民选择是否迁移之间也表现出显著的正向关系，具体表现为模型

1系数为0.175、模型2系数为0.229，农民进城务工年限越长，一定程度上说明其接触城镇时间相对越长，越能接受城镇生活方式及其文化价值观等，并且存在向往长期居住在城镇的心理欲望，渴望成为真正意义上的"城里人"，实现其身份的彻底转变，因此其迁移进城的可能性较大；反之，进城务工时间较短或者未进城务工生活过，则其对城镇生活、文化的感知程度相对较差，对城镇的心理认同感较弱，因此其迁移进城生活及工作的意愿相对而言较小。

第二，农民因素变量对转型期县域城镇化过程中农民迁移进城影响实证剖析。通过两个县（市）实证模型对比可看出：①学龄儿童与农民迁移进城意愿程度呈现正向相关，具体表现为模型1系数为0.683、模型2系数为0.707，即家庭有义务阶段读书子女，为了接受城里更为优质的教学资源，一般家庭都会选择将学龄儿童送入城镇学校就学，并且这种观念已逐渐在农村地区广泛流行起来，因此家庭中有学龄儿童的就会大大增加其迁移进城的意愿及其可能性。②家庭年收入对农民迁移意愿有显著影响，并且这种影响表现出正向关系，具体表现为模型1系数为0.187、模型2系数为0.423，一般而言若家庭年总收入越高，其支付迁移进城的成本能力就越强，能承受进城买房、生活所需要支付的各种成本与费用，其迁移能力大，其迁移意愿就相对显著。③城里社会关系对农民迁移决策有一定的正向作用，但其显著性与学龄儿童和家庭年总收入两大影响因素相比较弱，具体表现为模型1系数为0.093、模型2系数为0.137，通常而言城里社会关系可以为农民迁移进城提供一定的"桥梁"作用，可以为其迁移进城提供更多有益建议，以及进城以后有更多交流机会，减少其进城后的陌生感和排斥感，能更好地融入城市生活、文化氛围；因此，城里社会关系会对转型期县域城镇化过程之中农民迁移进城产生一定的促进效应。

第三，社会因素变量对转型期县域城镇化过程中农民迁移进城影响实证剖析。通过两个县（市）实证模型对比可看出：①户籍政策及社保制度对农民迁移进城意愿具有显著的负向影响。具体表现为模型

1 系数为 -0.798、模型 2 系数为 -0.632。长期以来，我国一直实行"城乡二元"的户籍管理制度，以户籍管理制度为代表的城镇地域倾向政策，一定程度上限制了农村劳动力向城镇迁移。虽然现在我国户籍制度有所放开，但它对城镇化发展负面影响还存在，户籍制度对农民迁移进城存在两个方面影响，一是农村户籍意味着能够享受农村的户籍福利，包括农村义务教育阶段的各种费用减免，农村土地以及土地流转等带来的各种福利；二是农村户籍也带来了融入城镇的壁垒，和城乡社会保障的非均等化，包括养老、医疗保障、教育、就业及住房的机会均等方面。②政府就业政策对农民迁移进城的倾向有很强的正面作用，具体表现为模型 1 系数为 0.436、模型 2 系数为 0.436，一般若政府能够积极地为进城务工农民解决其工作及后续保障，为进城农民提供稳定的工作，并有效保障其工作基本权益，会大大激发农民迁移进城意愿，从而产生积极的"示范带动"效应。③政府教育政策对农民迁移进城产生了正面效应，具体表现为模型 1 系数为 0.322、模型 2 系数为 0.523，说明当前农村家庭越来越重视子女教育问题，通过接受城镇更优质的教育实现"鲤鱼跳农门"身份改变；因此，政府积极的教育政策对于农村家庭有义务阶段教育子女的吸引将会大大地增加，很大程度上能够提升其家庭迁移进城意愿。

综上所述，在构建城镇化进程中农民迁移理论模型及其相关研究假设的基础之上，通过实地问卷调研芜湖县（皖南地区）、灵璧县（皖北地区）典型案例县（市）运用二元 Logistic 模型揭示各影响因素与转型期县域城镇化过程中农民主体迁移进城间内在关系机理。综合对比研究结果表明：个体因素、家庭因素及社会因素均对转型期县域城镇化过程农民迁移进城具有显著影响。其中，受教育程度、家庭年总收入、学龄儿童、政府就业政策及教育政策等对县域农民迁移进城意愿产生显著的正向效应；另外，务工年限、城里社会关系等也对县域农民迁移进城产生正向影响，但显著性程度相对不高；而农户年龄、户籍社保制度对县域城镇化过程中农民迁移进城意愿产生显著负向影响。通过县域城镇化发展微观层面动力理论机制及实证解析，解释了1978年转型期以来县域城镇化发展微观层面的影响驱动机理。

第五节 转型期县域城镇化发展综合驱动机制

县域城镇化动力机制是影响城镇化发展的诸动力要素的综合互动过程，而且随着生产力发展不断发生变化，不同地区、不同阶段及不同类型的县域城镇化动力机制也在发生着变化。县域城镇化就是城镇在空间、人口及经济等方面不断扩大加强的过程，是经济社会不断发展的必要阶段与结果。转型期以来，县域城镇化发展总体上有所提升，但县域城镇发展呈现出显著"地域性"差异。总体来说，县域城镇化受到自然、经济、文化及环境等多种因素的影响，并且这些影响因素是相互交错综合驱动产生作用，其中制度变迁、经济增长、产业演进及农民迁移四个方面对转型期县域城镇化发展、演变产生了重大影响。制度变迁、经济增长是县域城镇化发展宏观层面的影响因子，制度变迁为县域城镇化发展提供制度环境保障，可定义为县域城镇化发展的保障动力；而经济增长为县域城镇化发展奠定重要基础，可定义为县域城镇化发展的基础动力。产业演进是县域城镇化发展中观层面的影响因素，县域城镇化重要表征为县域产业结构从第一产业不断向第二、第三产业演进，产业演进是县域城镇化发展最为根本的动力因子，可定义为县域城镇化发展的根本动力。农民迁移是县域城镇化发展微观层面的影响因素，县域城镇化其核心本质是实现"人"的城镇化，农民如何实现从农村向城镇的地域迁移是县域城镇化发展微观驱动机制，可定义为县域城镇化发展的主体动力。因此，本书试图从"宏观—中观—微观"三大维度，以及"保障动力—基础动力—根本动力—主体动力"四个方面构建出转型期县域城镇化发展的影响机理分析框架，解释1978年转型期以来我国县域城镇化发展及其演变的综合驱动机制。

一 制度变迁是转型期县域城镇化发展核心动力

制度经济学认为,制度因素对经济发展影响是首要的,现实经济运行之中各种要素都按照一定制度来进行活动,在短期范围之内完善的制度会使区域经济发展效益不断提升。基于制度变迁研究视角,应将制度因素归纳到转型期县域城镇化动力机制的体系研究框架之中。总体而言,转型期以来,县域城镇化与制度变迁之间存在不可分割的联系;理论上,没有县域城镇化发展的各种有效制度安排、创新,就会在一定程度上阻碍着转型期县域城镇化发展基本进程。因此,有效的制度安排与创新是关系到转型期县域城镇化发展关键性影响因素之一,也是保障转型期我国县域城镇化可持续发展的重要核心驱动力。

二 经济增长是转型期县域城镇化发展基础动力

经济增长是县域城镇化发展的基础因素,首先伴随着县域经济增长,导致城乡居民消费(制造业产品、服务业等)需求上升,带动县域产业结构发生调整,县域第一产业不断地向第二、第三产业转型;其次,县域产业结构转型还会导致县域就业结构转换,从而实现县域人力、资源等要素重新配置,县域农业就业人员向工业和服务业转变,促使县域农村人口向城镇地域迁移。综上所述,县域经济增长对转型期县域城镇化发展起到十分重要的促进效应,影响到县域城镇化发展各要素重组,县域经济增长为县域城镇化发展奠定重要基础,是推动转型期以来县域城镇化发展及其演变的基础动力。

三 产业演进是转型期县域城镇化发展根本动力

县域产业结构演进主要通过产业结构合理化和产业结构高级化两大方面驱动县域城镇化发展、演变。其中,产业结构合理化主要通过县域产业结构调整与优化,改变县域劳动力结构,导致农业人口不断地向城镇转移,从而推动县域城镇化发展。产业结构高级化会通过县域主导产业高级化驱动产业结构升级,导致农村剩余劳动力非农转移,县域城乡劳动就业结构持续变化;伴随县域产业结构高级化,城镇基础设施、功能不断得到完善与优化,以及生活方式、思想观念及价值取向等不断向城镇转型，加速着转型期县域城镇化发展。因此，县域产业结构演进是影响转型期县域城镇化演变的根本驱动力。

四 农民迁移是转型期县域城镇化发展主体动力

县域城镇化进程的实施主体是"农民"，"农民"在城镇化过程中发挥着主导性作用，县域城镇化本质是农民主体向城镇空间地域迁移，县域新型城镇化的核心应是"人"的城镇化。因此，农民主体迁移是转型期县域城镇化发展重要的微观因素，是推动转型期以来县域城镇化发展的微观驱动力。其中，个体因素、家庭因素及社会因素综合影响着转型期县域城镇化过程中农民迁移进城意愿。总体上，受教育程度、家庭年收入、学龄儿童、政府就业及教育政策等对县域城镇化过程中农民迁移进城产生显著正向效应；另外，务工年限、城里社会关系等也对农民迁移进城产生正向影响；而农户年龄、户籍、社保制度对县域城镇化过程中农民迁移进城产生显著负向影响。综上所述，农民迁移是影响转型期县域城镇化演变的微观层面的主体动力。

五 转型期县域城镇化动力因素内在综合关系

综上所述，任何地理现象发生、发展及演变都是内因与外因共同相互作用产生的结果，但无论是内因还是外因其在事物运动发展中所表现的作用和"扮演"的角色是不同的。作为社会现代化重要标志的城镇化，其发展受经济、社会及文化等诸多因素综合影响；而在诸多影响因素之中，制度变迁、经济增长、产业演进及农民迁移是影响转型期县域城镇化发展、演变的重要因素。其中，制度变迁是转型期县域城镇化发展的核心动力，经济增长是转型期县域城镇化发展的基础动力，产业演进是转型期县域城镇化发展的根本动力，而农民迁移是转型期县域城镇化发展的主体动力，四大动力综合作用形成了转型期县域城镇化发展、演变的综合机制（如图6-18所示）。

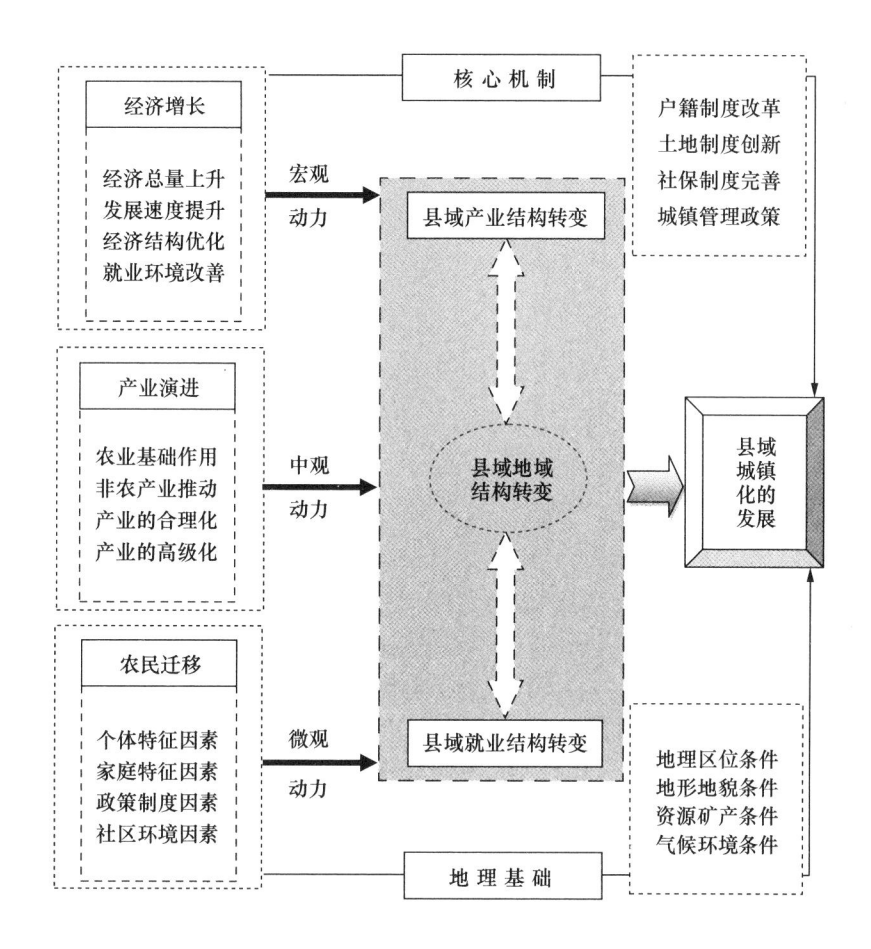

图 6-18 转型期县域城镇化发展综合影响机理结构框架

第六节 本章小结

本章主要分析 1978 年转型期以来安徽县域城镇化发展、演变的影响因素及驱动机理。首先，本书通过质性与定量相结合的研究方法，从制度变迁、经济增长、产业演进及农民迁移四个方面分析它们各自与安徽县域城镇化发展的内在关系；其次，构建出 1978 年转型期以来安徽县域城镇化发展影响综合机制框架，解释转型期以来安徽县域城镇化发展、演变的驱动机理。主要结论如下：

（1）县域城镇化进程就是人类聚居方式由农村逐步向城镇变迁的一种制度安排，制度变迁是县域城镇化动力机制中最为核心的作用因素，通过影响个体行为、资源配置及宏观环境等进而影响转型期县域城镇化发展进程。实证上，通过构建计量理论模型，有效揭示出转型期制度变迁对促进安徽县域城镇化发展产生积极影响效应；并基于城镇化制度体系构成合理解析，论证了户籍管理、土地管理及就业社保等对转型期以来安徽县域城镇化发展、演变的影响机制。

（2）经济增长是决定县域城镇化发展的宏观条件，县域经济增长会对产业、消费结构变动产生积极影响；县域经济增长过程，实际上也是县域城镇化水平持续提高过程，县域经济增长是转型期县域城镇化发展的重要驱动力。实证上，建立县域城镇化与县域经济增长的回归函数理论模型，选取皖南、皖中及皖北三大典型县（市）案例地实证分析得到转型期以来安徽县域城镇化与县域经济增长基本呈现出同步上升的趋势，县域城镇化与县域经济增长表现出显著的正向相关性特征，县域经济增长是推动转型期安徽县域城镇化发展的重要驱动因子。

（3）农业是县域城镇化发展基础，工业是县域城镇化发展核心，而第三产业是县域城镇化发展后续动力；同时，产业结构演进是县域产业结构由低级向高级演进的高度化、合理化基本过程，具体通过影响要素配置、投资乘数效应及人力资本结构等影响转型期县域城镇化发展与演变。实证上，通过协整检验、误差修正模型及 Granger 因果检验等计量分析得到县域产业结构高级化、县域产业结构合理化均是转型期安徽县域城镇化发展水平提升的 Granger 原因，但产业结构高级化相比产业结构合理化，其对安徽县域城镇化发展促进效应更显著。

基于主体迁移微观视角分析安徽县域城镇化发展内在影响机制，从理论上假设个人因素、家庭因素及社会因素对县域城镇化过程中农民迁移进城的影响机制，并构建出农民迁移进城理论模式。实证上，根据皖南、皖北两大典型县（市）实证调研数据，建立农民迁移二元

Logistic 模型，分析得到农民年龄、学龄儿童、户籍政策对转型期安徽县域城镇化进城中农民迁移进城具有负向显著影响；受教育年限、家庭年总收入对转型期安徽县域城镇化过程中农民迁移进城具有显著的正向影响；另外，务工年限也对农民迁移进城产生一定的正向效应。

综合机制方面，转型期安徽县域城镇化发展动力机制是影响县域城镇化发展及演变的自然、产业、文化及制度等诸动力要素的综合、互动过程，城镇化动力因素在不同阶段、不同区域是相异的，制度变迁、经济增长、产业演进及农民迁移四个方面对转型期安徽县域城镇化发展、演变影响十分显著，其中制度变迁是转型期安徽县域城镇化发展的核心动力，经济增长是转型期安徽县域城镇化发展的基础动力，产业演进是转型期安徽县域城镇化发展的根本动力，而农民迁移是转型期安徽县域城镇化发展的主体动力，它们的共同作用形成了转型期安徽县域城镇化发展、演变的综合驱动机制。

第七章 转型期县域城镇化发展模式路径

"县集而郡，郡集而天下，郡县治，天下无不治""小城镇，大问题"。作为承上启下、沟通条块、连接城乡的枢纽，作为农业与非农产业、宏观和微观、城市和农村的结合部，县域发展正扮演着越来越重要的角色（卢志坤，2018）。因此，如何协调推进新型城镇化和乡村振兴这两大战略，是实现县域发展重中之重；县域经济及城镇化的发展，无疑将起到桥头堡的作用（肖正华，2013）。县域城镇化是我国城镇化发展体系中的基础组成部分，伴随着我国新型城镇化战略不断推进，作为未来中国长期增长的一个主旋律，县域城镇化日益成为中国新型城镇化的坚实底座与重要载体，将发挥着十分重要的基础性作用。目前，我国县域城镇化发展总体水平相对较低，且县域城镇化发展区域性差异显著，如何有效地提升转型期县域城镇化发展水平及质量是促进我国新型城镇化发展需要解决的重要问题。"小城镇，大问题""小城镇，大战略"，县域城镇化发展既要依托小城镇化发展，又寄希望于乡村振兴，县域是我国新型城镇化战略和乡村振兴战略的交汇地。因此，实现县域城镇化发展是协调推进我国"新型城镇化战略""乡村振兴战略"实施的关键之所在。

转型期县域城镇化发展目标：在新型城镇化背景下，以"人"的城镇化为核心，以特色城镇为主体，以发展大县城为主攻方向，加快转变城镇化方式，提高城镇化发展质量；加强县域主导产业培育，提升基础设施、公共服务水平，实现县域城镇扩容提质，走城乡统筹融合发展特色之路。基于我国县域城镇化发展优化调控的目标方向及主要原则之上，重构县域城镇化发展的典型调控模式，最后从"科学规划、人口转移、产业转型、制度创新"四大方面提出转型期我国县域城镇化科学发展的调控政策建议。

第一节 县域城镇化发展原则导向

推进县域城镇化发展是破除城乡"二元"结构的重要依托，是解决转型期"三农"问题的重要途径。结合当前国家新型城镇化发展战略，根据我国目前所处发展阶段以及县域城镇化建设中存在的问题矛盾，未来推进转型期我国县域城镇化科学发展调控应遵循以下几点原则导向。[①]

一 以人为本，城乡一体

以"人"为本是县域城镇化发展应遵循的首要原则，县域城镇化本质是实现县域范围内"人"的城镇化，推进县域城镇化必须要坚持以"人"为核心，积极有序推进县域农业人口有效转移，稳步推动城乡基本公共服务全面覆盖的力度，提升县域农民市民化水平，不断提高县域城乡人口素质。"以人为本"要把统筹城乡一体化发展、缩小城乡间差距、提高城乡居民生活质量作为转型期县域城镇化建设根本目的。通过多创造城镇就业机会，逐步消除各种体制性、政策性发展障碍因素，建立引导吸引农村人口向城镇转移的长效机制。

新型城镇化是县域发展的引擎，而乡村振兴是县域发展的基础。城乡融合发展是县域发展的重要途径，城乡一体化则是县域发展的必然结果。县域城镇化的发展不是要消除农村，相反是要破解城乡"二元"结构，统筹城乡就是要更多地重视农村、农业及农民，解决好县域城镇化发展中的"三农"问题，从而实现城乡一体化的全面发展。截止到2014年年底，安徽省农业人口5362万，占总人口的77.71%；农业总产值2392.39亿元，仅占GDP总量的11.47%，仍是发展中的农业大省，推进县域城镇化进程中不能忽视"农民"主体地位，轻视"农民"利益。因此，要充分考虑农民的承受力，不能以牺牲农业、农民为代价

---

① 《国家新型城镇化规划（2014—2020）》。

来推行县域城镇化建设，避免城镇化发展中"农村病"的产生。

二 市场主导，政府引导

市场化是县域城镇化发展的重要动力，市场化发展程度越完备，则越有助于推进县域城镇化进程。当前随着我国市场经济发展，市场对资源配置基础性作用越来越显著。未来推进转型期县域城镇化发展过程之中，应充分运用市场机制，发挥市场主导性作用，建立城乡平等发展机制，依据"谁投资，谁受益"的基本原则，吸引企业参与县域城镇化中投资、建设等基本活动，积极发挥市场化保障我国县域城镇化有序推进的重要力量。

随着我国市场经济日趋完善，但仅靠市场机制来实现县域城镇化还存在诸多问题，尤其在政策体制调整、基础设施投资增加及城镇合理科学规划等方面，还需要政府相关部门的直接合理引导。因此，未来转型期推进县域城镇化发展，应结合政府推动和市场主导，充分发挥市场和政府的合力，建立政府、社会和个人共同投资的多元化投资联动机制，实现市场和政府有效结合从而促进转型期我国县域城镇化健康地发展。

三 因地制宜，循序渐进

立足县域区位特点，充分发挥县域资源禀赋、产业基础等方面积极优势，依据"因地制宜"标准来推进转型期我国县域城镇化发展，重构出各具特色的县域城镇化发展模式与调控路径。总体上而言，未来转型期县域城镇化发展建设要结合各县（市）城镇区位、资源及产业等特色入手进行科学、合理的规划定位，形成一批现代农业主导型、新型工业主导型、产城一体发展型、旅游发展主导型及绿色生态主导型等不同类型的县域城镇化发展的典型模式，通过因地制宜方式不断推进转型期县域城镇化发展。

同时，推进县域城镇化发展要坚持循序渐进原则，县域城镇化是县域经济、社会发展到一定阶段的产物，是人力、资源及资金等要素在县域空间上重新优化组合的基本过程；相对于县域经济发展阶段来说，超前、滞后都将产生不利的负面效应。因此，推进转型期县域城镇化发展要根据各县（市）发展实际情况，不能是"一窝蜂""一刀切"的政策，而应该积极考虑农民进城后的就业、社保等相关后续工作，通过循序渐进方式促进县域城镇化发展。

四 统筹协调，绿色发展

县域城镇化最终目的是实现县域经济、社会发展，增加城乡居民收入，推动城乡统筹全面实现。县域城镇化发展要把促进城镇发展与人口、资源及环境协调发展进行综合考虑，特别要重视发展过程之中县域生态环境综合承载力，将县域城镇化发展的经济、社会及生态效益综合统一。未来转型期推进县域城镇化发展，根据各县（市）城镇综合承载力差异，统筹安排县域基础社会服务设施建设，实现县域经济、社会及环境的全面协调发展。

未来，推进我国县域城镇化建设与生态环境保护矛盾日益突出，因此我国县域城镇化建设必须逐渐摒弃粗放式的经济增长方式，积极发展县（市）循环经济模式，杜绝走"先污染、后治理"的老路，坚持走县域城镇建设与生态建设相协调的新型城镇化发展之路。积极转变县域城镇化发展方式及模式，着力打造资源节约型、环境友好型中小城镇，将生态文明发展理念全面融入转型期县域城镇化规划建设的方方面面之中。

第二节 县域城镇化发展模式重构

城镇化发展模式是指特定地区、特定阶段城镇化采取的具体发展途径。转型期以来，由于各县（市）自然环境、经济水平及社会文化等方面都存在较大差异；因此，推进县域城镇化发展过程中，各县（市）应该根据自身条件特点走具有特色城镇化发展模式路径。首先，根据区域结构、资源禀赋、空间结构及发展主体等不同标准（张登国，2009），将转型期县域城镇化发展模式进行系统分类总结；其次，结合转型期各县（市）发展基本特征及基本差异，重构适宜县域城镇化发展典型模式。

梳理国内外关于县域城镇化发展模式研究相关文献，可将我国县域城镇化发展模式归结为以下几种基本类型。①按照区域结构标准，将县域城镇化发展模式划分为：城市群带动型、中心城市带动型、交通要道带动型等。②按照资源禀赋条件标准，将县域城镇化发展模型划分为：专业市场带动型、农业发展主导型、工业发展主导型、旅游发展主导型等。③按照空间结构标准，将县域城镇化发展模式划分为：城市扩展模式、新城建设模式、开发区建设模式、农村就地城镇化模式等。④按照发展主体标准，将县域城镇化发展模式划分为：自上而下推动型、自下而上推动型等。具体如表 7-1 所示。

表 7-1　　我国县域城镇化发展模式的分类与汇总

划分标准	主要类型	基本特征
区域结构	城市群带动型	通过在一定地理空间区域内由核心大城市、中心城市，以及不同等级县域小城镇组成的城市空间群体，形成区域发展增长极，推动县（市）城镇化发展
	中心城市带动型	通过发挥中心城市辐射效应，带动一些基础条件好的县（市）逐步发展为中等城市，以及基础较好的中心镇发展成为小城市，推动县（市）城镇化发展
	交通要道带动型	通过依托交通网络优势，促进经济、人口等要素集聚，从而带动上下游关联产业、配套业在城镇地域空间集中，推动县（市）城镇化发展
资源禀赋	专业市场带动型	通过依靠邻近交通优势，形成传统商品集散地、集贸中心、商品交易中心等专业市场，通过以商兴县、兴镇，带动县（市）城镇化发展
	农业发展主导型	通过大力发展农业，依靠农业产业化形成的一种发展类型；通过农业整体产业链条不断扩大，创造就业机会，促进县（市）城镇化发展
	工业发展主导型	通过发展一定规模的乡镇工业企业，创造大量的就业岗位吸纳农村剩余劳动力转移进城就业、生活，从而推动县（市）城镇化发展
	旅游发展主导型	通过旅游产业发展带动泛旅游消费聚集，带动餐饮、住宿及相关服务产业集群发展，创造大量非农就业岗位，从而推动县（市）城镇化发展

续表

划分标准	主要类型	基本特征
空间结构	城市扩展模式	主要通过蚕食县域城镇建成区周边农用地资源，促使城镇规模不断扩张，实现城镇人口地域空间集聚，推动县（市）城镇化发展
	新城建设模式	主要通过老城区周边开辟出新的建设区域，并对新城进行人口、产业、基础及社会服务设施的规划，从而推动县（市）城镇化的发展
	开发区建设模式	通过对开发区建设，吸引产业在这一空间集聚，形成县域发展新的增长极，产业发展带来人口集聚，从而实现县（市）城镇化发展
	农村就地城镇化	主要在农村地域中出现的城镇形态，拥有良好的生活环境、社会服务水平，以及大量非农就业机会，造成非农人口聚集，实现县域就地城镇化
发展主体	自上而下城镇化	主要在传统计划经济条件下，由政府发动和包办的城镇化发展模式，政府在县（市）城镇化发展中发挥着十分重要的主导性的推动作用
	自下而上城镇化	主要是对民间、社区政府发动的城镇化的一种概括，是由民间力量、社区组织发动起来的并得到政府支持的县（市）城镇化发展基本模式

资料来源：根据张登国《中国县域城市化的多元类型研究》一文整理。

党的十八大报告中，明确指出了"科学规划城市群规模和布局，增强中小城市和小城镇产业发展、公共服务及人口集聚功能"。目前，"县域城镇化"作为我国城镇化发展体系中的一个重要梯度类型，由于县域城镇化发展受市场、区位及资源等多种复杂因素综合作用影响，从而形成了转型期以来我国县域城镇化发展的多元化类型；因此，科学选择县域城镇化发展模式，引导县域城镇化正确的发展路径，提出县域城镇化发展的针对性对策建议，直接影响着转型期我国县域城镇化可持续发展基本进程。

当前，中国正处于加快推进城镇化发展的重要阶段，县域城镇化发展直接关系到城镇化发展速度与效益，重构县域城镇化发展的主导推进模式，科学规划县域城镇化发展的实现路径，有助于破解我国经济社会转型背景下县域城镇化发展进程中动力不足、机制不活及效益不优等诸多问题及矛盾。因此，结合我国县域城镇化发展的阶段、特征及区位条件、人口集聚趋势及自然资源、文化禀赋等，重构出适宜我国县域城镇化发展的五种典型模式，分别为：模式Ⅰ——现代农业主导型、模式Ⅱ——新型工业主导型、模式Ⅲ——特殊资源主导型、模式Ⅳ——都市边缘主导型、模式Ⅴ——绿色生态主导型。下面对这五种县域城镇化发展的典型模式的基本内涵、案例指引及发展策略展开初步的探讨。

一 模式Ⅰ——现代农业主导型

（一）基本内涵

现代农业主导型模式是指该县（市）经济主要以农业产业为主导，通过发展县域特色农产品种植、系列加工产业，积极推进县域现代农业，延长农业产业整体生产链，促进县域农业产业的转型、升级，创造更多城镇就业机会，增加城乡居民基本收入，改善城乡居民生活条件，实现城镇化的生产、生活方式，从而推动县域城镇化可持续发展。

（二）案例指引

作为中国农村改革的发源省份安徽，是典型的传统农业大省，大多数县（市）属于典型的农业县，适宜农、林、牧等全面发展，是中国特色农产品资源丰富的区域。截止到 2014 年年底，省国家级现代农业示范区 6 个（庐江县、南陵县、涡阳县、埇桥区、颍上县、铜陵县），省级现代农业示范区 74 个。另外，皖北地区特别是淮河流域县（市）的广袤平原，易实现土地集中流转规模经营，机械化耕作方式易得到推广，因此未来皖北地区县（市）也可大力发展农业现代化产业链，走现代农业主导型县域城镇化发展道路。

（三）发展策略

现代农业主导型县域城镇化发展因地制宜做好县域现代农业发展规划，加大发展现代农业的资金投入力度，完善县（市）农业现代化装备；重点壮大县域现有的优势农业产业，突出县（市）农业资源特色，培育县域特色农业竞争性强的产业，重点扶持县域农业主导产业，建设县（市）农业龙头企业；同时，还需要通过不断提升组织化程度，完善县域农业社会化服务体系。另外，需要立足各县（市）发展实际，逐步建立适应农业市场化、规模化及集约化发展的新型县域现代农业制度体系。

二 模式Ⅱ——新型工业主导型

（一）基本内涵

新型工业主导型模式是指该县（市）具备良好的工业基础、资源禀赋、交通便捷等诸多发展优势；县域产业结构主要以工业为主，工业化是该县域城镇化发展最为重要的驱动力；工业化和城镇化是"双胞胎"，通过推进新型工业化，转变县域工业产业结构，有效促进人口、技术及资金等要素空间集聚，实现城镇地域空间和人口规模跳跃式增长，促进县域产业、就业等结构转型升级，从而推动县域城镇化发展。

（二）案例指引

选择新型工业主导型的县域单元通常为县（市）原先工业化基础，且工业化发展水平相对较高，一般空间地域上大多数都位于大中城市及其交通要道周边的小城镇，如皖南地区宁国市、桐城市、当涂县，以及皖中地区长丰县、天长市、明光市等县（市），原先的工业基础较好，并且形成一定规模的特色工业产业集聚，未来转型期这些县（市）可以通过实施新型工业化战略，促使工业结构转型，进一步提升转型期县域城镇化发展的驱动力。

（三）发展策略

新型工业主导型县域城镇化发展应构建县域特色鲜明的现代工业体系，实施县域新型工业化核心战略，全力发展县域战略性主导产业。积极发展县（市）先导性产业，稳步提升县（市）基础性产业，限制、淘汰县域劣势产业；另外，在我国东部长三角产业转移的大背景之下，通过不断完善县域工业园区的基础及其相关配套设施建设，制定企业入园的土地、财政及技术等多方面优惠扶持政策，积极推动县域工业园区与县域产业集群同步协调地发展，从而构建保障转型期县（市）企业落户工业园区的长效推进机制，营造县域新型工业化发展的良好环境。

三 模式Ⅲ——特殊资源主导型

（一）基本内涵

特殊资源主导型模式是指该县（市）具有一定特殊的资源优势（矿产资源、旅游资源、文化资源等），通过重点发挥县（市）特色资源优势，形成资源集聚、人口及产业等要素集中，形成以县域特色资源为基础的优势发展主导产业，充分发挥对县域发展引领作用与带动效应，促进农业人口不断向城镇地域转移，从而推动县域城镇化发展。

（二）案例指引

特殊资源主导型模式主要适合范围内具有特色资源的县（市）单元，如皖北地区的凤台县、濉溪县等具有丰富煤炭资源，适合煤炭资源主导型城镇化发展模式；皖南黄山地区（歙县、祁门县、泾县等）、九华地区（东至县、石台县、青阳县等）的县（市）具有丰富的旅游资源；另外，皖北地区亳州县（市）的帝王、道家及医药养生文化具有较高的旅游开发潜力及价值，适合发展旅游主导型县域城镇化发展模式。

（三）发展策略

特殊资源主导型县域城镇化发展应结合县（市）的区位特点及市场前景积极转变发展思路，不断调整县（市）产业结构及布局，由县（市）单一资源主导型结构向多元主导型结构不断优化与转型。另外，特色资源主导型县域必须以市场为导向，根据市场需求科学开发县域特色资源，大力发展县（市）特色资源精深加工，不断地延伸县域特色资源产业链条，充分发挥县域产业群集约化生产的综合促进效应。另外，通过大力发展县域循环经济降低资源消耗，解决转型期县域城镇化发展过程中与环境资源之间的矛盾，走县域资源环境友好型的发展之路。

四 模式Ⅳ——都市边缘主导型

（一）内涵特征

都市边缘发展型模式主要是指该县（市）位于大中城市周边，充分利用毗邻大中城市的区位地域优势，借助大中城市具有较强的区域辐射与聚集能力及优越的市场、资金、人才及科技等优势，承接大中城市由于产业与职能结构调整、转型升级所带来的要素与人口、产业与职能转移，发展与大中城市互补性和协作性的相关产业，在依托大中城市的基础上把城镇与乡村建设成相互依存的统一体，从而推动县域城镇化发展。

（二）案例指引

该模式主要适合如合肥都市圈周边的肥东县、肥西县和长丰县，芜马都市圈周边的芜湖县、南陵县，蚌淮城市组群周边的怀远县、凤阳县和凤台县，淮北市周边的濉溪县，滁州市周边的来安县和全椒县，安庆市周边的怀宁县。未来，这些县级城市应作为中心城市组团来进行规划，发展成为在产业发展、空间布局及设施建设等与中心城市实现一体化发展的卫星小城市。

（三）发展策略

都市边缘主导型县域城镇化发展应做好以下两方面工作：①主动融入，构筑与大中城市一体化发展态势。大中城市周边近郊区县（市），以主动接轨融入大中城市发展为核心思路，积极思考找准自身在大城市发展中的定位，加强各项基础设施有效对接，全面实现资源共享常态化、区域合作常态化。②积极分担，疏解大城市的部分功能。主动呼应大中城市功能外溢、空间扩展趋势，作为大中城市的有机组成部分规划建设，以完善大、中城市配套服务功能为主，发展县域自身特色为辅，大力发展功能互补产业，与大中城市共同构建完备的产业结构体系，使县域自身与大中城市共同承担带动和辐射区域发展职能。同时，还应主动接纳大中城市过度集中的人口、工业等，从而形成功能互补、错位发展的竞合共生态势。

五 模式Ⅴ——绿色生态主导型

（一）内涵特征

绿色生态主导型模式是指统筹考虑县域城镇建设与人口、环境、资源等之间的关系，以生态经济体系为核心，以实现县（市）社会可持续发展为目的，全面建设县域绿色经济、社会及消费的生态城镇，从宏观布局到主体形态、从功能分区到城镇建设均要绿色化，实现县域城乡一体、集约、生态的新型城镇化，从而推动县域城镇化发展。

（二）案例指引

绿色生态主导型县域城镇化模式主要适用于经济发展水平较好的县（市），如铜陵县、宁国市、繁昌县、天长市、广德县等；以及生态环境较好的县（市）单元，如旌德县、绩溪县、金寨县、霍邱县等。未来，转型期这些县（市）发展过程之中，应积极践行"生态绿色、集约发展"的理念，融入县域经济发展转型发展之中，从而推动转型期县域城镇化可持续发展。

（三）发展策略

绿色生态主导型县域城镇化发展通过科技创新不断提升改造县（市）传统产业，提高县域产业核心综合竞争力，推动县域工业企业绿色化、生态化发展，打造县域生态园区，不断构建县域低碳经济发展模式。另外，要尊重县（市）自然景观、历史文化格局，通过大力发展县域绿色建筑，推进县域绿色生态城区建设，积极提倡县域城镇形态规划的多样性，防止县域城镇化规划建设中出现"千城一面"的怪局。

第三节　县域城镇化发展路径指引

县域城镇化是伴随着县域内第二、第三产业发展而发生的经济、社会及空间等结构的转换，这一转换主要表现为人口、资本及资源等要素由分散的农村地域向城镇地域集聚的演化过程。在我国"新型城镇化建设""乡村振兴战略"的双重时代大背景之下，作为城镇化发展体系中最基础的组成部分，县域城镇化在推进转型期城镇化建设过程中具有十分重要的意义。面对转型期县域城镇化发展存在的问题矛盾，如县域内城镇规模过小且实力较弱、城镇规划不合理现象、城镇面貌单一且缺乏特色、管理体制机制制约等方面，基于转型期县域城镇化发展目标、原则导向及模式重构等相关内容，重点考虑到县域城镇化发展过程诸多问题矛盾，本书试图从"科学规划县域城镇体系、推进农业人口有序转移、推动产业结构转型升级、创新县域城镇化发展制度"四大维度上提出转型期我国县域城镇化转型发展的路径指引,提出我国县域城镇化发展的具体建议。

一 科学规划——形成完善的县域城镇体系

县域城镇化规划是否科学合理,决定其城镇化发展质量的高低。基于县域城乡发展关系理论分析的基础之上,对"县城""中心镇""一般建制镇""农村地区"分别采取不同的发展策略:①重点发展县城和少数基础好、潜力大的中心城镇;②优先将具备较好经济基础、区位优势及特色资源的一般建制镇打造为特色专业镇;③以县城、中心镇、专业特色镇来辐射和带动周边农村地区经济、社会发展。基于"突出重点、差异发展"的优化思路,构建出"县城—建制镇—中心村"县域城镇发展体系的基本架构,建立城乡联动发展的空间新格局,形成转型期以县城、重点镇为支撑的产业特色鲜明、服务功能完善及人居环境良好的县域城镇化体系结构。

(一)优先重点发展县城

县城一头连着农村,一头连着城市,是"城"与"乡"之间的纽带。县城是县域城镇化体系的重要组成部分,是连接城镇与乡村的重要平台,是统筹城乡发展的重要载体。"县城"作为县域空间的首位城市,依托县城打造"增长极"。目前,各县(市)城镇自身发展实力普遍较弱,缺乏聚集、扩散效应。未来选择皖江城市群中有条件的重点镇,构建便利交通网络,完善城镇基础设施,积极扶持城镇优势特色产业,并给予资金、土地等政策保障。另外,推进县城提质扩容升级。将省内县域城区人口达到一定规模(一般标准为>15万人)、发展潜力相对较大的县城积极培育成"中等城市";同时,依据县(市)资源禀赋特征及不同功能定位,发展一批小城市、特色县城。

积极探索推进行政区划优化与调整,按照案例地安徽省城镇体系规划,优化皖北区域中心城市布局,推进皖北一些人口大县改市、改区,扩大市区和县城关镇及重点建制镇管辖空间范围。推动行政区划调整过程中,皖北地区要探索建立行政管理创新和行政成本降低的新型城市行政管理模式；皖江地区要推广经济发达镇行政体制改革试点经验，赋予吸纳人口多、经济实力强的乡镇同人口和经济规模相适应的管理权，不断扩大城市管理权限；通过对不同行政区域县发展进行优化调控，为转型期县域城镇化发展提供支撑空间保障。

（二）积极扶持小城镇建设

中心镇是一定县域范围内的政治、经济及文化中心，基础、社会服务等设施也相对完善。中心镇由于进入门槛低于大、中城市，就业机会、社会服务等方面又优于一般集镇，对农村地区剩余劳动力转移进城也具有较大的"拉力"效应。另外，县域的中心镇还能够有效地畅通县城与广大农村地区之间的人流、物流及信息流等，有助于缩小城乡之间发展差距，从而推动县域城乡一体化统筹发展格局不断形成，促进县域城乡融合发展进程。因此，县域"中心镇"在转型期县域城镇化过程中将发挥着积极促进效应，具有十分重要的地位。

当前，由于受到自然地理、资源禀赋及社会文化等方面的差异不同的影响，未来转型期县域城镇化发展应着力重点建设一批差异明显、各具特色的小城镇。推动中心城市周边小城镇主动融入中心城市发展，积极承接中心城市的产业转移，促进小城镇产业结构不断优化重组。引导皖江地区小城镇积极主动承接东部长三角地区的产业转移；鼓励农林产品丰富的小城镇发展特色加工业；扶持皖南地区旅游资源较丰富城镇发展和提升旅游产业；支持皖北地区矿产资源丰富城镇发展特色资源型工业；支持省际边缘区位条件好的城镇培育综合市场或专业市场，积极发展城镇现代物流产业。通过发展不同区域的重点小城镇，为转型期县域城镇化发展奠定重要的基础。

（三）推进新农村社区建设

农村是县域城镇化一个重要组成部分，科学合理推进农村建设也是保障转型期县域城镇化可持续发展的重要方面。新型农村社区在五级城镇体系中是最基层组织构建，是城镇体系战略基点。伴随城镇化进程加快，越来越多的农村青壮年劳动力迁移进城，农民宅基地空置率越来越高，"农村空心化"问题越发严重。因此，应将城镇化与乡村建设统筹，因地制宜推进新型农村社区规划建设。按照发展中心村、保护特色村、整治"空心村"的基本要求，加快农村地区基础设施建设，推进公共服务向农村地区延伸，创新农村地区基层治理结构，建设一批生态良好、环境优美的宜居村庄和新型农村社区（如图7-1所示）。

(1) 整治前村镇空间分布格局　　　(2) 整治后村镇空间分布格局

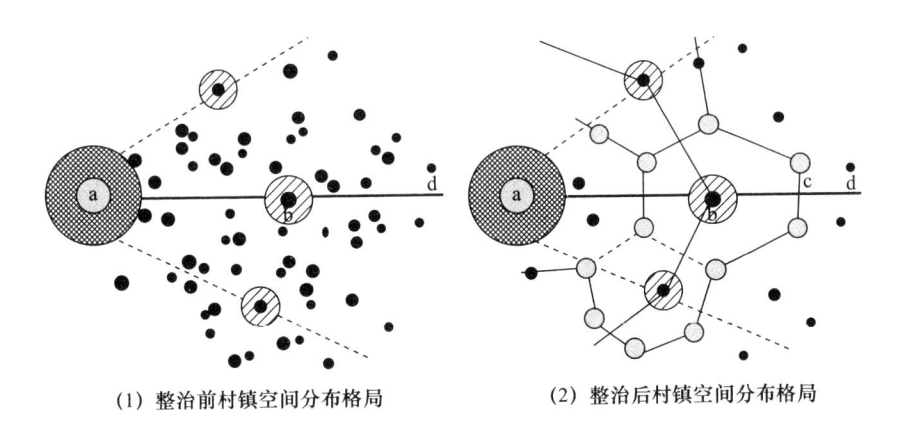

图7-1　整治前、整治后村镇空间分布格局对比

根据《安徽省城镇体系规划（2011—2030）》中确定安徽省未来乡村地区建设总体目标：建构以中心镇、中心村（新型社区）为主体的乡村地区镇村体系。其中，中心村（新型社区）作为农村基本服务单元，完善基本农村公共服务及支农服务功能。自然村为因地制宜保留的居住单元，突出乡村地域特色，改善人居环境。集聚于中心村（新型社区）的农村人口比重2020年达到35%以上，2030年达到50%以上。另外，《安徽省美好乡村建设规划（2012—2020）》明确地指出，从2013年年初始，每年重点培育建设1500个左右中心村，以及治理10000个左右自然村规划目标，推进安徽新型农村社区建设。

二　人口转移——稳步农业人口有序转移

在传统计划经济体制下，城乡分离管理模式使农民被严格限制在农村经济范围内，农民只能参加农村范围内的围绕农业的经济活动。一直以来，作为我国中部地区典型的农业大省；总体上，我国各县

（市）农业人口比重相对较大，存在较多数量的农村农业剩余劳动力，剩余劳动力的有效就业与转移，直接关系到转型期县域城镇化发展总体质量。未来转型期，如何有效选择县域农业人口转移模式，以及积极探索建立农业转移人口市民化推进机制是保障转型期我国县域城镇化可持续发展的重要战略举措。

根据相关资料，统计出 2008—2014 年期间安徽省流向省外、省内跨市流动、本市其他区县流动、本县其他乡镇街道流动 4 种类型的分布基本特征（如图 7-2 所示）。通过图 7-2 可清楚地看出：2008—2014 年期间跨省流出呈现出迅速下降趋势，省内跨市流动和本县其他乡镇街道流动增长较迅速，而跨本市其他县区的流动则表现出相对缓慢增长的发展态势。因此，如何合理有效地引导省内农业人口有序转移将是关系到县域城镇化发展的重要因素。

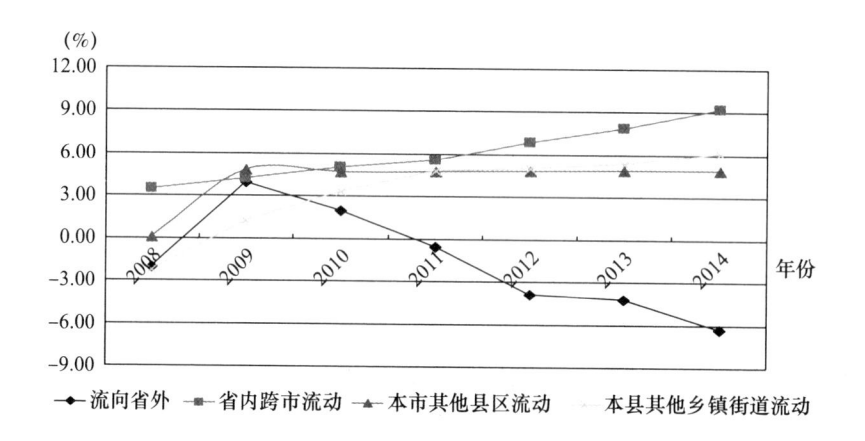

图 7-2　2008—2014 年安徽省外出半年以上人口规模的增速变动情况

（一）科学构建县域农业人口转移模式

"城镇拉力"和"农村推力"共同作用下形成了县域农业人口持续向城镇地域空间迁移，农村推力形成了剩余劳动力向城镇迁移意愿，但发生农民空间迁移还取决于城镇是否具有足够大的拉力效应。在经济社会发展不平衡情况下，落后地区农村人口向城镇迁移意愿强、迁移数量较大，但落后地区城镇却难以吸纳大量的农村迁移人口；然而，发达地区城镇产业结构相对合理，工业、服务业发展水平较高，基础及社会服务设施相对较完备，相对能够吸纳大量农村迁移人口。若在跨地区迁移成本较低、迁移进城阻力较小前提下，就会形成农村人口向本地区城镇和发达地区城镇迁移并存现象，分别称为"本地城镇化"和"异地城镇化"（如图7-3所示）。（汪增洋，2014）

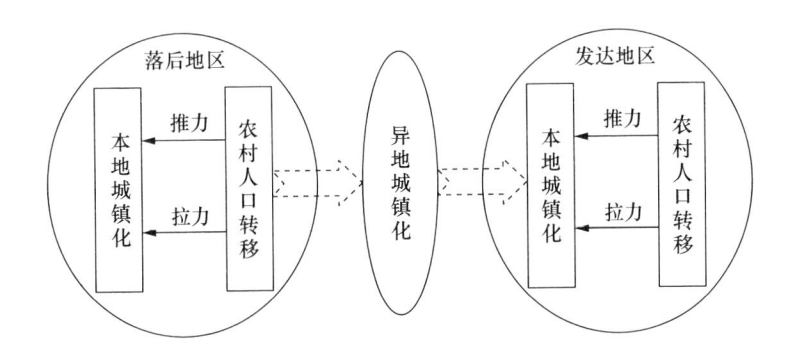

图7-3 农村人口迁移：本地城镇化和异地城镇化

1. 县域农业人口就地转移模式

县域农业人口就地转移主要是依托县城、中心镇，或把散落的农村聚落适时、适度聚集发展为新型农村社区，并逐渐成长转化为新的小城镇，就地、就近实现非农就业化和农民市民化的城镇化发展基本过程。通过建立适宜人居的村镇，大力地发展农村经济、不断地完善农村基础设施、大力发展农村社会公共服务事业，容纳更多农民工就近就业创业，让他们挣钱顾家两不误[①]，从而推进县域城乡统筹一体发展（曹传新，2013）。它是一种"既不离土也不离乡"城镇化，并被称为"新型城镇化的第三条道路"（如图7-4所示）。

---

① 《2016年政府工作报告》。

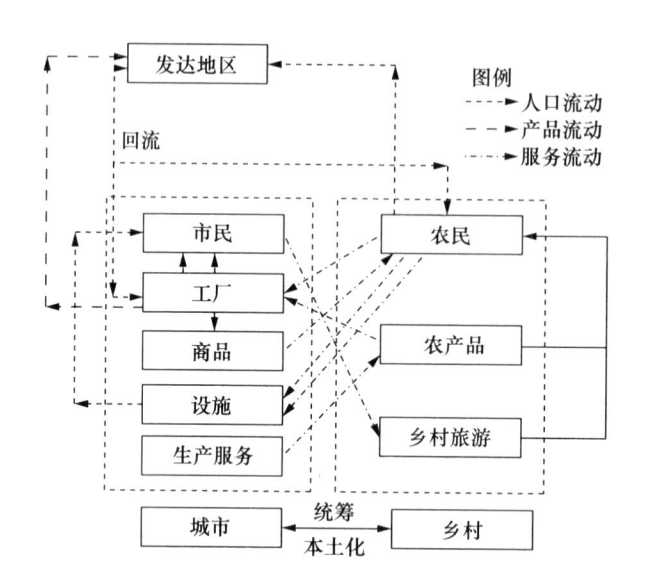

图 7-4 县域就地城镇化模式及其路径

未来，县域城镇化推进过程中应加强县城、中心镇及特色小镇建设，形成现代农业型、工业主导型、旅游开发型等各具特色、主导产业的城镇化布局，不断地拓展就业空间，满足农民就近、就地就业的实际需要。重点解决县域发展在城乡劳动力需求与就业供给、城乡公共服务统筹与建设共享、农村居民安居与社会保障等多个方面创新形成符合各县（市）实际的就地、就近吸纳农村农业人口的县域就地城镇化模式，保障转型期县域城镇化发展。

2. 县域农业人口异地转移模式

县域农业人口异地转移模式主要是将县域大量剩余农村农业人口向周边大中城市、发达地区城市的地域转移，即农村人口流向大中城市的就业模式，这种模式可大大减少县域范围内的农村农业人口，但同时在此转移过程中孕育了中国"农民工"特殊社会群体（曹传薪，2013）。总体而言，安徽省地处中国的泛长三角经济区，邻近上海、浙江及江苏等东部沿海经济最发达省份，可通过积极引导与对接，促使安徽农村农业剩余人口积极向上海、杭州、南京、无锡、苏州、常州等大中城市的省外有效地域转移，且这些大中城市占安徽农业人口转移较大比重，可有效减少转型期安徽县域剩余农村农业劳动力。另外，安徽省内部发展也存在显著"南北差异"，积极推进安徽省内异地城镇化，符合农村人口转移中的差异化需求，有利于解决县（市）内城镇化难以解决的问题，如省内主体功能区划与人口分布不匹配，皖中地区和沿江地区发展缺人、皖北地区农业现代化发展缺规模、皖北地区资源环境承载力不足等矛盾（如图7-5所示）。

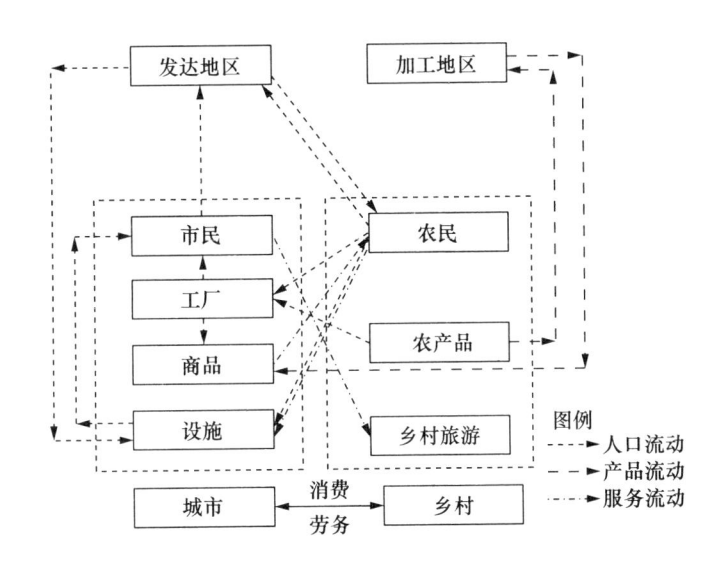

图7-5 县域异地城镇化模式及其路径

当前，安徽省内异地城镇化现状基础较薄弱，截至2013年跨省流动达到外出半年以上人口总规模的68%，省内流动占32%，其中省内跨市流动仅占9.3%。在引导外出务工人员回流基础上，推动省内跨市（县）人口异地城镇化，促进就近就地城镇化，扭转人力资源外流严重和内部流动困难的现实困境。根据《安徽省省内异地城镇化实施机制研究总报告》（2015），预测到2020年前，将会迎来人口回流和省内异地城镇化转移人口高峰期，同时转移目的地将集中在合肥和芜湖两大城市；另外，预计到2020年后，我国沿海地区经济结构转型接近完成，省内也将逐步开展经济结构调整，人口回流和省内异地城镇化转移将趋于缓慢，同时转移目的地将在保持合肥和芜湖主导地位情况下，实现更广泛的流动转移。因此，通过积极推动异地城镇化，引导农村富余劳动力在省内外大、中城市间有序转移，解决农民转移进城的就业问题；但同时，由于长期城乡"二元"就业制度及农民自身素质各种限制，转移进城农民也主要从事劳动强度大、环境污染大工种，城镇就业方式制约性显著。另外，青壮年劳动力进城务工，大量老弱妇幼留守在农村，形成我国农村特有的"386199"部队，使我国土地流失、农村空心化等"乡村病"日益凸显，农业农村的发展逐渐走下坡路，出现了"衰退"的迹象。因此，实践也证明农业剩余劳动力盲目过度地向大中城市转移，会给我国城乡发展带来一定程度的负面效应。

综上所述，未来坚持农村农业人口异地转移与就地转移相结合，才能保障转型期安徽县域农村农业人口的合理流动，广开农民就业门路，防止农民盲目涌进大、中城市，避免可能出现的大中城市人口急剧膨胀和贫富悬殊社会现象。两种人口转移模式总体思路、目标是一致的，立足于公平正义、城乡统筹发展，最终实现"人"的城镇化。具体而言，转型期安徽县域农村农业人口有效转移应实行就地城镇化与异地城镇化并重的城镇化发展战略，并充分考虑市场机制调节、政策导引及农民自愿选择等因素，并根据不同县（市）的实际情况采取因地制宜的农村农业人口转移模式。

（二）完善农业转移人口市民化机制

积极推进县域农业转移人口市民化，受到转移进城后的就业、住房、教育及医疗等多方面制约，如何有效地保障转移进城务工人员稳定地就业、住房及医疗等直接关系到人口市民化的进程及质量，因此需要完善县域城镇化发展的就业及住房保障政策，营造良好的县域农业转移人口市民化的长效机制，才能促进转型期县域城镇化不断有序进行。

就业方面上，完善公共创业服务体系，促进城乡劳动者平等就业。加强农民创业政策扶持，强化农民的创业培训，落实小额担保贷款、贴息，完善小微企业服务政策性担保体系。积极构建农民职业培训体系、新型农民培育计划等职业技能规划完善。建设农民职业技能培训基地，加快建立覆盖全省就业信息服务网络体系。另外，积极给予转移进城农民获取职业资格证书的补助支持，从而进一步提高进城农民就业素质与工作技能。

住房方面上，建立"租购并举"的住房制度[1]，构建以廉租房为主的住房保障供应体系，在县域开发区（新区）配套建设一定比例公租房，不断地改善进城务工农民居住条件。通过"限房价、竞地价""定设计、竞房价"等成功的市场化运作模式，引导社会资本参与县域城镇住房规划、建设。另外，进一步地落实住房公积金制度政策，逐步实现住房公积金政策全覆盖。

三 产业转型——推动县域产业结构升级

没有合理的产业作为支撑，县域城镇化发展就会出现"空洞化"。推动县域产业结构优化与升级，培育县域协调可持续发展的内生动力机制，不断地转变县域经济发展方式，对于转型期县域城镇化发展意义重大。推进县域城镇化建设，既要强化农业基础地位，又需要在农业基础上加快工业化发展，以及第三产业（服务业）发展，实现县域一、二、三产业进一步融合发展，做大做强支柱产业和融合发展各类产业经营主体。根据各县（市）资源禀赋、资本、技术及劳动力等要素禀赋结构，发挥各县（市）发展比较综合优势，形成各自县域发展的特色主导产业，促进县域产业结构转型及升级，构建转型期县域城镇化发展的合理产业体系。一方面，需要围绕县域主导产业和产业集群，培植具有鲜明特色的支柱产业，实现县域现代农业、新型工业及现代服务业的全新布局；另一方面，需要发挥各县域区位优势，积极承接发达地区产业转移，实现县域优势互补，促进县域产业转型和结构调整。

（一）强化巩固农业基础地位

农业是县域城镇化发展的原始动力，是县域工业化、城镇化的根本保障，是县域经济社会发展的坚实基础。目前来看，我国农业现代

---

[1]《2016年政府工作报告》。

化水平仍然滞后于工业化、城镇化及信息化,其突出表现是农业基础仍较薄弱,县域城镇化发展过程中的"三农"短板现象仍较明显。安徽省作为我国中部典型农业大省,在推进转型期县域城镇化过程中,需要进一步强化农业基础设施建设,加快农村经济结构调整,不断促进县域传统农业向现代农业转变;需要大力发展县域现代农业,加快县域农业现代化建设步伐,积极发展县域生态、特色农业等模式,提升县(市)农业生产效率,才能让更多农村农业剩余劳动力转移进城就业,发挥剩余劳动力的迁移对县域城镇化发展的促进效应。没有农业和农村的稳定和发展,就不可能有城镇的发展和繁荣,也难以支撑实现县域工业化及城镇化发展。

未来转型期,应该加大农业基础设施建设力度,启动一批拉动内需作用大、经济、社会、生态综合效益显著的农业建设项目。大力推广先进适用农业生产技术,努力提升县域农业的市场化水平;应该根据各县(市)自身优势及其特色,科学地选择各县(市)农业主导产业,积极发展县域特色农业,优化调整农业生产结构和区域布局,积极引导多形式的农业适度规模经营,提高农业科技创新支撑能力。鼓励承包经营权向农民合作社、农业龙头企业等大户进行流转,推动县域农业产业化发展,加快构建县域现代农业产业体系;同时,需要进一步发挥小城镇连接城乡的独特区位优势,鼓励龙头企业、乡镇企业向小城镇空间集中,促进农村劳动力、资金及技术等生产要素的不断优化配置。坚持走各具特色的农业现代化发展之路,着力强化科技、设施、人才、政策及体制多方面支撑,不断提高县域土地产出率、资源利用率及劳动生产率等,稳步提高各县域的农业综合生产能力,增强转型期县域城镇化发展的农业基础性的保障驱动力。

(二)加快新型工业化发展步伐

县域工业化发展是推进县域城镇化发展的根本动力,加快县域工业化进程是推动转型期县域城镇化发展的重要保障。县域工业化发展需要走"科技含量高、经济效益好、资源消耗低、环境污染少"的新型工业化之路,积极培育引进战略新兴产业,促进县域企业技改升级,培育县域发展创新动能,为县域城镇化发展提供强大支撑。坚持走县域新型工业化道路，才能促使县域城镇化走出自组织、不均衡发展无序状态。未来转型期，安徽县域新型工业化建设应坚持以发展特色经济、产业作为主导，主动积极承接国内（尤其是东部长三角地区）产业转移，依托各县（市）优势资源，坚持特色优势产业发展与承接产业转移相结合的县域新型工业化道路。

另外，推进县域新型工业化建设必须依托工业园区，园区是企业成长的"平台"、科技创新的"源泉"以及产业培育的"摇篮"，因此需要加强县域工业园区载体建设，可为工业企业进驻县域发展创造良好的条件。工业产业集群是推动县域新型工业化发展的重要载体，是实现县域产业转型升级的有效途径，未来需要着力打造出县域各具特色的产业集群（如博望机械制造产业集群、宁国市耐磨材料产业集群、无为高沟电线电缆产业集群、桐城塑料包装产业集群、舒城县羽毛制品产业集群、砀山水果深加工产业集群、界首食品加工产业集群、蒙城县畜牧肉食加工产业集群等）。加大对县域现有龙头企业扶持，带动县域产业集群、新型工业园区的发展壮大，依托县域工业园区，培育和发展县域特色产业集群，使欠发达地区走新型工业化道路，提高产业特别是工业综合竞争力，实现县域经济发展和城镇化建设的重要途径。

（三）积极发展县域现代服务业

服务业是城镇化发展的后续重要动力，随着我国服务业规模扩大和层次提升，服务业在促进产业集聚、吸纳就业及集聚人口等方面具有十分积极的促进效应，成为县域城镇化发展的重要力量。因此，县域新型城镇化发展需要大力发展现代服务业，不断推进县域城镇化与现代消费性服务业、生产性服务业的融合。需要大力发展县域现代服务业，放宽市场准入，提高生产性服务业专业化、生活性服务业精细化水平[①]。积极适应制造业转型升级要求，推动生产性服务业专业化、市场化发展，引导县域生产性服务业在园区集聚；另外，适应城镇化发展趋势和居民消费多元的需求实际，提升县域生活性服务业精细化

---

① 《2016年政府工作报告》。

水平，推动县（市）主城区形成以服务经济为主的产业分布格局。各县（市）根据自身资源优势及区位条件，大力发展商贸、交通运输及旅游业等各具特色的服务业，使其成为转型期县域城镇化发展后续的动力保障。

旅游业作为重要的第三产业，在国民经济发展中发挥着重要作用。当前，县域旅游如何拓宽空间、创新模式逐渐成为我国县域发展重要支撑动力。在全域旅游发展大背景之下，我国县域旅游发展也面临重大转型，通过充分整合县域范围内的自然生态、历史文化等各种优势资源，将全县域空间作为一个大景区进行规划，逐渐改变"单一"旅游观光模式，逐步建立"全时空""全链条"的县域旅游产品体系；同时，围绕"吃、住、行、游、购、娱"旅游发展六大基本要素搞好现有旅游景区（点）的配套设施规划建设；另外，积极推出各县（市）精品旅游线路，开拓旅游客源市场，创造出具有影响力的旅游品牌，实施"一村一品"发展战略。要促进县域旅游业与农业融合，支持具备条件的村镇发展乡村旅游，推进乡村旅游标准化建设，积极打造一批乡村旅游示范镇、示范村、示范农家旅馆、示范农家餐馆等。要促进县域旅游业与文化产业融合，充分挖掘县域范围内的历史文化，不断加快完善县域展览馆、博物馆及文化馆等旅游服务功能建设；积极培育一批具有较大影响力的文化旅游精品和"拳头产品"，发挥旅游发展对县域城镇化发展持续的促进效应。

四 制度创新——深化城镇发展制度改革

当前，我国农村人口流出制度相对宽松，但是城镇人口流入制度则相对较为紧缩，户籍制度、社会保障制度等尚未进行根本性变革，这就在一定程度上造成了城乡城镇化制度步调的相对不一致，影响了农村剩余劳动力的顺利转化。具体表现为：户籍制度上，长期实行城乡二元户籍登记管理，人为地分割出城镇人口与农村人口，从而使城镇居民和农村居民在教育、就业、医疗、养老、社会保障等多方面制度上也存在显著差异特征，进城务工的农村劳动力无法获得城镇居民在就业、教育、养老及医疗等不同方面的合理待遇，导致农村剩余劳动力不愿放弃农村土地，以兼业的形式游走于农村与城镇之间。土地管理制度上，当前我国农村土地制度将农民身份权与土地权捆绑，在社会保障体系不健全的前提下，保留土地是农民实现自我保障的最重要手段；同时，伴随我国市场经济全面发展，土地价格不断攀升，在缺乏合理土地流转机制前提下，农民更难割断对土地资源的依赖，实现彻底的城镇化进程。社会保障制度上，我国不健全的农村养老、医疗、最低生活保障制度，使农民始终将土地视为生存与发展的根本，进城务工农民就业、教育、医疗、养老等基本保障被排斥在城镇体系之外，导致农村剩余劳动力转移进城面临各种风险，却没有抵御能力，难以实现真正意义上的城镇化（王本兵，2011）。

在阻碍城镇化发展的制度体系之中，户籍管理制度是行政强制性制度，土地管理制度与社会保障制度是经济强制性制度（王本兵，2011）。1978年改革开放以来，我国在城镇化发展的制度上也进行了创新和改革，但是所取得的效果不大，致使我国城镇化发展仍滞后于工业化发展水平，产生这种结果主要归结于推进城镇化发展制度创新是一个复杂的、动态的系统工程，各项制度创新都不是孤立存在的，它们之间相互影响、相互作用，任何单一制度创新，并不能取得整体上良好的积极效果。因此，必须将城镇化发展各项制度看作是一个整体的、复杂的系统，同时进行城镇化发展的各项制度改革与创新，发挥出城镇化发展的各项制度之间彼此作用、相互促进的效应，才能更好地为转型期县域城镇化发展奠定重要的保障。深化县域户籍制度、土地制度等改革创新，构建完备的社会保障制度，作为实现转型期我国县域城镇化发展的有效着力点。

因此，促进转型期我国县域城镇化发展最紧迫问题之一，就是尽快消除农民转移进城的制度"瓶颈"，让农民"进得来""有活干""住得下"。城镇化触及利益面广，牵一发而动全身，在这个改革庞大工程之中，涉及户籍、土地、社保、投融资等相关方面的制度。同时，随着我国市场经济不断深入，需要通过制度的改革、创新，提炼可行的县域城镇化发展的制度改革方案，系统构建县域城镇化发展的制度支持保障体系，探索符合市场经济发展规律的城镇化制度，发挥制度改革创新对转型期县域城镇化发展的积极保障效应。

(一) 创新户籍管理制度

党的十八届三中全会上明确提出加快户籍制度改革的总要求,为转型期我国县域城镇化发展中的户籍制度改革指明了方向;另外,国务院《关于进一步推进户籍制度改革的意见(2014)》出台,也成为进一步指导今后户籍制度改革的纲领性文件。实行户籍制度改革既是经济社会发展的必然趋势,也是县域城镇化发展的内在根本要求。坚持因地制宜、稳步推进、方便居民生产生活等相关基本原则,制定城乡统一高效的户籍管理制度,不仅可以促进城乡人口的合理流动和迁徙,而且还可以为推进县域城镇化发展提供制度性保障,减少推进县域城镇化发展进程的制度障碍。逐步取消城乡二元结构的户籍制度以及在此之上衍生的各种限制性制度规定,建立起适应当前我国市场经济发展要求的现代户籍管理制度。各县(市)应针对自身不同发展情况,采取适宜的措施逐步放开户籍管理制度限制规定,真正去解决进城务工人员在子女教育、就业、医疗、住房等方面的实际问题,让进城农民享受到与城市居民同等的社会福利条件,从而为推进转型期县域城镇化发展提供良好的制度环境。具体建议措施如下:

一是小城镇全面放开户籍管理限制。根据城市大小不同,改革方式、速度等也有所差异。加强人口集聚和吸纳能力建设,中心城市逐步放开省域内落户限制;而其他小城镇全面放开户籍落户限制,逐步实现有稳定职业、住所农民就地城镇化,建立健全"人地钱"挂钩政策[①],吸引农村劳动力转移进城工作、创业,促进县域农业不断向第二、第三产业升级,推动转型期县域城镇化发展。

二是统一城乡户口登记管理制度。逐步取消城乡户籍的附加功能,缩小城乡之间的福利差距,逐步实现城乡人口统一管理。另外,还需要积极建立统一与城乡户口登记制度相适应的教育、就业、社保及住房等相关的保障性制度,逐步地降低农民转移进城工作、生活所面临的各种风险。

三是实现户籍管理制度的一体化。通过相关法律政策逐步剥离有

---

① 《2016年政府工作报告》。

关附加在户籍制度上的利益关系，弱化城乡户口所隐含的养老、教育、就业、医疗及住房等方面的差别化待遇，使户籍管理制度回归到政府部门社会管理的基本职能上来，实现由传统意义的"户的管理"向现代意义的"口的管理"的基本转变，从而真正完成我国城乡户籍管理制度的统一化。

(二) 创新土地管理制度

城镇化进程中土地资源扮演了"发动机"的角色，土地问题是当前我国城镇化发展"瓶颈"的"重中之重"。在城镇化发展过程中所产生的户籍、农民工社保、小产权房等相关问题，均与土地制度存在直接关系。同时，我国现行农地产权制度存在国家、集体、农户与土地的权属关系不清、产权转让困难及产权缺乏继存性等缺陷不足，一定程度上造成了土地掠夺式开发、农用土地资产流失严重及农民土地合法权益受侵害等问题频发，现行的家庭联产承包责任制已不完全适合农业生产和农业产业化经营的需求，更不适应城镇化发展的需要（王本兵，2011）。土地资源的数量是有限的，土地是一种稀缺资源，未来转型期县域城镇化建设必须要重视对土地资源利用及保护的问题，坚持走土地资源节约、集约的县域城镇化发展道路。通过不断完善农村土地及城镇土地管理制度，从而为县域小城镇集聚、扩散效应的发挥创造合理的制度环境，建造转型期我国县域城镇化发展的"蓄水池"。具体建议措施如下：

一是建立城乡土地流转市场。一方面，农村存在大量闲置土地，农村土地增值收益低；另一方面，城镇企业需要土地指标发展各类产业，但是农户和企业却无法实现交易。土地流转是城与乡之间的"第三道市场之门"（周其仁，2014），土地管理制度改革重点就是要建立起规范、合理的城乡土地流转交易市场，要尽可能降低土地承包经营权交易费用，为农村土地承包经营权顺利流转积极创造良好的法律条件，营造出良好的制度政策环境。目前，如《安徽省人民政府关于深化农村综合改革示范试点工作的指导意见》（皖政〔2013〕69号），按照《国务院农村综合改革工作小组关于开展农村综合改革示范试点工作的通知》（国农改〔2012〕12号）要求，结合安徽省实际情况，指出开展农村综合改革示范试点,提出建设统一的城乡土地交易市场,推进交易市场门户网站及平台的建设,这是有益的尝试,值得进一步推广。

二是明晰农村土地承包经营权。城镇化发展进程中,不仅要保证农村土地承包经营权的长期有效性,而且还要让农民的土地承包经营权能够固化到具体的地块上,从而可以提高农民合理利用土地、保护土地及投资土地的参与性和积极性。需要全力推进土地承包确权登记颁证工作,要结合当地实际,科学制定工作方案,明确时间表和路线图,先易后难,试点先行,分期分批地推进①。需要进一步完善土地立法,以法律形式把明确农民的土地承包经营权按照法定继承顺序进行让渡,充分发挥市场在配置农村土地资源中的积极作用,从而实现农民的土地承包经营权的科学合理流转。

三是建立农村宅基地有偿退出机制。"空心村"现象导致农村闲置宅基地不断增多(刘彦随,2009);另外,随着农村集中居住建设,大量农村宅基地将不断退出,积极建立农村宅基地有偿退出机制,通过给予货币补贴、购买城镇经济适用房等优惠,并让其享受城镇医疗、教育及社保等多方面保障。对闲置、废弃的宅基地,通过建立有偿退出机制,探索在基本农田总量不减少、质量不降低,以及建设用地总规模不突破的前提之下,在镇域空间范围之内优化重构农村集体建设用地布局,保障农村产业发展用地需求。另外,当前"地票"试验在现行城乡土地管理制度框架内,通过"宅基地权票"交易流转,有效地实现了农民宅基地自由、有偿退出,值得进一步推广。

(三)创新社会保障制度

随着我国改革开放不断深入,以及城镇化进程不断加快,传统社会保障制度存在"保障范围较小、保障层次较低、保障责任不均衡"等诸多问题矛盾,其弊端日益凸显,已不适应新形势下我国城镇化发展的实际需要。因此,城镇化进程中如何理顺社保制度改革的思路及

---

① 《关于认真做好农村土地承包经营权确权登记颁证工作的意见》(农经发〔2015〕2号)。

其方向，如何有效发挥社会保障制度对城镇化发展的保障效应是值得深入探究的问题。根据城镇外来人员所从事职业的特点和流动程度差异对其进行系统分类，再根据其不同层次和类别实行不同的保障管理制度。逐步实现农民工社会保险全覆盖，依法保障农民工参加养老、医疗等各项社会保险，完善城乡养老、医疗保险转移接续政策设计。将进城务工农民子女义务教育纳入就业地公共教育体系之中。促进城镇基本公共服务常住人口全覆盖，确保农村转移进城人员的社会保障权利。具体措施如下：

一是建立城乡统筹的社保制度。进一步加大对农村地区农民社会保障支持的力度，并将已落户进城农民纳入城镇社会保障体系之中。全面提高农民社会保障水平，不断增加农民的社保种类，缩小当前城乡间的社会保障差距。医疗保险方面，逐步放松农民就医范围限制，大力提高农村医疗水平；养老保险方面，统筹城镇和农村养老金收付标准，实现与当地城乡生活水平相一致。

二是建立区域联网的社保制度。《关于加强和改进人力资源社会保障领域公共服务的意见》（人社部发〔2016〕44号）中提出，2017年要实现社会保障卡跨地区、跨业务直接办理个人的各项人力资源和社会保障事务，开放向其他公共服务领域的集成应用，基本实现全国社会保障一卡通。农村进城务工农民在自己家乡支付各类社会保险费用，在工作城市却不能进行有关保险报销，区域间社会保障制度差异，缴费、报销比例都不尽相同，导致进城务工农民无法享受到城镇社保的各种福利。未来城乡社会保障制度改革中，可试点相邻区域的社会保障体系一体化制度，进一步激发农村剩余农业人口转移进城的积极性。

三是完善社会福利与保障制度。在进城务工农民的子女教育问题上，政府部门应制定相关政策在学习和生活上给予一定的倾斜，取消各种择校门槛和各种歧视性不公平待遇等，尤其关注进城务工农民子女的心理状态，及时发现问题并对其进行治疗，营造良好的城乡教育公平环境。在进城务工农民的住房问题上，可借鉴重庆市"以宅基地换城市住房"成功做法，真正实现农民工拥有城镇的居住权，实现其身份彻底转化,解决农民工"城乡候鸟"身份矛盾尴尬。

(四)创新城镇投融资制度

"人到哪去、地怎么用、钱从哪来"是我国新型城镇化发展面临的最主要的三大基本问题,其中的资金保障是关键一环,《国家新型城镇化规划》提出要建立透明规范的城市建设投融资机制。县域城镇化进程是复杂长期过程,新型城镇化建设资金需求大、期限长,需要大量中长期的成本较低的资金投入,除了银行贷款,还可以从股权、债券等方面进行融资。目前,各县(市)现有财政状况不容乐观,城镇建设后续资金保障相对不足;因此,转型期必须积极开拓新的投资渠道,建立多元化的投融资机制,加快建立政府、社会、企业及个人共同投资的投融资体制,进行城镇化发展的各种融资创新。具体措施如下:

一是加快培育多元化的投融资主体。进一步加快国有企业、民营企业、外来资本等各类市场化主体建设力度,形成多元化的地方投融资主体,不断改革、创新现有地方融资平台,通过注入资源、股权和赋予特许经营权等多种方式,让不同投融资主体通过 PPP(公私合营)、BOT(建设—经营—转让)等不同商业模式,参与县域城镇化过程中的基础设施建设和运营等,从而不断充实县域地方政府融资平台的资本实力。通过 PPP、BOT 等模式,不仅能缓解县域地方政府财政资金方面的压力,还能提高县域城镇相关设施服务的质量和效率。

二是鼓励民间资本参与城镇建设。随着县域城镇化建设加快,现有资金远远不能满足城镇发展需求,用市场经济的理念与国际经济接轨,必须建立多元化投融资制度,鼓励民间资本(企业、个人和外资等)投入城镇建设中。同时,坚持"谁投资,谁收益"基本原则,切实保障民间资本获得合理收益。目前,《安徽省人民政府关于政府与社会资本合作推进城市基础设施建设的实施意见》等相关的政策制定、实施是转型期城镇投融资制度创新的有益尝试,值得推广。

三是创新县域城镇建设基本方式。创新县域城镇化发展的"建设—运营—移交"方式,具体表现为:①政府将建设项目移交企业,由企业筹资、建设和维护,并获得一定期限的经营收益权,期满之后政府收回基础设施的所有权；②政府将已经建成运营的基础设施项目产权或经营权在一定期限内让渡给企业，并直接从企业获得一定的资金，期满之后收回基础设施项目所有权。通过"建设—运营—移交"方式所得资金用于建设城镇发展的其他项目，从而保障转型期我国县域城镇化发展的持续资金来源。

第四节 本章小结

总之，"郡县治则天下安"。在我国新型城镇化战略及乡村振兴战略推进之中，有必要做好"县域"这篇文章，在规划制定、产业支撑、人口转移及社会保障等方面下功夫，从而实现转型期安徽县域城镇化可持续发展。伴随"新型城镇化"战略推进，作为我国城镇化体系中基础的组成部分县域城镇化日益发挥重要作用，做到科学调控县域城镇化发展具有重要的理论、实践价值。本章节首先梳理出转型期安徽县域城镇化发展四大原则导向；其次，结合新型城镇化发展趋势和安徽各县（市）实际差异，重构出转型期安徽县域城镇化发展五种典型调控模式；最后，从"科学规划、人口转移、产业转型及制度创新"四个维度上提出未来转型期安徽县域城镇化发展的政策指引。主要结论如下：

结合国家新型城镇化发展战略，根据当前安徽所处经济发展阶段以及县域城镇化建设中存在的矛盾及问题，提出未来转型期推进安徽县域城镇化科学发展的四大原则导向："以人为本，城乡一体""市场主导，政府引导""因地制宜，循序渐进""统筹协调、绿色发展"。通过明确转型期安徽县域城镇化发展目标及其原则导向，为有序推进转型期安徽县域农业转移人口市民化，形成各具特色、形态多元的城乡发展格局，以及健全县域城镇化发展体制、机制，创新县域发展模式和途径指明方向。

转型期安徽县域城镇化发展应根据各县（市）发展阶段和资源环境承载力分类指导，选择适合本县域的城镇化发展模式路径，不可千篇一律、"一刀切"地采取"单一模式"。鉴于此，本书重构出转型期适合安徽县域城镇化发展的五种典型调控模式：模式Ⅰ——现代农业主导型、模式Ⅱ——新型工业主导型、模式Ⅲ——特殊资源主导型、模式Ⅳ——都市边缘主导型、模式Ⅴ——绿色生态主导型；并对这五大县域城镇化发展典型模式的内涵特征、案例指引及发展策略三个方面展开初步阐释，可为转型期安徽不同主导类型县域城镇化发展提供有益参考。

县域城镇化是县域人口、产业、空间、生态及社会等多种要素相互作用的综合演变过程，各要素之间的有效协调才能保障转型期安徽县域城镇化可持续发展。基于安徽县域城镇化发展目标导向及模式重构等研究，并考虑到安徽县域城镇化发展过程面临的诸多问题与矛盾，本书试图从"科学规划县域城镇体系、推进农业人口有序转移、推动产业结构转型升级、创新县域城镇发展制度"四大维度上提出转型期安徽县域城镇化可持续发展的具体政策指引。

第八章　结论与讨论

第一节　主要研究结论

以 1978 年转型期以来县域城镇化为研究对象，通过对国内外相关研究内容及理论的梳理，提出了转型期我国县域城镇化研究思路及其理论研究框架。通过构建转型期我国县域城镇化测度理论模型，以我国新型城镇化试点省份之一的安徽为实证地，进行我国县域城镇化理论建构与实证研究：一是分析时间维度上县域城镇化发展变化特征；二是研究空间维度上县域化分异演变特征；三是揭示转型期县域城镇化发展的影响机理；四是总结转型期县域城镇化发展模式路径。主要研究结论如下：

（1）总体而言，县域城镇化是一种由于社会生产力的变革所引起经济物质、思想演变综合过程，是城镇系统内外因素相互作用的结果，不同发展阶段城镇化发展主导动力不同以及不同类型县域城镇化主导动力也不尽相同。基于城乡发展、集聚与扩散、城镇化过程、人口迁移、产业演进及可持续发展等理论梳理、评价基础上，构建出转型期我国县域城镇化研究理论核心体系。另外，县域城镇化是我国城镇化体系中最基础组成部分，县域城镇化发展有助于扭转城乡二元化结构，促进城乡一体化发展，日益成为我国经济发展增长极；但在快速发展同时，转型期我国县域城镇化发展也表现出诸多矛盾：东西地域差异显著、县域城镇化滞后于工业化、城镇规划混乱现象普遍、发展与生态环境矛盾凸显等，如何有效破解这些发展困境是未来持续推进我国县域城镇化关键之举。结合现代农业发展（寿光模式）、工业主导发展（晋江模式）、旅游小镇发展（黄山模式）、产城一体发展（新郑模式）四种模式，总结出"特色是基础、农民是主体、环境是保障"三点发展的有益经验启示。

（2）基于构建的县域城镇化测度理论模型，以我国新型城镇化试点省份安徽的典型县（市）作为案例地，结合 HP 滤波法分析得到 1978—2014 年研究期间县域城镇化发展主要分解为由长期因素决定的增长趋势和由短期因素决定的周期波动，县域城镇化发展的长期变化呈现出显著的增长趋势，但是安徽县域城镇化发展的短期波动却表现出周期性的演化规律，呈现出与长期变化趋势相异的基本特征。转型期以来，安徽县域城镇化发展经历"Ⅰ缓慢期（1978—1990 年）、Ⅱ加速期（1990—2002 年）、Ⅲ高速期（2002—2014 年）"三大基本发展阶段。通过构建出科学县域发展类型划分理论模型，分析得到 1978—2014 年工业、服务主导型县域城镇化水平、提升速度总体高于农业主导型；结合 GM（1，1）理论模型，定量揭示县域城镇化发展态势及其区域差异。结合 ESDA 模型研究得到，转型期县域城镇化全局上表现正的空间自相关性，并且研究期间自相关性不断在增强；局部 H-H 集聚主要分布在"合—芜—马"地区的县（市），而 L-L 集聚主要分布在"阜—亳—宿"地区的县（市）；本书借鉴物理学"重心"基本内涵，构建我国县域城镇化重心理论模型，得到转型期以来安徽县域城镇化重心格局主要分布在合肥、芜湖等空间范围之内；县域城镇化发展重心格局整体呈现出向东南方向移动，表现出从相对缓和走向剧烈演化过程。综合典型案例地实证分析，构建出转型期我国县域城镇化演变的时间效应、地域效应、空间集聚、空间方向基本理论分析框架。

（3）理论上，县域城镇化发展及演变是复杂的"人—地"关系系统相互作用的动力学演化过程。1978 年改革开放以来，县域城镇化发展、演变主要受到制度变迁、经济增长、产业演进及农民迁移等多重因素的综合影响及相互作用。①制度变迁是转型期我国县域城镇化发展及演变的核心动力。县域城镇化进程就是人类聚居方式由农村逐步向城镇变迁的一种制度安排，不合理的制度安排会增加县域城镇化交易成本，使县域范围内劳动力不能得到科学有效配置，制约县域城镇化发展基本进程；反之亦然。②经济增长是转型期我国县域城镇化发展及演变的基础动力。县域经济社会快速发展，导致县域城乡居民消费结构不断发生变动，带动县域产业结构调整与优化；而县域产业结构变动进而导致县域就业结构发生转换，农业劳动者向工业和服务业转变，县域农村人口向城镇地域迁移，从而促进转型期县域城镇化不断发展。③产业演进是转型期我国县域城镇化发展及演变的根本动力。总体上，产业结构高级化、产业结构合理化均是转型期县域城镇化发展水平提升的 Granger 原因，但是县域产业结构高级化相比产业结构合理化而言，其对转型期县域城镇化发展及演变的促进效应更为显著。④农民迁移是转型期我国县域城镇化发展及演变的主体动力。受教育程度、家庭年总收入、学龄儿童、务工年限、城里社会关系、政府就业政策及教育政策等对农民迁移进城产生显著正向效应；而农户年龄、户籍社保制度对转型期县域城镇化过程中农民迁移进城产生显著负向效应。

（4）基于我国推进"新型城镇化战略""乡村振兴战略"的时代背景，提出了未来转型期我国县域城镇化发展的"以人为本，城乡一体、市场主导，政府引导、因地制宜，循序渐进、统筹协调，绿色发展"重要原则导向；结合当前我国县域城镇化发展阶段、各县（市）特色及发展差异，重构了转型期"现代农业主导型、新型工业主导型、特殊资源主导型、都市边缘主导型、绿色生态主导型"五种县域城镇化发展的典型调控模式；最后，基于县域城镇化发展原则导向及重构模式内容，以及县域城镇化作为我国城镇化体系最基础构建考虑，从"科学规划县域城镇体系、推进农业人口有序转移、推动产业结构转型升级、创新县域城镇化发展制度"四大维度上提出转型期县域城镇化发展的路径指引，提出促进转型期县域城镇化发展的政策建议，从而为转型期我国县域城镇化可持续发展提供了科学的指导方向。

第二节 可能特色之处

本书在借鉴、分析及总结前人相关研究之上，试图在基础理论研究、研究视角深入等方面有所发展、拓展；结合实际研究的结论，在一些理论、格局、机制及模式方面做了一定的特色工作。总之，可能的特色之处如下：

（1）研究视角的特色。我国有两种典型的城镇化区域，即大都市圈城镇化区域（包括城市群、城镇密集区等类型）和农村城镇化区域。相比前者所受到的高度关注及研究的充分程度，作为农村地区主要载体的县域城镇化研究却是城镇化研究"洼地"。因此，本书以县域城镇化为研究对象，深入研究我国农村城镇化区域发展特征及规律，进一步地弥补我国城镇化研究的层面缺失，丰富我国城乡地域空间结构理论。

（2）研究内容的特色。在对相关理论评价、借鉴的基础之上，构建了我国县域城镇化研究的理论分析框架，提出了县域城镇化的研究路径：概念体系建立、测度模型构建、测算结果评价、时空分异对比、主导因素梳理、驱动机制分析、模式路径重构、政策建议指引。提出了转型期县域城镇化发展具有一定的时空特征，主要表现为：时间效应、地带效应、空间集聚及空间方向四个维度；构建了县域城镇化发展"宏观—中观—微观"多视角的影响机理综合研究体系；重构了转型期县域城镇化发展典型模式及其分类调控政策指引。

（3）研究方法的整合。综合运用文献研究法、问卷调查、结构式访谈、实地观察、GIS空间分析、计量经济模型等多种定性和定量研究方法，并试图尝试从制度经济学、社会学等研究范式来揭示转型期我国县域城镇化发展及演变的影响机理。总体上，通过定量和质性方法的有效结合试图获得一些科学性较强、有一定理论深度的研究成果，深化对转型期我国县域城镇化发展规律的基本认识，有助于推进我国县域城镇化发展研究的理论总结与建设，并且可为类似研究提供理论参考与实践借鉴。

第三节 不足与展望

县域城镇化作为我国城镇化体系中最基础的组成部分，是我国新型城镇化战略推进的重要载体，也是推进我国乡村振兴战略的重要阵地。转型期县域城镇化格局演变、驱动机理及路径重构是我国城市地理学研究的重点内容，也在一定程度上反映了城市地理研究的重要方向，涉及的内容相对较多。本书试图在以往研究上有所发展，尝试构建了我国县域城镇化研究的理论基础，并在此基础上分析县域城镇化时空分异特征与驱动机理，并对未来县域城镇化调控模式及路径策略进行重构与系统总结。总体上，围绕"理论构建—发展评价—时空对比—机理分析—调控策略"的研究主线，虽然解决了一些主要问题，但本书仍有继续完善的提升空间，具体表现为以下几个方面：

（1）深化县域城镇化综合评价研究上。限于资料获取困难性，选用通用的非农人口比重法模型，通过县域非农人口占县域总人口比重测算县域城镇化发展水平，这种测算方法体现了县域城镇化内涵的本质特征，但县域城镇化发展还涉及经济、空间、社会及生态等方面内容，从人口、经济、空间及社会等多维度上构建我国县域城镇化评价指标体系需进一步深化。此外，本书只选取1978—2014年时间断面分析，研究期间内的其他年份是否如此仍需进一步探索；另外，不同空间尺度上县域城镇化发展时空演化规律如何，还需进一步展开"典型"县域城镇化规律对比性研究。

（2）深化县域城镇化影响机理研究上。县域城镇化发展是县域农业人口向非农人口转化的综合过程，其发展受到的影响因素较多，如区域规划政策、行政区划调整、交通体系改善等因素对我国县域城镇化发展及演变也会产生十分重要影响，这些影响因素如何去量化，对转型期我国县域城镇化发展究竟有怎样的影响？其影响机理过程如何？需要进一步完善我国县域城镇化影响机理的综合框架。此外，不同发展阶段、不同发展类型县域城镇化发展的主导因素及其动力机制如何？也是未来我国县域城镇化进行深入研究的重点方向。

（3）深化县域城镇化特色路径研究上。城镇化本质是"人"的城镇化，而不是传统土地城镇化和经济城镇化；在当代中国"人"的城镇化主要是实现由农民向市民的转化，而"县域"正是实现农民向市民转化、实现"人"的城镇化的最为重要的空间载体。在新型城镇化战略和乡村振兴战略建设的大背景下，借鉴发达国家在城镇化转型发展过程中的先进经验启示，探索我国县域城镇化发展过程中体现"人"主体性的政策安排，深化重构具有地域特色、可操作性强的县域城镇化发展分类指导路径及其调控模式，也是下一步我国县域城镇化发展深入研究值得关注的重要领域。

附录　农民迁移进城意愿问卷调查表

一　个体特征因素

1. 性别：

①女　　　　　　　　②男

2. 年龄：

①29 岁及以下　　　　②30—39 岁

③40—49 岁　　　　　④50 岁及其以上

3. 教育程度：

①小学及以下　　　　②初中

③高中或中专　　　　④大专及以上

4. 务工年限：

①1 年以内　　　　　②2—4 年

③5—7 年　　　　　　④8 年以上

二　家庭特征因素

1. 家庭人口数：_____。

2. 学龄儿童：

①有　　　　　　　　②没有

3. 家庭年收入：

①1 万元以下　　　　②1 万—3 万元

③3 万—5 万元　　　④5 万元以上

4. 城里社会关系：

①没有关系　　　　　②有关系

三　社会特征因素

1. 户籍社保制度：①不了解　　　②了解一点　　　③了解

2. 政府就业政策：①不了解　　　②了解一点　　　③了解
3. 政府教育政策：①不了解　　　②了解一点　　　③了解

四　迁移进城意向

1. 迁移进城倾向：　　　①愿意　　　　　②不愿意
2. 下列哪些因素让您愿意迁移进城？（请按重要程度顺序选择 3 项）

①获取更多工作就业机会　　②城里的生活环境条件更好
③城里拥有更好的教育资源　　④来往城镇上班交通不便
⑤实现个人价值及体现地位　　⑥周围人都纷纷去城镇买房

3. 下列哪些因素让您不愿意迁移进城？（请按重要程度顺序选择 3 项）

①现在收入不错、生活稳定　　②习惯家里的环境及生活方式
③城市房价太贵、生活成本高　　④城市找工作难且无社保
⑤城里空气质量不好及环境差　　⑥普通话不好怕沟通存在障碍

4. 如果您愿意迁移进城，原先宅基地将如何处置？
①闲置　　　　　　　　　　②无偿让与亲人
③出售　　　　　　　　　　④出租

5. 如果您愿意迁移进城，最希望从事什么工作？
①商店、饭店服务业打工　　②工厂、公司上班
③从事个体经营　　　　　　④其他

6. 户籍社保制度对您迁移进城决策有何影响？
①正面影响　　　②负面影响　　　③无所谓

7. 政府就业政策对您迁移进城决策有何影响？
①正面影响　　　②负面影响　　　③无所谓

8. 政府教育政策对您迁移进城决策有何影响？
①正面影响　　　②负面影响　　　③无所谓

参考文献

[1] [美] 赫茨勒:《世界人口的危机》,何新译,商务印书馆1963年版。

[2] Ades A. F. Glaeser, "Tradeand Circuses: Explaining Urban Giants", *The Quarterly Journal of Economics*, 1995, 1: 195 – 227.

[3] Anselin L., "Local indicators of spatial association: LISA", *Geographical Analysis*, 1995, 27 (2): 93 – 115.

[4] Anselin L. Spatial Data Analysis with GIS: an introduc – tion to Application in the Social Sciences, Santa Barbara, CA: National Center for Geographic Information and Analysis, 1992: 3 – 15.

[5] Bardhan P., "Decentralization of governance and development", *Journal of Economic Perspectives*, 2002, 5: 185 – 205.

[6] Batty M., Couclelis H., "Editorial: urban systems as cellular automata", *Environment and Planning B: Planning and Desian*, 1997, 24: 159 – 164.

[7] Berry J. L., Internal structure of the city. In: Larry S Bourne, eds. *Internal Structure of The City*, New York: Oxford University Press, 1971.

[8] Blaek D., Henderson V., "Atheory of urban growth", *Journal of Politieakl Economy*, 1999, 107: 252 – 284.

[9] Boyce R. R., "The edge of the megalopolis: the wave theory analog approach", *British Columbia Geographical Series*, 1996, 7: 31 – 40.

[10] Bruckner M., "Economic growth, size of the agricultural sector, and urbanization in Africa", *Journal of Urban Economics*, 2012,

71: 26 - 36.

[11] Burayidi M. A., *Downtowns: Revitalizing the Center of Small Urban Communities*, New York: Routledge, 2001.

[12] Burgess E. W., The growth of the city. In Park R. E., E. W. Burgess, R. D. Mckenzie, *The City*, Chicago: University of Chicago Press, 1925.

[13] C. K. Chan, "Coded - subcarrier - aided chromatic dispersion monitoring scheme for flexible optical OFDM networks", *Optics Express*, 2014, 22 (16): 245 - 277.

[14] Chen Jing, "The Analysis of Rapid Urbanization's Dynamic Mechanism of the Economic Zone on the West Side of the Straits", *Hunan Shifan Daxue Ziran Kexue Xuebao*, 2010, 33 (3): 113 - 118.

[15] Christopher W., *The dictionary of demography*, Oxford: Basil Blackwell Ltd., 1986.

[16] Ciccone Antonio, Robert E. Hall, "Productivity and the density of economic activity", *The American Economic Review*, 1996, 86 (1): 54 - 70.

[17] Clarke, K. C, Hoppen S., Gaydos L. J., "A self - modifying cellular automaton model of historical urbanization in the San Francisco Bay area", *Environment and Planning B*, 1997, 24: 247 - 261.

[18] Coase, Ronald H., "The Problem of social cost", *Journal of Law and Economics*, 1960, 3: 1 - 44.

[19] Ding J., "The level and mechanism of China's urbanization", *Chinese Journal of Population Science*, 1993, 5 (3): 267 - 280.

[20] E. G. Ravenstei, "The Earth and Its Inhabitants", *The Universal Geography*, 1878.

[21] Feldman M. P, Audretsch D. B., "Innovation in Acities: science based diversity, specialization and localized competition", *European Economic Review*, 1999.

[22] Forman R. T. T., *Land Mosaics: The Ecology of Landscape and Re-*

gions, New York: Cambridge University Press, 1995.

[23] Fotheringham A. S. , "Diffusion – limited aggregation and the fractal nature of urban growth", *Paper of the Regional Science Association*, 1989, 67: 55 – 69.

[24] Friedmann J. , Miller J. , "The urban field", *Journal of the American Institute of Planners*, 1965, 31: 312 – 320.

[25] Fujita J. P. , Krugman, A. Venables, *The spatial Economy: Cities, Regions and International Trade*, MIT Press, 1999.

[26] Fujita, M. and J. F. Thisse, *Economics of agglomeration*, Cambridge University Press, 2002.

[27] Gao T. , "Regional industrial growth: evidence from Chinese industries", *Regional Science and Urban Economics*, 2004, 34: 101 – 124.

[28] Getis A. , Ord J. K. , "The analysis of spatial association by the use of distance statistics", *Geographical Analysis*, 1992, 24 (5): 189 – 206.

[29] Gottman J. , "Megalopolis: the urbanization of the Northeastern Seaboard of the united states", *Economic Geography*, 1957, 33: 189 – 220.

[30] Gustafson E. J. , "Quantifying landscape spatial pattern: what is the state of the art?" *Ecosystems*, 1998, 1: 143 – 156.

[31] H. U. Ruishan, Dong Suocheng, "Land use dynamics and landscape patterns in Shanghai, Jiangsu and Zhejiang", *Journal of Resources and Ecology*, 2013, 3: 165 – 179.

[32] Harris C. D. , E. Ulman, "The nature of cities", *American Academy of Political and Social Science*, 1945, 24 (3): 7 – 17.

[33] Henderson J. V. , Wang H. G. , "Urbanization and city growth: the role of institutions", *Regional Science and Urban Economics*, 2007, 37 (3): 283 – 313.

[34] Henderson J V. , "Urbanization in developing countries", *The World Bank Research Observer*, 2002, 17: 89 – 112.

[35] Herold M. Goldstein N. C. , "The spatiotemporal form of urban growth: measurement, analysis and modeling", *Remote Sensing of*

Environment, 2003, 86: 286-302.

[36] Ho K. C., "The neighborhood in the creative economy: Policy, practice and place in Singapore", *Urban Studies*, 2009, 46 (5): 1187-1201.

[37] Hoyt, H., *The structure and growth of residential neighborhoods in American cities*, Washington, D. C.: Federal Housing Administration, 1939.

[38] Hutton T., "A service industries, globalization and urban restructuring within the Asia – Pacific: New Development Trajectories and Planning Responses", *Progress in Planning*, 2003, 61 (1): 123-145.

[39] Jin F., Zhang Q., "Chinese regional productivity and urbanization: a county – level study in 2007 – 2010", *Journal of Chinese Economic and Foreign Trade Studies*, 2015, 8 (2): 82-105.

[40] Kevin, Zhang Honglin, Song Shunfeng, "Rural – urban migration and urbanization in china: evidence from time – series and cross – section analyses", *China Economic Review*, 2003, 14: 386-400.

[41] Kuznets S., "Economic growth and income inequality", *American Economic Review*, 1955, 45 (1): 1-28.

[42] Lee E. S., "A theory of migration", *Demography*, 1966, 1: 232-242.

[43] Lewis., "Economic development with unlimited supply of labor", *Mancester School*, 1954, 22 (2): 139-191.

[44] Li Z. N., Yang Y. B., Liu Y., "Difference among the growth of GDP and urbanization of the provinces and the cities in west China since the reform and opening – up", *China Population, Resources and Environment*, 2008, 18 (5): 19-26.

[45] Liu T., Qi Y. J., Cao G. Z., "Spatial patterns, driving forces, and urbanization effects of China's internal migration: County – level analysis based on the 2000 and 2010 censuses", *Journal of Geographical Sciences*, 2015, 25 (2): 236-256.

[46] Lo Fu – Chen, Marcotullio P. J., "Globalization and urban Transfor-

mations in the Asia – Pacific region: a review", *Urban Studies*, 2000, 37 (1): 77 – 142.

[47] Louis Wirth. , "Urbanism as a way of life", *American Journal of Sociology*, 1989, 49: 46 – 63.

[48] Lu Q. , "Sustainable development thought: the development philosophy for human Beijing in 21th centuy", *Journal of Geography Edueation*, 2000, 8: 1 – 6.

[49] Marcotullio P. J. , "Globalisation, urban form and environmental conditions in Asia – Pacific cities", *Urban Studies*, 2003, 40 (2): 56 – 88.

[50] Michael C. Seeborg, Zhen huJin, Yiping Zhu. , "The new rural – urban labor mobility in China: Causes and implications", *Journal of Socio – Economics*, 2000, 29: 39 – 56.

[51] Miehael Paeione, *Rural Geography*, London: Hatper & Row, 1984.

[52] Newling B. E. , "The spatial variation of urban population densities", *Geographical Review*, 1969, 59: 242 – 252.

[53] Northam R. M. , *Urban Geography*, New York: J. Wiley Sons, 1975.

[54] Roger C. K. , Yao Shimou, "Urbanization and sustainable metropolitan development in China: Patterns, problems and prospects", *Geo Journal*, 1999, 49: 269 – 277.

[55] Ronald H. Coase, "The Federal Communications Commission", *Journal of Law & Economics*, 1959, 2: 1 – 40.

[56] Ronald H. Coase, "The institutional structure of production", *American Economic Review*, 1992, 82 (4): 713 – 719.

[57] Sassen S. , *Cities in a world economy*, London: Pincporge Press, 1994.

[58] Scott A. J. , "City – regions: economic motors and political actors on the global stage", *Los Angeles: UCLA Department of Public Policy and Department of Geography*, 2005.

[59] Song F. , Timberlake M. , "Chinese urbanization, state policy, and the world economy", *Journal of Urban Affeirs*, 1996, 18 (3): 285 – 306.

[60] Tolley, George S., *Urban Growth Policy in a Market Economy*, New York: Academic Press, 1979.

[61] Weddell P., "Urbansim: Modeling Urban Development for Land Use, Transportation, and Environment Planning", *Journal of American Planning Association*, 2002, 68 (3): 297 - 313.

[62] Xu X. Q., "Characteristics of urbanization of China: Changes and causes of urban population growth and distribution", *Asian Geographer*, 1984, 3: 251 - 259.

[63] Yikalo H., Araya, "Analysis and modeling of urban land cover change in Setiibal and Sesimbra, Portugal", *Remote Sens*, 2010, 2: 1549 - 1563.

[64] Zhu J., "Local growth coalition: the context and implications of China's gradualist urban land reforms", *International Journal of Urban and Regional Research*, 1999, 23 (3): 534 - 548.

[65] 白志礼：《我国城乡结构变革中的县域城镇化问题探析》，《中国农业经济学会 2006 年年会论文集》。

[66] 卞二松、付华：《山东省综合城市化水平区域差异分析》，《首都师范大学学报》（自然科学版）2009 年第 2 期。

[67] 蔡国华、李苗：《县域城镇化发展的趋势、问题与对策》，《生态经济》2007 年第 2 期。

[68] 曹传新：《基于季节性人口流动影响下的县域城镇化路径模式——以金寨县为例》，《城市发展研究》2013 年第 10 期。

[69] 曹广忠：《发达地区县域城市化水平量测与城市化道路选择》，《经济地理》2001 年第 2 期。

[70] 曾伟平：《广西新型县域城镇化质量提升路径研究》，硕士学位论文，广西师范学院，2017 年。

[71] 车文斌：《乡村振兴与县域未来》，《当代县域经济》2018 年第 2 期。

[72] 陈洁、梁向东：《工业化、信息化、农业现代化与县域城镇化——基于面板数据的分位数回归分析》，《农业技术经济》

2016年第12期。

[73] 陈进：《边疆民族地区县域城镇体系发展机制与规划探索——以新疆巴楚县为例》，《规划师》2015年增刊。

[74] 陈美英：《基于灰色GM（1，1）模型的预测研究》，《数学的实践和认识》2009年第8期。

[75] 陈涛、陈池波：《人口外流背景下县域城镇化与农村人口空心化耦合评价研究》，《农业经济问题》2017年第4期。

[76] 陈雯：《美国的"精明增长"发展计划》，《现代城市研究》2001年第5期。

[77] 陈小卉、汤海孺、武廷海等：《县域城镇化的地方实践与创新》，《城市规划》2016年第1期。

[78] 陈瞻：《中部地区县域城镇化测度、识别与引导策略研究——以湖北省为例》，博士学位论文，华中科技大学，2015年。

[79] 陈志伟：《金融发展对河南县域城镇化的影响》，《经济经纬》2015年第3期。

[80] 程必定：《论我国结构转换型的城市化》，《中国工业经济》2003年第8期。

[81] 程开明：《我国城市化阶段性演进特征及省际差异》，《改革》2008年第3期。

[82] 程治中：《论城市化与经济增长》，博士学位论文，西南财经大学，2002年。

[83] 仇保兴：《新型城镇化：从概念到行动》，《行政管理改革》2012年第11期。

[84] 仇方道、朱传耿、刘振：《县域城镇化发展水平评价与对策》，《人文地理》2006年第6期。

[85] 储德平：《中国城镇化发展机制：基于农村居民和农村企业迁移的微观视角》，博士学位论文，浙江大学，2014年。

[86] 崔功豪、马润潮：《中国自下而上城市化的发展及其机制》，《地理学报》1999年第2期。

[87] 崔功豪、魏清泉、刘科伟：《区域分析与区域规划》，高等教育

出版社 2007 年版。

[88] 崔功豪：《近十年来中国城市化研究的进展》，《地域研究与开发》1989 年第 1 期。

[89] 崔裴、李慧丽：《城市化与产业结构升级的两种模式》，《城市问题》2012 年第 6 期。

[90] 代义松、伍世代：《福建省县域城镇化的影响因素及其空间差异》，《福建师范大学学报》（自然科学版）2017 年第 5 期。

[91] 邓聚龙：《灰色控制系统》，《华中工学院学报》1982 年第 3 期。

[92] 邓晴晴、李二玲：《中原城市群县域城镇化水平时空演变分析》，《河南大学学报》（自然科学版）2017 年第 4 期。

[93] 丁刚：《城镇化水平预测方法新探——以神经网络模型的应用为例》，《哈尔滨工业大学学报》（社会科学版）2008 年第 3 期。

[94] 董晓峰、杨春志、刘星光：《中国新型城镇化理论探讨》，《城市发展研究》2017 年第 1 期。

[95] 段进军、殷悦：《多维视角下的新型城镇化内涵解读》，《苏州大学学报》（哲学社会科学版）2014 年第 5 期。

[96] 樊纲、王小鲁：《中国各地区市场化相对进程报告》，《经济研究》2003 年第 3 期。

[97] 房世波、潘剑君：《利用 TM 和 SPOT 遥感影像对南京市城镇用地扩展的监测》，《南京农业大学学报》2000 年第 3 期。

[98] 费孝通：《我看到的中国农村工业化和城市化道路》，《浙江社会科学》1998 年第 4 期。

[99] 冯徽徽、夏斌、吴晓青、杨宝龙、冯里涛、陈红顺：《基于 SLEUTH 模型的东莞市区城市增长模拟研究》，《地理与地理信息科学》2008 年第 6 期。

[100] 冯娟、曾菊新：《试论中国城市化发展模式》，《地域研究与开发》2007 年第 3 期。

[101] 冯奎：《县域城镇化是新型城镇化的底座》，《中国县域经济报》2015 年 8 月 20 日。

［102］冯奎：《在开放格局下谋划县域城镇化》，《经济日报》2017年1月16日。

［103］冯尚春：《中国农村城镇化动力研究》，博士学位论文，吉林大学，2004年。

［104］冯兴华、钟业喜、李建新等：《长江中游城市群县域城镇化水平空间格局演变及驱动因子分析》，《长江流域资源与环境》2015年第6期。

［105］干春晖、郑若谷、余典范：《中国产业结构变迁对经济增长和波动的影响》，《经济研究》2011年第5期。

［106］高佩义：《中外城市化比较研究》（增订版），南开大学出版社2006年版。

［107］辜胜阻、李正友：《中国自下而上城镇化的制度分析》，《中国社会科学》1998年第2期。

［108］顾朝林：《北京土地利用/覆盖变化机制研究》，《自然资源学报》1999年第4期。

［109］郭婷、邓艾：《甘肃县域城市化影响因素分析》，《开发研究》2007年第1期。

［110］郭志仪、丁刚：《城市化水平预测方法研究——以BP神经网络模型的应用为例》，《人口与经济》2006年第6期。

［111］郭志仪、丁刚：《基于PDL模型的我国省域城市化水平预测研究》，《中国软科学》2005年第3期。

［112］郝拉娣、于化东：《标准差与标准误》，《编辑学报》2005年第2期。

［113］何春阳、陈晋、史培军、于章涛：《基于CA的城市空间动态模型研究》，《地理科学进展》2002年第2期。

［114］贺彩玲：《中国城市化路径选择与策略研究》，硕士学位论文，西北大学，2006年。

［115］洪业应：《新型城镇化视角下产业集群对县域城镇化的影响分析》，《天水行政学院学报》2013年第4期。

［116］花小丽：《县域城市化进程中的社会驱动机制研究——以宜兴

市为例》，硕士学位论文，南京师范大学，2006年。

［117］黄建军、段习贤：《中国城镇化实现机制的缺陷——制度经济学的分析》，《科学·经济·社会》2005年第2期。

［118］黄强胤：《在实施乡村振兴战略中展现县域新作为》，《湖北日报》2018年1月6日。

［119］黄雪丽：《制度安排是我国城市化的重要动力机制》，《经济师》2005年第7期。

［120］黄亚平、林小如：《欠发达山区县域新型城镇化路径模式探讨——以湖北省为例》，《城市规划》2013年第7期。

［121］黄亚平、刘凌云：《湖北县域城镇化自组织过程、机制与分形研究》，《城市规划》2015年第5期。

［122］戢晓峰、姜莉、陈方：《云南省县域城镇化与交通优势度的时空协同性演化分析》，《地理科学》2017年第12期。

［123］贾昇：《吉林省城市化区域差异研究》，硕士学位论文，吉林大学，2012年。

［124］江易华：《人口迁移与县域城镇化研究》，经济科学出版社2016年版。

［125］蒋春娟：《山东省城市化进程中的农民迁移行为及机制研究》，硕士学位论文，中国海洋大学，2010年。

［126］蒋焕洲：《城乡统筹背景下贵州县域城镇化模式与路径选择》，《经济论坛》2013年第9期。

［127］靳诚、陆玉麒：《基于县域单元的江苏省经济空间格局演化》，《地理学报》2009年第6期。

［128］景勤娟、孙希爱、李丽杰：《县域城镇化发展模式探究——以河北省青龙县为例》，《中共山西省委党校学报》2012年第5期。

［129］黎磊：《县域城镇化水平时空格局演变特征研究——以成渝经济区为例》，硕士学位论文，四川师范大学，2015年。

［130］黎夏、叶嘉安：《约束性单元自动演化CA模型及可持续城市发展形态的模拟》，《地理学报》1999年第4期。

［131］黎夏：《利用遥感监测和分析珠江三角洲的城市扩张过程——以东莞市为例》，《地理研究》1997年第4期。

［132］李保江：《中国城镇化的制度变迁模式及绩效分析》，《山东社会科学》2000年第2期。

［133］李波、张吉献：《粮食主产区县域城镇化与农村协调发展的时空格局研究》，《中国农业资源与区划》2016年第8期。

［134］李富田：《西部县域城镇化的问题与出路》，《农村经济》2015年第3期。

［135］李海燕、张东强、陈靖等：《滇西南欠发达县域新型城镇化动力机制研究》，《河南城建学院学报》2016年第6期。

［136］李红、张珺、欧晓静：《边境省区县域城镇化与人口迁移的时空演变及机制分析——以广西为例》，《热带地理》2017年第2期。

［137］李红波、张小林：《我国发达地区新型城市化的内涵及测度研究：以江苏省为例》，《地域研究与开发》2011年第6期。

［138］李健、杨传开、宁越敏：《新型城镇化背景下的就地城镇化发展机制与路径》，《学术月刊》2016年第7期。

［139］李苗：《县域城镇化问题研究》，经济科学出版社2012年版。

［140］李明：《安徽特色新型城镇化的内涵和路径》，《安徽日报》2012年3月14日。

［141］李萍、田坤明：《新型城镇化：文化资本理论视域下的一种诠释》，《学术月刊》2014年第3期。

［142］李润平：《县域城镇化影响因素的地区差异——基于金融视角的因子分析》，《金融理论与实践》2014年第1期。

［143］李享、胡小武：《集中与离散：县域城镇化发展路径的批判性研究——以江苏省宝应县为例》，《中国名城》2013年第11期。

［144］李小建：《经济地理学》，高等教育出版社2006年版。

［145］李小建：《全面理解新型城镇化内涵》，《人民日报》2014年12月18日。

[146] 李晓文：《上海城市用地扩展强度、模式及其空间分异特征》，《自然资源学报》2003年第4期。

[147] 李雨蔚：《中国县域城镇化驱动力研究——基于面板数据的实证分析》，硕士学位论文，重庆大学，2013年。

[148] 李志翠、朱琳、张学东：《产业结构升级对中国城市化进程的影响》，《城市发展研究》2013年第10期。

[149] 廉晓梅：《我国人口重心、就业重心与经济重心空间演变轨迹分析》，《人口学刊》2007年第3期。

[150] 梁前广：《河南省推进新型城镇化研究》，硕士学位论文，河南大学，2012年。

[151] 林敏：《就地城镇化视角下福建县域城镇化地区差异及其影响因素》，硕士学位论文，福建师范大学，2010年。

[152] 林小如、黄亚平：《中部欠发达山区县域城镇化的问题及其解决方略》，《城市问题》2014年第2期。

[153] 凌筱舒、王立、薛德升：《江西省县域城镇化水平测度及其分异研究》，《人文地理》2014年第3期。

[154] 刘传江：《中国自下而上城市化发展的制度潜力与创新》，《城市问题》1998年第3期。

[155] 刘纯彬：《中国农村城市化道路之我见》，《农业经济问题》1994年第2期。

[156] 刘桂文：《主体功能区视角下的县域城镇化发展路径探析》，《热带地理》2010年第2期。

[157] 刘佳、阎波：《省直管县改革与县域城镇化的关系研究——基于陕西省县级面板数据的实证分析》，《经济社会体制比较》2017年第6期。

[158] 刘洁泓：《城市化内涵综述》，《西北农林科技大学学报》（社会科学版）2009年第4期。

[159] 刘青：《陕西省县域城镇化水平综合评价及区域差异分析》，硕士学位论文，西北大学，2012年。

[160] 刘士义：《我国新型城镇化的内涵及金融支持路径》，《城市发

展研究》2017 年第 7 期。

[161] 刘维新：《论中国城镇化的本质、问题与发展模式选择》，《城市》2013 年第 7 期。

[162] 刘小平、黎夏、艾彬、陶海燕、伍少坤、刘涛：《基于多智能体的土地利用模拟与规划模型》，《地理学报》2006 年第 10 期。

[163] 刘彦随、刘玉、翟荣新：《中国农村空心化的地理学研究与整治实践》，《地理学报》2009 年第 10 期。

[164] 刘彦随、杨忍：《中国县域城镇化的空间特征与形成机理》，《地理学报》2012 年第 8 期。

[165] 刘彦随：《新型城镇化应治"乡村病"》，《人民日报》2013 年 9 月 10 日。

[166] 刘艳军：《东北地区产业结构演变的城市化响应机理与调控》，《地理学报》2009 年第 2 期。

[167] 刘易斯：《二元经济论》，经济学院出版社 1989 年版。

[168] 刘英群：《中国城市化：经济、空间和人口》，博士学位论文，东北财经大学，2011 年。

[169] 卢黎霞、李富田：《西部县域城镇化的机制缺陷：镇区拉力不足》，《农村经济》2015 年第 9 期。

[170] 卢志坤、童海华：《乡村振兴 城乡融合》，《中国经营报》2018 年 3 月 19 日。

[171] 罗宏斌：《"新型城镇化"的内涵与意义》，《湖南日报》2010 年 2 月 19 日。

[172] 罗吉斯·M. 埃弗里特等：《乡村的社会变迁》，王晓毅、王地宁译，浙江人民出版社 1988 年版。

[173] 罗小龙、张京祥、殷洁：《制度创新：苏南城镇化的"第三次突围"》，《城市规划》2011 年第 5 期。

[174] 吕萍、周滔：《土地城市化及其度量指标体系的构建与应用》，《中国土地科学》2008 年第 8 期。

[175] 马春光：《新型城镇化背景下县域城镇化发展问题研究——以

玉田县为例》，硕士学位论文，西南交通大学，2017年。

[176] 马骏、童中贤、杨盛海：《我国县域新型城镇化推进模式研究——以湖南省域71县为例》，《求索》2016年第4期。

[177] 马强、徐循初：《"精明增长"策略与我国城市空间扩展》，《城市规划会刊》2004年第3期。

[178] 马远：《新疆特色城镇化路径研究》，博士学位论文，石河子大学，2011年。

[179] 迈克尔·P. 托达罗：《经济发展与第三世界》，中国经济出版社1992年版。

[180] 毛蒋兴、薛德升：《世界城市化模式及其对珠江三角洲的启示》，《规划师》2006年第5期。

[181] 米晓亚：《1978—2008年间浙江省城市化格局、过程与群组演进规律研究》，硕士学位论文，浙江大学，2013年。

[182] 倪鹏飞：《新型城镇化的基本模式、具体路径与推进对策》，《江海学科》2013年第1期。

[183] 宁越敏：《泛长三角地区城镇化的机制、模式与战略》，《南京社会科学》2009年第5期。

[184] 牛文元：《中国特色城市化报告》，科学出版社2012年版。

[185] 潘采伟：《中国农村城镇化制度障碍问题探析》，《社科纵横》2009年第3期。

[186] 潘鑫、魏旭红、王颖：《中部地区县域城镇化统计口径优化思考——半城镇化现象的视角》，《城市规划》2015年第11期。

[187] 彭翀、常黎丽：《湖南省县域城镇化时空格局及其经济发展相关性研究》，《经济地理》2013年第8期。

[188] 蒲英霞、葛莹：《基于ESDA的区域经济空间差异分析》，《地理研究》2005年第6期。

[189] 祁新华、朱宇、周燕萍：《乡村劳动力迁移的"双拉力"模型及其就地城镇化效应》，《地理科学》2012年第1期。

[190] 乔小勇：《国际城镇化研究回顾2000—2012——基于SCI/SSCI文献的分析》，《城市规划学刊》2013年第6期。

[191] 秦静波、张杜鹃：《山西省县域城镇化时空分布及其产业发展相关性分析》，《山西师范大学学报》（自然科学版）2017年第2期。

[192] 任萃颖：《吉林省县域经济转型发展研究》，博士学位论文，东北师范大学，2016年。

[193] 戎建：《迁移回报率与中国农村劳动力流动》，《中国农村经济》2008年第11期。

[194] 荣玥英、郭思维：《城市边缘区研究综述》，《城市规划学刊》2011年第4期。

[195] 森川洋：《日本城市体系的结构特征及其改良》，柴彦威译，《国际城市规划》2007年第1期。

[196] 尚正永：《城市空间形态演变的多尺度研究——以江苏省淮安市为例》，博士学位论文，南京师范大学，2011年。

[197] 沈玉麟：《外国城市建设史》，中国建筑工业出版社1997年版。

[198] 盛广耀：《城市化模式研究综述》，《城市发展研究》2011年第7期。

[199] 盛亦男：《流动人口家庭化迁居水平与迁居行为决策的影响因素研究》，《人口学刊》2014年第3期。

[200] 宋连胜、金月华：《论新型城镇化的本质内涵》，《山东社会科学》2016年第4期。

[201] 宋晓会：《欠发达地区县域城镇化发展的动力机制研究——以林州市为例》，硕士学位论文，华中师范大学，2016年。

[202] 孙久文、周玉龙：《城乡差距劳动力迁移与城镇化——基于县域面板数据的经验研究》，《经济评论》2015年第2期。

[203] 孙久文、周玉龙：《什么影响了县域城镇化？——基于城乡差距视角的研究》，《甘肃社会科学》2014年第6期。

[204] 汤茂林、姚士谋：《江苏省城市化进程与现状特征研究》，《经济地理》1999年第4期。

[205] 陶源：《基于GIS的河南县域城镇化时空演变及其与经济相关

性研究》，硕士学位论文，河南财经政法大学，2017 年。

[206] 田莉：《我国城镇化进程中喜忧参半的土地城市化》，《城市规划》2011 年第 2 期。

[207] 万能：《中国大城市的非正式人口迁移研究——以京津沪为例》，博士学位论文，南开大学，2009 年。

[208] 万雪莲：《马克思恩格斯城乡融合思想视域下绥阳县域城镇化研究》，硕士学位论文，安徽建筑大学，2015 年。

[209] 汪冬梅、刘廷伟：《产业转移与发展：农村城市化的中观动力》，《农业现代化研究》2003 年第 1 期。

[210] 汪增洋、费金金：《人口迁移的空间抉择：本地城镇化抑或异地城镇化》，《财贸研究》2014 年第 6 期。

[211] 汪增洋、李刚：《中部地区县域城镇化动力机制研究——基于中介效应模型的分析》，《财贸研究》2017 年第 4 期。

[212] 王本兵：《我国城镇化发展的制度创新研究》，博士学位论文，中国海洋大学，2011 年。

[213] 王超：《城镇化战略转型：系统关系视角下的新型城镇化路径选择》，《前沿》2013 年第 11 期。

[214] 王朝晖：《"精明累进"的概念及其讨论》，《规划研究》2000 年第 3 期。

[215] 王东红、李开宇、郝凤娇：《县域城镇化中 GDP 空间结构特征与差异机制研究——以西安市长安区为例》，《河南科学》2014 年第 2 期。

[216] 王发曾：《从规划到实施的新型城镇化》，《河南科学》2014 年第 6 期。

[217] 王华、彭华：《城市化进程中郊区农民迁移意愿模型——对广州的实证研究》，《地理科学》2009 年第 1 期。

[218] 王介勇：《1990 年至 2005 年中国粮食产量重心演进格局及其驱动机制》，《资源科学》2009 年第 7 期。

[219] 王婧、李裕瑞：《中国县域城镇化发展格局及其影响因素——基于 2000 年和 2010 年全国人口普查分县数据》，《地理学报》

2016 年第 4 期。

[220] 王琨:《PPP 模式在东部地区县域城镇化进程中的应用研究——基于 3 个典型案例的分析》,《工程管理学报》2017 年第 6 期。

[221] 王理:《中国转型期城市化进程的路径选择——基于非正式制度变迁的视角》,《华南师范大学学报》(社会科学版) 2011 年第 6 期。

[222] 王敏:《山东省新泰市县域城镇化动力机制及其发展对策研究》,硕士学位论文,山东建筑大学,2016 年。

[223] 王鹏飞:《资源型县域城镇化发展困境及出路》,《开放导报》2015 年第 3 期。

[224] 王青云:《县域经济发展的理论与实践》,商务印书馆 2003 年版。

[225] 王绍芳、王岚、石学军:《创新驱动视角下县域新型城镇化发展对策研究》,《经济纵横》2017 年第 7 期。

[226] 王帅、滕玉成:《基于 Logistic 模型的县域城镇化率及其推进预测——以济南市平阴县为例》,《西安建筑科技大学学报》(社会科学版) 2014 年第 6 期。

[227] 王晓欢、王晓峰:《基于灰色关联投影的陕南县域城镇化水平评价及对策研究》,《宁夏师范学院学报》2010 年第 6 期。

[228] 王新越、秦素贞、吴宁宁:《新型城镇化的内涵、测度及其区域差异研究》,《地域研究与开发》2014 年第 4 期。

[229] 王亚力、吴云超:《基于流动人口特征的环洞庭湖区县域城镇化的水平和性质分析》,《长江流域资源与环境》2014 年第 11 期。

[230] 王洋、方创琳:《中国县域城镇化水平的综合评价及类型区划分》,《地理研究》2012 年第 7 期。

[231] 王绎:《大都市地区县域城市化发展特征及动力机制研究——以太仓市为例》,硕士学位论文,复旦大学,2013 年。

[232] 王远飞、张超:《Logistic 模型参数估计与我国城市化水平预

测》,《经济地理》1997年第4期。

［233］王志勇：《关于建立农村宅基地有偿退出机制的调研报告》,《资源导刊》2014年第10期。

［234］王志章、周方影：《山区县域新型城镇化包容性发展的路径构建》,《郑州航空工业管理学院学报》2014年第1期。

［235］卫龙宝、胡慧洪、钱文荣：《城镇化过程中相关行为主体迁移意愿的分析》,《中国社会科学》2003年第5期。

［236］魏冶、修春亮、孙平军：《21世纪以来中国城镇化动力机制分析》,《地理研究》2013年第9期。

［237］吴殿廷：《新型城镇化的本质特征及其评价》,《北华大学学报》（社会科学版）2013年第6期。

［238］吴建民、任国荣、丁疆辉：《县域城镇化水平综合测评及其动力构成分析——以河北省为例》,《地理与地理信息科学》2015年第3期。

［239］吴秀敏、林坚、刘万利：《城市化进程中西部地区农户的迁移意愿分析》,《中国农村经济》2005年第4期。

［240］夏远望：《让县域成为新型城镇化主阵地》,《河南日报》2017年3月29日。

［241］肖正华：《善于挖掘县域城镇化内涵》,《中国建设报》2013年10月30日。

［242］徐斐：《推进县域城镇化发展的对策思考》,《山西党校报》2018年1月25日。

［243］徐建华、梅安新：《20世纪下半叶上海城市景观镶嵌结构演变的数量特征与分形结构模型研究》,《生态科学》2002年第2期。

［244］徐维祥、刘程军：《产业集群创新与县域城镇化耦合协调的空间格局及驱动力——以浙江为实证》,《地理科学》2015年第11期。

［245］徐夕湘、吴扬、张明娟：《县域新型城镇化建设的金融政策研究——以晋江市为例》,《福州党校学报》2016年第3期。

[246] 徐选国、杨君：《人本视角下的新型城镇化建设：本质特征及其可能路径》，《南京农业大学学报》（社会科学版）2014年第2期。

[247] 徐勇：《马克思恩格斯有关城乡关系问题的思想及其现实意义》，《社会主义研究》1991年第6期。

[248] 许学强、阎小培：《中国乡村——城市转型与协调发展》，科学出版社1998年版。

[249] 许学强、周一星、宁越敏：《城市地理学》，高等教育出版社2009年版。

[250] 许学强：《我国城市化的省际差异》，《地理学报》1986年第1期。

[251] 薛阳、冯银虎：《推进我国重点生态功能区县域城镇化的战略思考》，《辽宁行政学院学报》2018年第1期。

[252] 荀春兵：《基于乡村人口择业与迁居视角的安丘县域城镇化发展策略研究》，硕士学位论文，北京建筑大学，2014年。

[253] 闫冠宇：《县域经济与城镇化互动发展的内在机理研究》，《武汉大学学报》（哲学社会科学版）2008年第3期。

[254] 闫循涛：《唐山市农村城市化影响因素研究》，硕士学位论文，河北农业大学，2008年。

[255] 严珅、孙然好：《京津冀县域城镇化与景观格局变化的协调性研究》，《生态环境学报》2018年第1期。

[256] 阎小培：《中国乡村—城市转型与协调发展》，科学出版社1998年版。

[257] 杨安琪、谭杪萌：《京津冀协同发展下的冀中南县域城镇化特点初探》，《小城镇建设》2017年第1期。

[258] 杨勃、石培基：《甘肃省县域城镇化地域差异及形成机理》，《干旱区地理》2104年第4期。

[259] 杨传开、宁越敏：《县域新型城镇化的地方实践与路径研究——以山东省诸城市为例》，《中国城市研究》2015年第6期。

[260] 杨璐：《新型城镇化背景下寿县县域城镇化路径与空间组织研究》，硕士学位论文，安徽建筑大学，2015年。

[261] 杨佩卿：《新型城镇化的内涵与发展路径》，《光明日报》2015年8月19日。

[262] 杨青生、黎夏：《城市工业空间增长的多智能体模型》，《地理科学》2009年第4期。

[263] 杨忍：《中国县域城镇化的道路交通影响因素识别及空间协同性解析》，《地理科学进展》2016年第7期。

[264] 杨新刚、张守文、强群莉：《安徽省县域城镇化质量的时空演变》，《经济地理》2016年第4期。

[265] 杨新刚、张守文、夏永久：《安徽省县域"人口—经济—空间—环境"城镇化耦合协调性分析》，《地理与地理信息科学》2017年第2期。

[266] 杨振、雷军、英成龙：《新疆县域城镇化的综合测度及空间分异格局分析》，《干旱区地理》2017年第1期。

[267] 杨重光、刘维新：《社会主义城市经济学》，中国财政经济出版社1986年版。

[268] ［美］奥利弗·吉勒姆：《无边的城市——论战城市蔓延》，叶齐茂、倪晓辉译，中国建筑工业出版社2007年版。

[269] 叶裕民、黄壬侠：《中国流动人口特征与城市化政策研究》，《中国人民大学学报》2004年第2期。

[270] 叶裕民：《中国城市化之路——经济支持与制度创新》，商务印书馆2001年版。

[271] 殷江滨、李郇：《产业转移背景下县域城镇化发展——基于地方政府行为的视角》，《经济地理》2012年第8期。

[272] 尹占娥、殷杰：《转型期上海城市化时空格局演化及驱动力分析》，《中国软科学》2011年第2期。

[273] 游祖勇：《高级城镇化阶段：县域的机遇、使命和担当》，《当代县域经济》2018年第3期。

[274] 于珍忠：《"四合并举"破解县域城镇化发展难题》，《中共青

岛市委党校学校》2013 年第 1 期。

[275] 余华、彭程甸：《湖南县域城镇化的空间差异与发展战略》，《南通大学学报》（社会科学版）2016 年第 3 期。

[276] 俞孔坚、叶正：《论城市景观生态过程与格局的连续性——以中山市为例》，《城市规划》1998 年第 4 期。

[277] 郁建兴：《城镇化："化物"更要"化人"》，《光明日报》2013 年 6 月 25 日。

[278] 袁锦富：《中美城市发展比较与中国城市精明增长策略》，《江苏城市规划》2005 年第 133 期。

[279] 张登国：《山东县域城市化的发展模式研究》，《商业时代》2011 年第 9 期。

[280] 张登国：《中国县域城市化的多元类型研究》，《绵阳师范学院学报》2009 年第 10 期。

[281] 张冬初：《不平衡发展的宁乡县域城镇化对策研究》，硕士学位论文，国防科学技术大学，2007 年。

[282] 张敦富、叶裕民、刘治彦：《城市经济学原理》，中国轻工业出版社 2011 年版。

[283] 张海姣、张正河：《城镇化与县域经济的相关性》，《华南农业大学学报》（社会科学版）2013 年第 3 期。

[284] 张汉飞：《扩展的 PPP 模式：化解县域城镇化资本强约束的新尝试》，《区域经济评论》2013 年第 4 期。

[285] 张鸿辉、尹长林、曾永年、游胜景、陈光辉：《基于 SLEUTH 模型的城市增长模拟研究——以长沙市为例》，《遥感技术与应用》2008 年第 6 期。

[286] 张继久：《新型城镇化的内涵与特征再认识》，《社会科学动态》2018 年第 2 期。

[287] 张娟、王玉虎、刘航：《对平原地区县域城镇化的若干思考——基于山东、河北的县域城镇化调研》，《城市发展研究》2016 年第 9 期。

[288] 张理茜、蔡建明：《生态环境脆弱地区城市化发展特征及城

发展路径选择流程研究》,《生态环境学报》2010 年第 11 期。

［289］ 张立生:《县域城镇化时空演变及其影响因素——以浙江省为例》,《地理研究》2015 年第 6 期。

［290］ 张丽庆:《农民工返乡意愿视角的县域城镇化发展动力机制探讨》,《新西部》2013 年第 21 期。

［291］ 张荣天、焦华富:《安徽县域城镇化空间集聚特征及其影响因素分析》,《测绘科学》2017 年第 1 期。

［292］ 张荣天、张小林、李传武:《县域城镇空间格局演变及其机制研究——以江苏省溧水县为例》,《资源与产业》2013 年第 2 期。

［293］ 张荣天、张小林:《基于县域尺度的江苏省乡村性空间格局演变及其机理研究》,《人文地理》2013 年第 2 期。

［294］ 张荣天:《国内外城镇化研究述评》,《中国名城》2018 年第 1 期。

［295］ 张荣天:《国内新型城镇化的研究综述与展望》,《世界地理研究》2016 年第 1 期。

［296］ 张荣天:《县域:未来中国城镇化发展的"主阵地"》,《当代县域经济》2016 年第 9 期。

［297］ 张荣天:《县域城镇空间扩展特征及影响因素分析——以江苏省溧水县为例》,硕士学位论文,南京师范大学,2012 年。

［298］ 张荣天:《转型期长江三角洲乡村性测度及其空间格局分析》,《农业现代化研究》2014 年第 2 期。

［299］ 张涛:《县域城镇化的推进路径》,《法制与社会》2016 年第 11 期。

［300］ 张晓琴、谢煜:《县域城镇化发展:生态理念耦合机理及其实现路径》,《农林经济管理学报》2016 年第 6 期。

［301］ 张岩:《区域一体化背景下的长江三角洲地区城镇化发展机制与路径研究》,博士学位论文,华东师范大学,2012 年。

［302］ 张耀军、柴多多:《京津冀县域人口城镇化时空格局及驱动力研究》,《人口研究》2017 年第 5 期。

[303] 张英花：《以工业园区为主导县域城镇化模式研究——以河北景县为例》，《江苏广播电视大学学报》2010 年第 4 期。

[304] 赵欣欣：《陕西省县域域镇化发展模式研究》，硕士学位论文，西北大学，2017 年。

[305] 赵燕菁：《制度变迁·小城镇发展·中国城市化》，《城市规划》2001 年第 8 期。

[306] 赵峥：《新常态下县域城镇化发展的制约因素与转型路径》，《城市学刊》2015 年第 1 期。

[307] 郑德高：《分层城镇化和分区城镇化：模式、动力与发展策略》，《城市规划学刊》2013 年第 6 期。

[308] 郑炎成：《转轨期我国县域经济改革与发展研究》，博士学位论文，华中农业大学，2007 年。

[309] 郑永平、张若男：《生态文明建设视角下长汀县城镇化发展研究》，《福建农林大学学报》（哲学社会科学版）2013 年第 2 期。

[310]《中国县域经济发展研究报告》，中商产业研究院 2014 年版。

[311] 钟业喜、陆玉麒：《江苏省城市化空间格局研究》，《经济地理》2010 年第 10 期。

[312] 周炳林：《城市化动力机制的微观计量分析：以珠江三角洲为例》，硕士学位论文，清华大学，2005 年。

[313] 周成虎、孙战利、谢一春：《地理元胞自动机研究北京》，科学出版社 1999 年版。

[314] 周冲、吴玲：《城乡统筹背景下中国经济欠发达区新型城镇化路径研究》，《当代世界与社会主义》2014 年第 1 期。

[315] 周其仁：《土地流转是城乡间的第三道市场之门》，《农村工作通讯》2014 年第 16 期。

[316] 周维现：《中国欠发达县域经济发展研究》，博士学位论文，武汉大学，2013 年。

[317] 周详胜：《城镇化发展的"差异化"路径研究》，《城市发展研究》2012 年第 8 期。

［318］周腰华：《中国县域经济增长差异及其影响因素研究》，博士学位论文，沈阳农业大学，2016年。

［319］周一星：《城市地理学》，商务印书馆1995年版。

［320］朱传耿、王振波、仇方道：《省际边界区域城市化模式研究》，《人文地理》2006年第1期。

［321］朱农：《长江地区城镇化发展的区域差异及其决定因素分析》，《长江流域资源与环境》2000年第2期。

［322］朱绍学：《对推进县域城镇化的思考》，《淮南日报》2018年3月30日。

［323］朱苏加、广新菊：《县域城镇化的发展质量与有效性分析——以河北省为例》，《地理与地理信息科学》2017年第6期。

［324］朱文静：《工业化、制度因素对我国城市化的影响》，硕士学位论文，河北经贸大学，2011年。

［325］宗跃光、张振世：《北京大都市土地开发的乘数效应和增长模式研究》，《地理研究》2002年第1期。

后　　记

本书源于我攻读博士学位期间所写的博士学位论文。面对县域城镇化这一复杂研究课题，仍觉未能游刃有余，深感学识浅薄。本书凝聚着导师、各位老师的指导与帮助，以及同学、朋友及家人的支持与鼓励。

在本书即将交付出版之际，我要特别感谢我的导师焦华富教授。回顾三年博士时光，焦老师在学习与生活上给予我莫大的关心和帮助，使我接触到人文地理学领域的学术前沿，并有机会参与相关的科研项目，使我在学习、科研与生活等多方面收获颇丰。恩师不仅是我学术上的引路人，更重要的是在潜移默化中，传递给我许多为人处世的道理。高山仰止，景行行止，虽不能至，心向往之。

感谢陆林教授、苏勤教授、程先富教授、杨效忠教授、卢松教授、方凤满教授等一直以来的孜孜教诲，正是各位老师的指导，促使着我不断进步；同时，感谢我的硕士生导师张小林教授，恩师一言一行，循循善诱永难忘怀。感谢王晓玲、金刚、钱程等老师在日程学习和工作中给我提供的各种帮助！

感谢师兄李传武博士、李俊峰博士、韩玉刚博士、李红波博士、杨显明博士，以及吴磊、许吉黎、周丽娜、王秀萍、张祥、孙雷、王江华、丁静、史泽燕、韩全、管晶、叶雷、钱正云、毛建泽等师弟师妹们，在日常的讨论和调研过程中给我很多的建议和启发。感谢我的博士同班同学韦秀芳、余伶莲、赵赞、焦庚英。感谢裴兴荣、方胜、刘惠临、路元敦、韩文涛、赵豫云等博士们，你们给我学习和生活带来了很多欢乐，这也将是我人生最美好的回忆！

感谢扬州大学为我从事科研工作提供的良好环境。感谢我的博士后合作导师陆建飞教授在我的成长路上所给予的关心和帮助。感谢宋桂杰、张锋、卜雪梅、苗珊珊、王佳及李在军等领导和同事们对我平时科研工作上的支持！

最后，感谢我的家人，感谢他们长久以来的理解与支持！

由于作者学识所限，书中涉及问题比较广泛，难免有疏忽错误之处，敬请各位读者批评指正。

二零一八年三月初春

于扬州大学荷花池校区